FICHA CATALOGRÁFICA

(Preparada na Editora)

Coelho, Gertrudes Maria, 1949-

C62a *Alma de Minh'Alma* / Maria Gertrudes, J. W. Rochester (Espírito) . Araras, SP, 9ª edição, IDE, 2008.

352 p.

ISBN 85-7341-311-5

1. Romance 2. Espiritismo. 3. Psicografia I. Título.

CDD -869.935
-133.9
-133.91

Índices para catálogo sistemático:

1. Romances: Século 20: Literatura brasileira 869.935
2. Espiritismo 133.9
3. Psicografia: Espiritismo 133.91

Alma de Minh'Alma

9ª edição – fevereiro/2008
3ª reimpressão – maio/2013
2.000 exemplares
(38.001 ao 40.000)

Capa: *César França de Oliveira*

INSTITUTO DE DIFUSÃO ESPÍRITA
Av. Otto Barreto, 1067 - Cx. Postal 110
CEP 13600-970 - Araras/SP - Brasil
Fone (19) 3543-2400
CNPJ 44.220.101/0001-43
Inscrição Estadual 182.010.405.118
www.ideeditora.com.br
editorial@ideeditora.com.br

INSTITUTO DE DIFUSÃO ESPÍRITA

ide

IDE EDITORA É APENAS UM NOME FANTASIA UTILIZADO PELO INSTITUTO DE DIFUSÃO ESPÍRITA, ENTIDADE SEM FINS LUCRATIVOS, QUE PROMOVE EXTENSO PROGRAMA DE ASSISTÊNCIA SOCIAL, O QUAL DETÉM OS DIREITOS AUTORAIS DESTA OBRA.

Dedicatória

Com a permissão do Autor Espiritual, Rochester, dedico este romance à adorável filha Rita de Cássia Maluf e às professoras Juraci Furtado Chaves e Maria Terezinha Vilela Carvalho.

J. W. ROCHESTER
MARIA GERTRUDES

ALMA DE MINH'ALMA

ide

ÍNDICE

1

UM REBENTO

Um choro de criança cortou a noite fria. Tímidos raios apareciam, anunciando a madrugada. Ninguém para socorrer o pequeno ser que se debatia entre panos, como que tentando enxugar o sangue que escorria de seu cordão umbilical, como se tivesse sido arrancado, violentamente, do ventre da mãe.

Era uma menina. Seus dedinhos abertos suplicavam socorro aos céus.

Encontrava-se, ali, mais um filho abandonado, vítima da ignorância e da irresponsabilidade. Porém, à Paternidade Divina nada permanece sem registro.

Uma entidade espiritual, quase se materializando, aproximou-se e olhou com imenso carinho aquela frágil criatura, quão imenso era o amor que lhe devotava e, com ternura, afagou-lhe a fronte suada.

A criança gritava, dando vazão a seus reflexos, atendendo à exigência da vida. Percebendo a presença daquele ser espiritual, pareceu se acalmar, para depois reagir, gritando mais alto, agora com todas as forças. Era o único modo de chamar a atenção. Seu grito, no silêncio da madrugada, atraiu alguém que por ali passava.

Era um camponês russo que, cedo, buscava o trabalho. Quis continuar o passo, mas o choro insistente o convidava a voltar.

– Quem chora, nesta escuridão?

Interrompendo seu itinerário, desviou-se para a direita e, seguindo o choro, aproximou-se de humilde choça, entre as árvores.

Inexplicavelmente, uma claridade iluminou o local, assustando-o.

– Meu Deus! Uma criança!

Guiado pela repentina luz, ele a viu perfeitamente. Em seguida, o clarão desapareceu, dando-lhe tempo apenas para divisar o seu rostinho. Depois, tudo retornou à escuridão, mas seus olhos pareciam enxergar além ou seria efeito da sua retina? Seria o pequeno ser, que brilhava?

Inclinou-se para retirá-lo de um tosco e pequeno leito.

A aurora não demoraria e, com ela, desapareceria a escuridão.

Iulián Sumarokov condoeu-se daquela frágil criatura e, levado por estranha compaixão, seu corpo másculo arrepiou-se. Mal conseguia controlar a súbita emoção; tomou aquela criança nos braços, ajuntou os panos, apalpando ao redor, e cobriu-a, aconchegando-a ao calor de seu peito.

A criança cessou o choro e ele, ainda meio aturdido, sem saber que decisão tomar, olhou a aurora que tingia o horizonte de vermelho. Seguindo o impulso de seu coração, dali saiu, carregando o pequenino fardo. Ninguém mais existia naquela solidão.

– Pobrezinho, abandonaram-te! Quem terá coração tão cruel?

Iulián era uma espécie de empregado avulso que trabalhava, aqui e acolá, para sustentar-se e à família.

Nesta madrugada, ele se dirigia para o trabalho mais cedo do que o habitual. Gostava do silêncio da natureza e, em especial, das manhãs de outono. Era um homem grandalhão e desajeitado, com um coração meigo e terno. Seu semblante afável e carinhoso contrastava com seu físico. Os olhos azuis pareciam sorrir, neles não existia maldade. Seu gesto solidário mudava seu destino para sempre.

Iulián Sumarokov retornou à estrada, e, ao invés de caminhar em direção ao trabalho, voltou ao lar. Entre sua casa e a choça tinha cerca de cinco verstas[1] e ele era muito rápido. Acostumado com as curvas e acidentes da estrada, antes do amanhecer estaria em sua morada com o pequeno embrulho.

Ao chegar à soleira da entrada, chamou a esposa:

– Anna, *matuchka*[2], olha só o que encontrei!

---

[1] Medida itinerária russa, equivalente a 1067 metros. (Nota da Editora)

[2] Minha querida. (Nota do autor espiritual.)

– Que é isto, Iulián?

– Encontrei-o sozinho, chorando numa choupana, à beira da estrada.

A mulher tomou a criança de seus braços e a examinou, retirando-lhe os panos.

– Meu Deus, Iulián, está a sangrar, é uma menina!

O casal deu-lhe os primeiros socorros e, tomando uma bacia com água morna, fez-lhe o asseio necessário. Após o curativo, Anna Sumarokov estancou o sangue e enfaixou o umbigo, como se fosse hábil enfermeira. A mulher tinha experiência no assunto; tivera três filhos. Depois, começou a alimentá-la. Iulián, interessado, acompanhava todos os passos da mulher, tentando ser útil.

– De quem será, Iulián?

Examinaram os panos que nada lhes diziam sobre sua identidade.

– Será de alguém das redondezas? Alguma mocinha que desejou ocultar dos pais, a gravidez?

– Nada sei, *Annochka*[1], ela chorava alto, quando a encontrei. Segui seu choro e a encontrei dentro de uma cabana desabitada na estrada, perto da plantação de trigo da família Norobod.

– Se a abandonaram, é porque nada querem com ela. Somente alguém sem coração ou muito desesperado, poderia largar esta pobre criança! – argumentou a mulher, olhando ternamente a menina que agora dormia em seu braço.

Eles possuíam três filhos, mas o seu coração estava aberto para receber aquela filhinha que lhes chegava como um presente do céu.

O sol vermelho de Osiris ainda não havia despontado totalmente no horizonte e seus raios luminosos já anunciavam seu esplendor.

– Anna, – disse Iulián entusiasmado – sempre tive vontade de possuir uma filhinha. Deus nos concedeu três belos filhos e sou feliz com os nossos meninos, eu te confesso. Quando chegou Iulián, meu coração encheu-se de júbilo; quando tivemos o segundo, aguardava, ansioso, uma menina, para encantar meus dias, mas Deus nos enviou Pável. Quando engravidaste pela

[1] Diminutivo de Anna. (Nota do autor espiritual.)

terceira vez, pensei, agora será uma menina, mas ainda assim, Deus não ouviu meus rogos e nos enviou Nicolau; quando o médico declarou que não poderias mais criar filhos, meu coração se entristeceu, porque senti que perdera a minha chance de ter uma filhinha...

A voz do esposo era doce e terna, seus olhos azuis tinham um brilho diferente, um lampejo jamais visto. Uma ponta de ciúme a incomodou, machucando-lhe o coração.

– Nunca me disseste isto, meu amor, por que somente agora, ouço tal desabafo?

Sem pensar que poderia magoar a esposa, Iulián, ansioso em abrigar a criança, impetuosamente argumentou:

– Querida, vamos adotar esta garota e guardar segredo, pois acredito que ninguém me viu nesta madrugada.

Anna olhou o esposo com cumplicidade, observando novamente o brilho em seu olhar. Apesar do inesperado ciúme que brotava em seu coração, viu o pequeno ser dormindo calmamente em seu braço, tão indefeso e carente, que se envergonhou e afastou de si tal sentimento para deixar que o amor materno tomasse conta de sua alma. Ela era feliz com seus três filhos e o esposo. Sua alegria era completa e, amando Iulián como nunca, conhecendo a doçura de sua alma, jamais lhe negaria aquela felicidade.

– Iulián, meu amor, eu só temo que depois de algum tempo, após termos nos afeiçoado a ela, alguém venha reclamá-la. Olha lá, amigo, estava escuro e quem sabe houvesse alguma pessoa a espreitar-te?!

– Isto não te posso afirmar, o alvorecer mal havia iniciado, ainda estava muito escuro, mesmo assim creio que meu gesto passou despercebido aos olhos do mundo.

– Aguardemos, Iulián. Nossas crianças terão que saber a verdade... Que diremos a elas, e como falaremos de uma nova criança em nossa casa, sem darmos explicações aos vizinhos?

A imaginação de Iulián corria à solta. Não demorou minuto e arquitetou sutil plano:

– É fácil. Pediremos às crianças que se calem; aos vizinhos ocultaremos o fato e poderemos dizer que tu estás grávida e, ao cabo de alguns meses, faremos nascer nossa filha. Como as crianças são todas iguais ao nascer, diremos que foi prematura e que não poderás receber visitas. Assim ocultaremos a verdade aos olhos alheios.

– Teu plano parece viável – concordava Anna, um tanto contrariada. – Posso submeter-me a uma falsa gravidez, coisa fácil; enganaremos as crianças. Crianças costumam mesmo não guardar segredos.

Marido e mulher combinaram a trama em minúcias para ocultarem o fato de todos, inclusive dos filhos: daquele dia em diante, Anna demonstraria gravidez e, ao cabo de poucos meses, daria à luz.

Parecia um pouco ingênuo o plano do casal, mas ambos estavam tão empenhados que, se preciso fosse, afastariam os filhos por alguns meses da casa para não despertarem suspeitas e conseguirem assim ocultar a criança, até que o tempo lhes desse condições de apresentá-la como filha legítima.

– Ninguém, ninguém precisará conhecer a verdade – pensava Iulián. Seu filho mais velho tinha oito anos e o mais jovem três e ele queria tanto aquela filha.

Iulián, naquele dia não foi ao trabalho. Tratou logo de organizar o porão da casa; lugar desabitado, ideal para abrigar sua princezinha. Queria que ela crescesse como sua filha verdadeira. Num instante, limpou e organizou o ambiente, onde ninguém ouviria seu choro, era por pouco tempo. Providenciou uma grande panela de ferro com brasas a crepitarem, para aquecer o porão.

Seu coração exultava. Jamais em sua vida, sentira tanto carinho e tanto amor. Aquela garotinha frágil e abandonada tomou para sempre conta de sua alma e, por ela, ele lutaria contra um exército. Sentia-se premiado por Deus que o conduzira até à choupana da estrada. Infeliz daquele que a rejeitou, porque ele a queria, e como a queria!...

Tudo ficou planejado, nos mínimos detalhes, na cabeça do casal. Era por pouco tempo o disfarce e logo eles poderiam apresentá-la aos olhos do mundo, sem temor.

Anna levou o necessário para o esconderijo, sem deixar pista, antes que os meninos acordassem.

– Iulián, não seria melhor levarmos os meninos para a fazenda do tio Nicolau, já que lhes desejas ocultar a menina? Embora, eu ainda preferisse que lhes contássemos a verdade.

– Não, Anna, é bom que eles cresçam como se fossem irmãos,

mesmo que não existam os verdadeiros laços consanguíneos. Já ouvi muitas opiniões a respeito da força do sangue no relacionamento das pessoas.

– Tens razão por um lado, Iulián, mas nossos filhos aprenderiam a amá-la e respeitá-la como sua irmãzinha...

– Não confio, Anna, e eles mesmos poderiam soltar a língua dizendo que ela não é verdadeiramente sua irmã. Mais cedo ou mais tarde isto poderia acontecer e prefiro que este segredo fique apenas entre nós dois. Em ti confio plenamente.

Venceu o esposo com seus argumentos e Anna submeteu-se, daquele dia em diante, à falsa gravidez e ao malabarismo de ocultar a recém-nascida. Colocou sobre sua barriga uma pequena almofada, dando a perceber que já existia uma gravidez de seis meses. As grossas saias franzidas disfarçavam e engrossavam sua cintura.

***

Iulián, mais tarde, voltou a passar pelo mesmo local, o caminho que o levava à fazenda de Norobod. Agora, dia claro, simulando procurar uma velha ferramenta, entrou na choupana. Foi verificar se não ficara nenhum vestígio daquela madrugada que indicasse ter estado ali uma criança.

No entanto, foi surpreendido com um bilhete em cima do grabato.

Colocaram-no depois, ou ele não o havia percebido?

A dúvida tisnou seu semblante.

O escuro o impedira de ver ao seu redor. Não havia notado o papel, cuidara apenas de acolher a criança. Examinou embaixo do grabato, não havia nenhum sinal, mas aquele pedaço de papel dobrado cuidadosamente o assustava.

Estava escrito:

> *Esta menina é fruto de um amor proibido, tenho de abandoná-la... à sorte que Deus lhe dará... a mãe não sabe o que se passa.*
>
> *Por amor, acolhe-a, um dia serás devidamente recompensado.*

A letra do bilhete, sem assinatura, fora disfarçada, pois, além de trêmula, tinha várias nuanças. Iulián guardou-o cuidadosamente.

A choupana, sem portas e sem janelas, era um ninho de cobras, lagartixas, morcegos e outros animais peçonhentos. Tudo à sua volta era silêncio, apenas o silvo do vento do outono.

Alma campesina, arguto e prudente, Iulián começou a examinar o chão e as redondezas, buscando alguma pista porque, na verdade, o que ele desejava saber, era se alguém o vira. Sobre a neve rala havia sinais de saltos de bota, alguns ramos quebrados, palha amassada e patas de cavalo. Estas pistas nada lhe diziam, talvez a um perito sim. A ele, só lhe comunicavam que alguém, às escondidas, havia largado ali a criança e se mandara apressado, temendo ser descoberto.

– Pelo menos, espero que ninguém mais saiba disto; assim poderei ficar tranquilo com o meu segredo – meditou.

Satisfeito, continuou seu trajeto com destino à fazenda, onde deveria prestar serviços, a fim de justificar sua ausência e o estado da esposa.

2

A MENTIRA

Anna Ivanóvna Sumarokov, em casa, procurava acalmar-se e ocultar dos filhos a menina abandonada.

Pável, o segundo filho, que contava seis anos, dos três era o mais apegado a ela, mostrava-se, desde seu nascimento um menino diferente dos outros, extremamente delicado nas maneiras, cercando-a de mimos, como se fosse um principezinho, tudo fazendo para agradá-la, demonstrando-lhe imenso carinho.

Pável era desses meninos que alegram a existência de qualquer mãe. Vendo-a cansada ou triste, levava-lhe uma flor ou beijava-lhe as mãos e acarinhava-lhe o rosto, alisando-lhe os cabelos. Dava para notar a preferência que Anna lhe tinha, aliás, preferência exclusiva, que ele conquistava dia a dia. São estas pequenas atenções que definem, pouco a pouco, as preferências emocionais entre pais e filhos e estabelecem a simpatia entre os relacionamentos familiares.

Já, Iulián, o primogênito, parecidíssimo ao pai no temperamento e no físico, afável, alegre, de certa forma ingênuo, era um belo menino, musculoso e terno, contava oito anos e se parecia a um homem, copiando o pai em tudo.

Nicolau, o menor, diferenciava-se de todos, calado e sisudo, sendo muito pequeno para demonstrar ainda suas aptidões. Não se sabia ao certo com quem ele se parecia, antes era uma mistura; o semblante, um pouco mais trigueiro do que os outros, os cabelos cacheados. De todos, ele parecia ser o mais formoso e galante, com seus olhos negros e grandes, sombreados por longos e espessos cílios.

Anna tinha devoção materna pelos três, porém, Pável era aquele filho do coração que enternecia sua alma e sabia como acalmá-la. Às vezes, essa preferência despertava ciúmes nos outros e até no esposo, não chegando contudo a constituir grandes problemas entre eles. Mas sua predileção não passava despercebida aos olhos dos outros filhos e do marido que, às vezes, os olhavam contrariados, principalmente quando estavam juntos naquele relacionamento em que duas almas se unem e se bastam, nada mais lhes interessando, isolando-se dos demais.

Com a chegada da menina, Pável, devido a grande afinidade com a mãe e a preocupação que lhe votava, atento aos seus mínimos gestos, sentia-a diferente, naquele dia. Desconhecendo o motivo, percebia claramente que a mãe o evitava, mas seus olhos negros a acompanhavam na lida, querendo adivinhar. Anna procurava por todos os meios afastá-lo, dar-lhe pequenas incumbências e ganhar tempo para atender à nova hóspede:

– Iulián e Pável, quero que vocês vão à casa de Larissa, para pegarem um punhado de farinha; pretendo, hoje, fazer bolos – disse, entregando-lhes uma vasilha. – Não se atrasem.

Entre sua casa e a da amiga a distância era longa, mais de três verstas. Calculava, no mínimo, duas horas, contando ida e volta, tempo suficiente para amamentar a criança.

Os dois meninos partiram numa carroça, levando a tigela e seguidos de Pregóv, seu cão. Vendo-os desaparecerem na estrada, observou que o pequeno Nicolau estava a brincar com um filhote do cão. Aliviada, agora poderia cuidar da pequena, sem receio de ser descoberta.

Seria impossível esconder a menina dos filhos por muito tempo, eles costumavam brincar vasculhando toda a casa e, se ela chorasse alto, eles por certo a descobririam. O melhor seria mesmo levá-los para a fazenda de tio Lau, para passarem alguns dias e, assim, ganharem tempo.

Anna correu até o porão. Lá estava o bebê, os panos molhados, era hora de amamentá-lo.

A sós com a menina, examinava-a detidamente. Ainda não dava para identificá-la, era muito pequena, somente o tempo para definir a cor exata de seus olhos e os traços de seu rosto. Não sentia por ela uma inclinação verdadeiramente maternal, apenas cumpria um dever. Seu instinto protetor, porém, vencia qualquer sentimento infeliz. Era uma criatura só e abandonada e dela necessitava. Seu coração generoso acolheria até um cão abandonado, quanto mais a uma criança!

A pobre enjeitada parecia compreender sua situação e chorava o mínimo possível, como se evitasse comprometer seus futuros pais, respeitando-lhes as decisões. Bebia sofregamente as gotas de leite, lutando por sua sobrevivência.

– Coitadinha, como vamos fazer? Não podemos ocultá-la o dia inteiro. Iulián está exigindo muito, poderíamos contar só às crianças, isto não faria mal algum – refletia.

Depois de amamentá-la, trocou-a e, aquecendo-a, aconchegou-a ao coração, fazendo-a adormecer.

– Parece ser tão boazinha, ela não me dá nenhum trabalho – e começou a pensar em sua verdadeira mãe: – Quem seria essa pobre mulher, com tamanha coragem para abandonar criatura tão frágil?... Quem seria?... Ah! eu bem poderia descobrir, bisbilhotando nas redondezas, mas como? Se estou impedida de sair. Ah! bem que poderia chamar uma de minhas amigas e especular.

Nada lhe tirava da cabeça que aquela menina não pertencia às redondezas, mas a alguém que morava na cidade, que não era tão distante assim. As moças da redondeza eram poucas e nenhuma delas mostrava um relacionamento duvidoso ou ares de gravidez.

Os pensamentos que passavam por sua cabeça eram os mais interessantes. Anna Ivanóvna era uma boa mulher e esposa, casara-se jovem, tivera seus três filhos e ainda não havia atingido os trinta anos; não era uma beldade, mas seus traços delicados lhe davam a aparência de certa nobreza. Os cabelos ondulados e sedosos brilhavam ao sol, castanho-dourados, sempre presos com uma fita de veludo ou usando um lenço de seda. Os olhos castanhos, delineados com cílios espessos e longos, ornavam-lhe o semblante. A boca pequena e rosada, quando fechada, tinha o formato de um coração. Trabalhadeira, fazia toda a lida da casa, para auxiliar Iulián, que não lhe podia dar o luxo de ter uma serviçal; e graças aos serviços rudes e constantes exercícios de limpeza, ela se mantinha esbelta, encontrando pouco tempo para o descanso. À noite, no entanto, sentia fortes dores nas pernas e no ventre, mas raramente se queixava, porque seu Iulián entregava-se igualmente ao labor nas redondezas, trabalhando em serviços rudes e enfrentando os açoites de chuva, neve e vento.

Deitavam-se com o crepúsculo vespertino e deixavam o leito antes do alvorecer; o dia, para eles, começava com a madrugada. Trabalhavam para economizar e comprarem o próprio sítio, onde cultivariam o centeio e criariam aves. Este era o sonho de ambos e estavam perto de alcançá-lo.

Iulián, o primogênito, recebia as primeiras aulas de um mestre que vinha à aldeia, semanalmente. Pável seguiria o irmão naquele ano. Anna permaneceria boa parte de seu tempo apenas com Nicolau. A chegada da menina iria mudar todos os seus planos. Sentia-se muito inquieta. Aquela mentira, de certa forma, a desconcertava; temperamento sincero, gostava de tudo às claras, mas faria o jogo do marido que ela amava e a quem nada sabia recusar.

Tentava mostrar-se natural, encontrando dificuldades em se disfarçar o tempo todo, principalmente ante Pável. Distribuía as tarefas domésticas com os dois filhos, afastando-os para lugares distantes do porão e mantendo sua porta sempre trancada, livre de qualquer suspeita.

Foi com grande alívio que recebeu o marido, à tarde. Os meninos, vendo o pai, correram a abraçá-lo, não era comum vê-lo tão cedo.

– Pai, tão cedo e estás em casa? – admirou-se Iulián.

– É que temos novidades....

– Novidades? Conta-nos, pai!

Abraçou-se a Anna e, reunindo os filhos, anunciou:

– Meus filhos, vocês vão ganhar mais um irmãozinho.

Os meninos, surpreendidos pela notícia, não sabiam se a notícia era boa ou ruim. Notava-se em seus semblantes que a surpresa os deixara sem resposta. Pável, no entanto, foi o único a deixar transparecer uma ponta de contrariedade; não estava em seus planos dividir o amor de sua mãe com mais outro irmão. Instintivamente, olhou o ventre da mãe que, de repente, havia crescido e disse:

– Eu nunca te vi tão gorda assim... – abraçou-se a ela, e Ana empurrou-o delicadamente, temerosa de que o filho percebesse a almofada.

Lembrara-se de uma mulher gorda que tivera gêmeos. Apesar da pouca idade, sabia como era o nascimento. A mulher engordava como uma porca e depois se trancava no quarto para, dias depois, aparecer com um bebê chorão e vermelho. Esta era a concepção que tinha de gravidez e nascimento. Pável ficou penalizado em pensar que sua mãe iria engordar tanto e depois se trancar no quarto.

– Ora, Pável, esta coisa de engordar é relativa. De repente, a barriga aparece – e saiu para o interior da casa, cuidando de seus pães. – Vou ver o forno e se meus pães não estão queimando.

– Meus valentes filhos, vocês vão cuidar da mamãe na minha ausência, não a deixem pegar peso e ajudem-na em tudo. Se houver algum imprevisto corram a me chamar, se eu estiver longe. Combinado? Vocês são meus homenzinhos, e tomara que agora venha uma menina. Que tal? Gostariam de ter uma irmã?

– É o que eu mais queria, pai, é ter uma irmã – disse Iulián.

– E você, Pável, nada diz?

– Para mim, tanto faz. Meninas... Ah! Não sei, pai, tudo é a mesma coisa!

Iulián ficou brincando com os filhos e tecendo planos para o futuro, enquanto aguardavam os pães que já cheiravam no forno.

3

MAYRA

Iulián estava ansioso para perguntar a Anna sobre a pequena. Aguardava uma deixa e, sorrateiramente, ir ao porão. Os meninos estavam inquietos e atentos como nunca. Anna esperava-os com a mesa repleta de coisas que eles adoravam: tigela com pães, mel, manteiga, queijo fresco, chá quente e *kvass*[1] para o marido.

Esperou, pacientemente, que se lavassem e iniciassem a refeição. Vendo-os entretidos, discretamente, desapareceu. Foi ao porão verificar se a pequerrucha continuava dormindo. Verificou que ela dormia placidamente, tão indefesa, alheia ao ambiente e à sua sorte. Viu que respirava com tranquilidade e voltou rapidamente para não despertar suspeitas.

Iulián entretia os garotos, comendo e contando-lhes casos do mato, do rio gelado e de animais, quando Anna entrou. Seu olhar dirigiu-se a ela em muda indagação. A cumplicidade entre os esposos aumentava, de tal forma, que os mínimos gestos constituíam verdadeiros códigos. Estabelecera-se entre eles uma inesperada forma de comunicação que os divertia e mais os aproximava. Os filhos de nada desconfiavam e se compraziam com o novo comportamento dos pais.

À noite, depois que seus filhos adormeciam, levavam a pequena para o quarto, trancando a porta à chave. Nesta façanha discreta passou-se uma semana.

– Iulián, que nome lhe daremos?

– Estava justamente pensando nisto... Que nome sugeres, esposa?

– Ela deverá ter um nome que combine com sua pele macia,

---

[1] Bebida muito usada na Rússia, feita de lúpulo e centeio. (N. da E.)

por que não colocarmos Lara? – e o esposo ficou calado. – Não te agradas, Iulián? Que nome tens em mente?

Iulián era órfão de mãe, desde os cinco anos, mas ainda guardava na recordação o seu semblante. Ela se chamava Mayra e ele sempre sonhou que se tivessem uma menina, homenageá-la-ia com o nome de sua mãe. Esperou que Anna se manifestasse para depois emitir sua opinião, pois talvez ela quisesse, também, colocar o nome de alguma pessoa querida.

– Lara é um bonito nome, sem dúvida, mas gostaria de homenagear minha *mamacha*[1], de quem guardo vaga lembrança.

– Mayra? Ah! Por que não me disseste antes, Iulián querido, tinhas um nome e não quiseste manifestar teu desejo. Que seja Mayra, lindo nome!

– Obrigado, Anna, então será Mayra.

A menina se mexeu no berço e ambos correram para ela.

– Iulián, precisamos afastar os meninos por um mês e ganharmos tempo. Amanhã mesmo, providenciarei suas roupas e avisarei tio Lau. Estou em apuros, pois tenho que esconder a roupa no varal e secá-la à noite. Nicolau continua me observando o tempo todo. Se ele fosse um pouco mais velho, pediria que o levasse contigo ao trabalho.

No dia seguinte, Iulián conseguiu ajeitar tudo e levar os dois filhos mais velhos para a fazenda de seu tio, que ficava a algumas verstas. A ideia agradou ao mais velho, Iulián. Pável, que sofria longe da mãe, ficou triste.

– Um mês de férias, não é nada. Logo estarão de volta, é só para o descanso da mamãe.

No dia seguinte, partiriam cedo.

Pável subiu na carroça com os olhos cheios de lágrimas.

Anna ficou na estrada, acenando com um lenço branco, até a carroça desaparecer. Segurava pela mão o pequeno Nicolau. Graças a Deus, agora ela dispunha de mais tempo para Mayra e poderia colocá-la em seu quarto durante o dia, trazendo a porta trancada. Nicolau nada iria perceber, era um menino obediente e qualquer coisa o distraía.

---

[1] Mãe (ou mãezinha). (N. do autor espiritual)

À noite, Iulián estaria de volta.

* * *

Passou-se um mês. A pequena Mayra desenvolvia-se oculta aos olhos do mundo, mas cercada de carinho, principalmente de Iulián.

– Iulián, precisamos de mais um mês, para ganharmos tempo suficiente a fim de que quando nossos filhos retornarem, a criança já tenha nascido.

– Adiarei o regresso deles por mais uns dias, hoje mesmo mandarei avisá-los.

O misterioso nascimento ficara no esquecimento, nenhum comentário pela redondeza. Iulián fora à cidade diversas vezes e nada, nem sombra de conversa. O único fato era que a filha do proprietário do sobrado Norobod falecera subitamente, vítima de uma hemorragia.

Corria o boato pela redondeza de que o pai espancara a filha numa noite e, depois deste fato, ninguém mais a viu. Semanas depois, o caso encerrava-se com reservado funeral. Todos se calavam porque o dono do sobrado era temido, com fama de ser muito severo, pois seus empregados eram castigados duramente, quando o serviço não lhe saía a contento. Sua fazenda era guardada por uma matilha de cães, soltos à noite, e ninguém ousava se aproximar dela, nem o mais valente mujique[1].

Estes acontecimentos muito contribuíam para o silêncio do casal a respeito da menina. Iulián fizera ligação dos fatos ocorridos próximo ao dia em que encontrara a criança.

Havia um mistério trágico e cruel, cercando aquela noite.

* * *

Duas vizinhas souberam da gravidez de Anna e a visitaram naquela tarde fresca de maio, quando o aroma das acácias invadia sua isbá[2].

A conversa entre as três mulheres prosseguia cansativa e as

---

[1] Camponês russo, considerado escravo até 1860. (N. da E.)

[2] Pequena casa de madeira muito utilizada pelos camponeses russos. (N. da E.)

visitas queriam, a todo o custo, arrancar da anfitriã detalhes da inesperada gravidez. Anna esquivava-se, esforçando-se por não ser descortês.

As constantes observações das duas sobre o seu aspecto acabaram por extenuar a pobre Anna.

– Como tua barriga cresceu nestes dois meses, da última vez que te vimos não havia sinal nenhum... Há quanto tempo mesmo estás grávida?

Anna, de costas, mexia no samovar[1], tentando se desembaraçar das perguntas, mudava o assunto, mas as duas insistiam e ela foi obrigada a inventar uma estória, não sabendo ao certo se as convenceria ou serviria apenas para aumentar-lhes a suspeita.

– Desculpa-me, Sra. Arina Alexandrovna, mas desde o meu último parto, permaneci tão descontrolada, que nunca soube ao certo a data da minha menstruação, é algo que me foge à exatidão, portanto... Não sei...

As duas mulheres olharam-se e, como experientes parteiras, reconheciam uma mulher grávida como reconheceriam um ovo de galinha. Inúmeras crianças haviam chegado ao mundo por suas mãos. Na ausência de um médico na redondeza e, em razão da distância e da dificuldade de locomoção, eram elas que cuidavam das parturientes. Suspeitavam claramente que Anna estava lhes escondendo algo.

Anna, para se livrar delas e antes que se oferecessem para auxiliarem-na como parteiras, adiantou-lhes:

– Iulián foi à cidade, justamente buscar o médico. Minha gravidez é de risco, dispensando qualquer outro tipo de intervenção. Compreendem?

As duas mulheres receberam suas palavras quase como uma ofensa e levantaram-se imediatamente, examinando Anna de alto a baixo, como se ela fosse um espécime raro.

– Não queremos nos intrometer na decisão do casal, mas não é necessário ir tão longe, quando os recursos estão batendo à vossa porta. Ademais, um parto na cidade fica bem mais dispendioso que nossos préstimos.

---

[1] Espécie de chaleira, que se usa na Rússia, com um tubo central onde se colocam brasas vivas, destinada a ferver e manter quente a água para uso doméstico, principalmente para fazer o chá. (N. da E.)

A mais velha resmungou alguma coisa, pegou o grande casaco de pele de carneiro e virou-se rapidamente para a porta.

– Vamos, Nastássia!

– Passar bem, Anna Ivanovna!

– Passem bem, senhoras!

Suspirando aliviada, Anna nem acreditou que elas, finalmente, haviam se retirado. Contente, murmurou: – Por que não tive tal ideia antes? Louvado seja Deus, destas me livrei! Por pouco não me encontraram sem a barriga postiça. E se me quisessem apalpar, meu Deus, nem quero pensar!

Vendo as duas parteiras de Petrovisk dobrando a estrada, sentou-se na cadeira, quase gritando para o pequeno ícone[1] que a tudo assistia sobre a pequena mesa, iluminado por um círio:

– Meu Deus! Me liberte desta mentira o mais breve possível. Juro que farei esta menina nascer prematura, mais um mês, não aguento! Valha-me, meu Santo Nicolau!

***

Nova surpresa ainda estava por chegar, para o martírio de Anna. Tia Olga, mulher do tio Nicolau, não resistira à agradável notícia de mais um nascimento em família e decidira acompanhar Iulián à sua casa para auxiliar a sobrinha.

Iulián tudo fez para impedi-la, alegando não ser necessário se deslocar para tão longe, pois havia contratado uma mulher para os trabalhos domésticos. Não conseguiu dissuadi-la, sendo em vão seus rogos e justificativas.

Pável não cabia em si de contente, ao receber a notícia do retorno à casa. Para ele, fora um mês de sofrimento, aquele que passara longe da mãe, apesar dos mimos dos tios e da variedade de passeios que eles lhes proporcionavam. No entanto, a mãe adorada era toda a sua alegria, junto dela, sim, estava seu verdadeiro lugar.

Iulián estava resolvido ir à frente e preparar Anna para receber a nova hóspede.

---

[1] Na Igreja russa e grega, imagem pintada da figura de Cristo, da Virgem ou de um santo. (N. da E.)

Por mais que justificasse sua atitude, os tios não se conformavam, todos haveriam de seguir juntos.

Iulián pareceu conformar-se, porque nada lhe restava fazer.

Mas havia decidido, à noite, que no dia seguinte partiria sozinho: o tio que desse um jeito de atrelar a sua tróica[1] e mandar a esposa e as crianças.

De madrugada, quando ele atrelava os cavalos à carroça, a tia acordou com o barulho e, julgando que o sobrinho se preparava para levá-los, resmungou:

– Meu filho, é muito cedo para irmos.

– Perdoa-me, tia, mas não irás comigo desta vez. Quero que as crianças fiquem aqui pelo menos mais dois dias. Pável não iria entender, não posso levá-lo comigo. Anna precisa de mim e não deles. Entendeste, tia, além do mais minha carroça é pequena para tua grande bagagem.

Realmente, ele tinha razão. A tia arranjara malas e sacolas como se fosse passar uma grande temporada em sua casa. Iulián aproveitou este fato para pedir-lhe que a carroça dela seguisse depois, ele iria à frente, conduzindo algumas de suas malas. Um empregado a conduziria em companhia das crianças, numa carroça mais confortável.

– Peço-te não acordes ainda os meninos, deixa-me partir só, imploro-te, tia.

Vendo sua aflição, ela concordou:

– Está bem, Iulián, tenho que concordar contigo.

– Aguardo-te, querida tia, depois de dois dias, explica aos meninos e ao tio.

– Nunca vi ninguém tão desesperado para ir embora! – dizia, logo depois, ao marido que, sem nada compreender, apenas ouviu o barulho dos cavalos já na estrada.

– O que deu nele, Olga?

– Não sei, quer que eu siga viagem daqui a dois dias.

– Este Iulián é tão maluco quanto o meu finado irmão, de todos é o que mais se lhe saiu nas esquisitices!

---

[1] Na Rússia, grande carruagem ou trenó puxada por três cavalos emparelhados. (N. da E.)

Mais tarde, quando os meninos acordaram, foi um alvoroço ao saberem que o pai havia partido de madrugada e sem levá-los. Pável chorava, mas Iulián adorou a decisão do pai, apesar da saudade que sentia da mãe.

Dois dias depois, nova caravana seguiu viagem.

Iulián instigava os animais para ganhar tempo. Ele e Anna precisavam arrumar um jeito; chegavam ao final do plano e deveriam tomar decisões coerentes e rápidas. A presença da tia em sua casa, alterava totalmente seus planos.

4

O NASCIMENTO

Anna assustou-se ao ver o marido chegar só.

– Por que não trouxeste os meninos, Iulián?

Iulián contou-lhe em poucas palavras a visita da tia, dentro de dois dias.

– Meu São Nicolau!

– Temos que arrumar uma solução rápida, mulher.

– E se a criança nascer prematura? Ninguém poderá afirmar ao certo a época em que ocorreu a gravidez!

A única solução, que no momento lhes ocorreu, foi a antecipação do nascimento da criança.

A pequena Mayra, apesar de miúda, não chegava a parecer um bebê prematuro. A parturiente e a filha ficariam no quarto, na penumbra, atendendo aos conselhos médicos e a tia não desconfiaria.

– Iulián, tia Olga vai teimar em cuidar do bebê, dos banhos... Em dois dias, o cordão umbilical ainda não caiu e logo ela irá desconfiar!

– Eu posso dar o banho em lugar dela, por que não?

– Ela jamais aceitaria, como se tu não a conhecesses...

Neste instante, o pequeno Nicolau acordou e Iulián correu até ele, abraçando-o e beijando-o:

– Meu *bátiuchka*[1], como está? Acordou cedo, venha conhecer tua irmãzinha.

O menino, ao ver a pequena, acreditou que fosse algum

1 Paizinho. Na linguagem do povo, é aplicado ao próprio pai ou pessoas, às quais se quer tratar com consideração e afeto ao mesmo tempo. (N. da E.)

brinquedo. Ergueu a mãozinha para tocá-la e, a este gesto, a menina chorou. Ouvindo-a, ele também começou a chorar assustado. Iulián levou-o dali, enquanto Anna acalmava Mayra.

Mayra, daquele momento em diante, nascia para seus irmãos e era o fim do segredo.

* * *

Quando tia Olga chegou, Iulián estava assentado na soleira da porta, fumando seu charuto. A casa encontrava-se no mais profundo silêncio. O barulho dos meninos, misturado ao latido dos cães, quebrou sua concentração. Eles estendiam -lhe os braços e gritavam:

– *Pápotchka, pápotchka*[1], oh! porque não me trouxeste? – reclamava Pável. – Onde está *mamienchka*?[2]

– Não podes vê-la, ela está dormindo, e tu acabaste de ganhar uma irmã!

A admiração foi geral.

– Como? Eu quero vê-la, oh! que bom! – exclamou Iulián, saltando de alegria no colo do pai.

Tia Olga assustou-se com a inesperada notícia porque, segundo ele, o bebê nasceria no próximo mês.

– Como foi, meu filho, onde está a parteira?

– Ela começou a sentir dores no mesmo dia em que cheguei. Eu estava adivinhando, tiazinha, foi a conta do neném nascer. Acredito que nossa Anna errou a data. Não deu tempo de chamar ninguém. Eu não podia deixá-la só com Nicolau.

– Coitada! Vou vê-la!

– Ela está dormindo agora, tia Olga. É melhor deixá-la repousar.

Olga entrava na isbá, a estufa mantinha-a aquecida, enquanto ele auxiliava o empregado a descarregar a tróica, cheia com os baús da tia.

A porta do quarto de Anna estava fechada. Tia Olga forçou, empurrando-a. Anna fingia dormir. Entrou silenciosamente, abeirou-se da cama e viu a pequena que, por capricho, também parecia dormir.

---

[1] Papaizinho. (N. do autor espiritual)

[2] Mamãezinha (N. do autor espiritual)

– Que coisinha linda! – exclamou compadecida.

A pequena janela estava fechada e o quarto iluminado apenas por uma vela acesa para Santo Nicolau, somente lhe deixava ver o necessário. Depois, ela saiu, cerrando a porta com cuidado, para não acordá-las.

Vendo-a sair, Anna mexeu-se no leito.

– Seja o que Deus quiser! Mentira sempre tem pernas curtas – murmurou consigo mesma. Em seguida, caiu num sono profundo e verdadeiro.

Havia sempre um pretexto para que a tia não se aproximasse da pequena e nesta façanha o casal se empenhava de tal modo, que se passaram vários dias, sem que ela participasse do banho e visse a menina nua. Iulián incumbia-a de acender o samovar e fazer o chá preferido de Anna; outras vezes, desviavam-na pedindo-lhe que atendesse ao pequeno Nicolau que, choroso, requisitava a mãe. Desse modo, terminou o prazo mínimo para que o umbigo finalmente caísse.

Tia Olga não mais resistia à curiosidade, chegando a reclamar:

– Será que não posso ficar à vontade com minha sobrinha neta? Ah! hoje é o meu dia de banhar Mayra!

Anna levantava-se, assustada:

– Tia, por favor, já estás a me auxiliar na labuta da casa, os meninos são exigentes, deixa-me com Mayra, ainda terás muito tempo pela frente. Vê, estou bem, muito bem.

A tia ficava espantada pela disposição que a sobrinha apresentava. Nem parecia que havia dado à luz!

O perigo maior havia passado e, graças às artimanhas de seus pais, Mayra saía do quarto pela primeira vez.

– A menina está muito desenvolvida, não se parece com ninguém de nossa família, a quem mesmo ela se saiu? – questionava a tia.

– Ainda é cedo, somente o tempo nos mostrará a sua verdadeira semelhança – resmungou Iulián, soltando uma baforada de seu charuto.

A vida transcorria normal. Pável, porém, não se conformava, olhava a irmã com hostilidade e sua presença a inquietava, causando-lhe choros estridentes. Anna o afastava.

5

NUMA NOITE DE FELICIDADE

Um fato inesperado, no entanto, mudava tudo.

Anna começou a se sentir diferente. Levantava-se com crises de enjoo e, por mais que tentasse, não conseguia impedir os vômitos, nenhum alimento permanecia em seu estômago. Alimentava-se pouco e, por mais que se esforçasse, súbita fraqueza e vertigens dominaram seu organismo. Tia Olga decidiu não regressar ao lar, enquanto ela não estivesse bem. O estado de saúde da sobrinha merecia cuidados. Como poderia cuidar da casa e da recém-nascida, necessitando ela de cuidados e repouso?

Uma vizinha chegou e, vendo Anna, assustou-se:

– Estás doente, Anna, nunca te vi tão pálida?

– Tenho sentido muito enjoo...

– Não sabia que passavas por uma gravidez. Confesso-te, estavas tão magra há quatro meses e agora continuas emagrecendo, afinal, não estás doente?

– A lida constante nem me deixa engordar. Filhos exigem muito, a propósito, Sra. Krávsoski, não sabes de uma moiçola pelas redondezas que possa vir me auxiliar por um tempo?

A boa mulher prometeu-lhe enviar alguém. A experiente velha, antes de ir-se, fez-lhe interessante alerta:

– Anna, escuta-me. Não seriam estes teus enjoos, uma nova gravidez?

– Que estás a dizer? Minha pequena Mayra nasceu há uma semana, apenas!

– É uma bela menina, nem parece que nasceu há uma semana, não te enganaste quanto à data?

Tia Olga participava da conversa ao longe, já estava muito

intrigada e olhava de soslaio a mulher do sobrinho. Decidida, entrou na conversa:

–Tens razão, estes enjoos estão muito estranhos. Quem sabe a Sra. Krávsoski não esteja certa? Estas coisas acontecem...

As duas velhotas começaram a se recordar de casos semelhantes; mães que amamentavam e ficavam grávidas sem o perceber.

– Impossível! – exclamou Anna. – O médico....

Por pouco ela não iria lhes dizer que não poderia mais engravidar e ter filhos.

– O que tem o médico, continua...

– Não, nada... esqueci-me.

Ela estava vermelha e muito embaraçada.

Porém, uma leve preocupação começou a se formar como uma nuvem em seu cérebro: "Estarei grávida? Se ela tivesse razão?"

Não podia contar-lhes que o médico lhe dissera da impossibilidade de ter mais filhos. Não foi necessário recordar-se disto, porque tia Olga o fez:

– É estranho o fato de minha sobrinha ter engravidado, só por misericórdia de Jesus Cristo... Lembraste Anna, quando o médico afirmou-te que não podias mais ter filhos?

– Os médicos se enganam, não vês nossa filhinha?

Olga estava intrigada com aquela inesperada gravidez e o repentino nascimento, mas como teria surgido a criança, se não fosse realmente filha deles?

Contava nos dedos os meses, a última vez em que vira Anna; sem chegar a uma conclusão concreta, desistia das contas e acabava por esquecer, envolvida com os serviços e as crianças. Mas, sua intuição lhe dizia que havia algo errado, a menina se desenvolvia muito rapidamente, não parecia recém-nascida. Eles sempre se esquivavam e Olga não quis insistir.

Porém, a verdade logo tornou-se evidente. Anna estava grávida. Não tinha como negar o fato. Faltava apenas o diagnóstico médico.

A nova gravidez deixou Iulián e Anna perplexos. Não contavam com aquela novidade.

***

O casal, agora, cochichava em seu quarto:

– Como isto foi acontecer, *matuchka*?

– Desde que encontraste a pequena, não tive mais o sinal. Iulián, lembras-te do dia em que Mayra chegou, daquela noite de tanta felicidade?

Iulián fez uma expressão travessa ao se recordar daquela noite mágica, para ele, e abraçou a esposa, beijando-a. Sua Anna tornava-se cada vez mais bonita. Se fosse confirmada sua gravidez, ao invés de uma criança, teriam duas e continuariam felizes.

– Precisamos confirmar sua gravidez, *matuchka,* amanhã mesmo procuraremos o médico, na cidade.

– Não é preciso, Iulián, eu me sinto grávida, só que não o havia percebido, às voltas com os trabalhos e a menina. É verdade!

O marido não cabia em si de contente, mas aquela gravidez mudava tudo. Lembrou-se do médico, ao lhe afirmar: – "Ela não poderá ter mais filhos, será fatal."

– Anna, estou muito confuso e minhas ideias se encontram embaralhadas. Temo por ti. Vamos deixar para pensar nisto amanhã, o sono nos ajudará. Amanhã saberei como agir.

Antes de se deitarem ele, desconfiado, olhava a barriga da esposa, apalpando-a... Aquilo era incrível!

A pequena Mayra resmungou no bercinho e ele correu para ela.

Estava tão feliz com a filhinha, mas a chegada de um novo filho não o fazia mais feliz. Sua cabeça estava cheia de indagações, procurou serenar-se e dormir.

Seu sono foi tumultuado por maus pressentimentos.

Anna emagrecia, ao invés de engordar. Acordava com crises de enjoo, não se alimentava o suficiente. Estava fraca e descorada.

Tia Olga ficaria com Mayra e os meninos, enquanto Anna ia ao médico.

Quanto mais cedo decidissem sobre o novo problema, melhor. Felizmente, Iulián havia guardado algumas economias para comprar uma rena, porque se lembrava de como havia gastado com o tratamento da esposa quando ela engravidara de Nicolau. Ainda se recordava das recomendações severas do médico.

***

Decidiram omitir ao médico o nascimento da menina.

Dr. Bóris era um velho médico que morava na aldeia e seu consultório era tão antigo quanto ele. Assentaram-se na velha e surrada poltrona enquanto aguardavam ser atendidos.

Após examinar Anna, o médico olhou gravemente para o casal; constatou a gravidez de três meses e os alertou quanto ao risco que corriam. Depois convidou Iulián a uma sala contígua e explicou-lhe em detalhes o risco de vida que sua esposa corria, levando em frente a gravidez, o melhor seria a subtração do feto.

– Meu Deus, chega a este ponto, Dr. Bóris?

– Sim, Iulián, é muito grave insistir com a gravidez. Ela te deu três belos filhos; contenta-te com eles.

Gostaria de falar-lhe sobre Mayra, mas seu segredo tinha que ser absoluto.

– Conheço minha Anna, ela jamais concordaria.

– Meu dever é alertá-los e comunicar-lhes o perigo desta gestação; quanto à responsabilidade, ficará por conta do casal.

– Não posso decidir isto sozinho, se algo lhe acontecer, jamais me perdoarei, Dr. Bóris. Conversemos com Anna, ela é forte e saberá como agir.

Anna, ao vê-los, logo percebeu que havia algo errado, pela fisionomia de Iulián.

A notícia caiu como uma flecha de fogo sobre a paciente.

– Jamais abortarei, prefiro morrer, mas meu filho nascerá!

Estava vermelha, emocionada... Iulián tinha razão, sua Anna era a mulher mais valente que ele conhecia.

O médico ainda tentou convencê-la, mas sua irritação impedia-o de argumentar qualquer coisa. Prescreveu os medicamentos homeopáticos e deu-lhes as recomendações precisas. A gravidez de três meses coincidia, na verdade, com a idade de Mayra.

6

DIAS TRANQUILOS

Anna engravidara na noite em que o rebento foi encontrado

Aquela noite, para o casal, principalmente para Iulián, foi inolvidável; sua felicidade foi tão grande que se entregara aos braços da esposa como há muito não o fazia. Mayra, para ele, era um pedaço do céu que entrava em seu lar.

O casal voltava para a casa, não sabia se ria ou lamentava sua situação. Conversavam durante o trajeto, olhando a paisagem que já começava a se cobrir de neve em alguns pontos, anunciando um grande inverno pela frente.

– Prefiro mil vezes a morte que tirar meu filho! – dizia choramingando sua pobre Anna.

– Não falemos mais disso, meu amor, tudo se resolverá, confiemos na Providência de Deus. Nada irá nos acontecer. Deus não nos enviou uma filha? Se Ele permitiu que engravidasses, é porque teremos mais um bebê! Cinco filhos ainda não é o número que sonhei. Quisera que tivéssemos dez filhos, Anna.

– Estás louco, homem! Isto porque não és tu que os carrega, nem os amamentas e nem lhes trocas as fraldas!

Iulián fez uma careta e encostou o farto bigode em seu rosto. A cócega fê-la rir e ela abraçou-o:

– Estou a brincar contigo, meu amor, és o melhor dos maridos e o pai mais carinhoso que já vi. Sou muito orgulhosa de ti.

– Temo perder-te!... – confessou Iulián, com os olhos azuis brilhando de lágrimas que teimavam em cair.

– Se me perderes, meu amor, permito-te casares novamente.

– Nunca mais digas tal coisa, Anna, peço-te, cala-te!

– Então queres que eu fique a te atormentar com meu Espírito?

A ideia de ela se tornar um Espírito, o atemorizava e deixava-o cheio de superstição.

– Não quero que digas mais nada sobre morte. Aquieta-te, porque dizendo assim, minha *Annochka*, estás a machucar meu coração.

Era tão sincero seu Iulián! Anna aconchegou-se mais a ele, buscando refúgio, porque as palavras do médico continuavam a lhe martelar o cérebro. E se morresse, de verdade? Se deixasse seu pobre marido com os filhos tão pequenos, como ficariam sem sua presença? Anna olhou o horizonte e respirou fundo.

Os dias se passaram e os camponeses se preparavam para a chegada do inverno. Não demoraria muito e a paisagem estaria toda coberta de neve. Iulián trabalhava arduamente, armazenando as provisões que lhes garantiriam a sobrevivência durante os meses de nevasca. O trabalho intenso desviara sua atenção do estado da esposa, porém, as palavras do Dr. Bóris continuavam gravadas em sua consciência. Se algo de grave acontecesse à sua Anna, ele jamais se perdoaria.

Passaram-se dois meses e os enjoos finalmente cessaram. Ela começava a engordar e sua barriga a apontar. As maçãs do rosto estavam coradas e ela parecia muito bem, disposta e alegre.

Tia Olga desistiu, de uma vez por todas, de ficar contando nos dedos os meses que mediavam uma gravidez da outra. Seu Espírito sossegou e aproveitava os momentos de folga para tricotar.

Quando chegou a moçoila para auxiliar a sobrinha, Iulián levou-a embora, prometendo que a buscaria antes de a criança nascer.

Catienka, a serviçal, era uma menina com menos de vinte primaveras e morava nas redondezas. Seus cabelos ruivos, quase de um tom castanho, estavam sempre presos em duas tranças que ela unia no alto da cabeça.

Filha de um camponês que morava na fazenda, fora recomendada pela Sra. Krávsoski, que cumpria a promessa feita a Anna.

A mocinha foi bem recebida, sua juventude e disposição quebraram a monotonia que a velha tia Olga deixava no ar.

Imediatamente tomou conta da situação e, ao cabo de uma semana, executava o serviço da casa com perfeição, descansando Anna que, apesar do esforço de querer trabalhar na lida, não suportava as dores que sentia nas pernas e na barriga, tormentos que somente eram aliviados quando assentava-se numa confortável poltrona e colocava as pernas suspensas sobre uma almofada.

Qualquer esforço cansava-a.

A pequena Mayra não dava o mínimo trabalho, parecia colaborar com a mãezinha e a nova gestação.

Anna passava horas ao lado da menina, conversando e mimando-a. Sentia imensa ternura por ela e sua maior preocupação era incentivar Pável a amá-la como irmã, pois o menino não perdia tempo em maltratar a enjeitada.

O fato de Anna passar muitas horas deitada em seu quarto com a pequena Mayra, constituía para ele uma verdadeira tortura.

Anna instruía-o:

– Por que, meu querido, maltratas tua irmãzinha? Ela é tão frágil, nunca te fez mal, é apenas um bebezinho!

Mayra assentava-se, segurando as grades de seu berço com as duas mãozinhas, e Pável ora espremia ou espetava seus dedinhos. À aproximação do menino ela começava a chorar, mas quando Nicolau chegava, tudo mudava, sorria de felicidade.

Outras vezes, Pável entrava no quarto, sem ninguém perceber, puxava seu cabelo e depois se escondia. A mãe ou Catienka, em seguida, vinha acalentá-la.

Certo dia, Catienka o pegou em flagrante e isto lhe valeu um severo castigo do pai, não com palmadas, mas privando-o de seu jogo preferido, por uma semana. Estas reprimendas de nada adiantavam. Seu caso era realmente sério. Se buscassem suas origens na teoria das vidas passadas, lá estava a chave de sua conduta e de seu ódio infantil.

7

ANNOCHKA

Anna acordou sobressaltada, tivera um pesadelo. Sentou-se na cama, molhada de suor, apesar do frio; a lareira acesa mantinha o quarto aquecido.

Assustada, recordou-se de seu sonho. Sonhara com um vale florido, como nunca vira, nem mesmo nas manhãs de sol. Estava só, com seu bebê nos braços, caminhava, caminhava e seus pés não tocavam o chão. Sentia-se flutuar, depois, seu filhinho também flutuava, indo de seus braços, completamente solto no ar, procurava auxílio e ninguém aparecia para ajudá-la. Olhou para trás, sua casa, Iulián e os meninos estavam cada vez mais longe. A pequena Mayra era a única que corria para eles e, apesar de seu esforço, ela também foi desaparecendo; Anna esforçava-se para alcançar seu bebê que, aos poucos, desaparecia, evaporando-se no ar. Quando olhou ao seu redor, não conseguiu enxergar mais ninguém, nem sua casa, e grande aflição tomou conta de sua alma.

– Meu Deus, o que significa tal sonho?

Olhou para o berço, Mayra estava assentada, seus olhinhos ingênuos a observavam, como se a quisesse livrar daquele pesadelo.

Anna sorriu e com muito custo ergueu-a, colocando-a a seu lado em sua cama. O jeitinho da menina alegrou-a, distraindo-a com suas gracinhas, mas ela passou a tarde muito preocupada.

– Iulián, tive um pesadelo, enquanto dormia nesta tarde. Gostaria de ir à igreja, levas-me, domingo?

– Claro, querida, aliás, o pope[1] prometeu-nos uma visita, iremos reclamá-la. Mas tens condição física para suportares os solavancos da carroça?

---

[1] Sacerdote da Igreja Ortodoxa russa. (N. da E.)

Anna estava bem gorda. No mês seguinte a criança nasceria e deveria voltar ao médico. A igreja não ficava tão distante de sua casa.

– Tal pesadelo me preocupa, Iulián, sinto ser um aviso de uma dolorosa separação. Começo a me preocupar, crendo que Dr. Bóris tenha razão, por isso quero assistir à missa, antes de nosso bebê nascer.

No domingo, como de costume, iriam à igreja. Catienka ficaria com a garota.

***

Os mujiques e alguns aristocratas estavam reunidos. As orações e abluções começavam. Iulián e sua família chegaram atrasados. Assentaram-se nos últimos bancos, mas de vez em quando alguém virava-se para vê-los. Era uma das velhas parteiras de Petrovisk, cujo olhar incomodou Anna que, antes de encerrar a missa, convidou Iulián a voltarem porque não estava se sentindo bem.

O estado de Anna chamava a atenção, porque muitos sabiam da existência de uma criança pequena em sua casa.

– Não deveríamos ter vindo, querido, errei. Perdoa-me. Estas velhas corocas logo virão nos crivar com perguntas idiotas e eu não me encontro disposta a responder.

– Vamos!

Ao saírem da igreja, chamaram a atenção dos fiéis para si, muito mais do que na chegada.

Sem se incomodarem com os cochichos, o casal e os filhos ganharam a grande porta.

– Por que, *mamacha,* não ficamos para o final? – indagou Iulián, sem compreender a reação dos pais.

– Tua mãe está a sentir dores.

– Não devíamos ter saído de casa! – reclamou Pável.

Iulián, recebendo a neve no rosto vermelho, convidou-os:

– Ah! meus moleques, este povo é muito observador, vamos cantar, quem canta espanta os males e encanta as almas.

Começou a cantar uma música que falava do trabalhador e

os filhos o seguiram, Voltaram brincando, contando anedotas e chegaram ao lar cheios de alegria.

A visita à igreja provocou comentários maldosos que se espalharam pelas redondezas. Anna Sumarokóvna tinha dois filhos por ano!

Na semana seguinte, recebeu visitas inesperadas e curiosas.

Anna recusava-se a receber qualquer pessoa e Iulián encurtava a conversa, oferecendo vinho tinto ou um delicioso kvass.

O comportamento do casal intrigava o povo, curioso por saber sobre notícias da filhinha e da gravidez avançada de Anna; Iulián levava entre brincadeiras e anedotas e os visitantes saíam sorrindo, mas sem as informações esperadas.

Depois, as visitas foram escasseando e a gravidez de Anna chegou ao final. Tia Olga e tio Nicolau foram avisados.

* * *

As dores do parto eram intensas. Iulián partira de madrugada para a cidade, procurando um médico.

O estado de Anna era grave. Havia horas, ela gemia sem parar. Sua fronte, molhada de suor, era enxuta com uma toalha pela tia, que estava em vigília desde a madrugada. Tia Olga, Catienka e as crianças oravam. O quadro era desesperador e os gritos de dor, que Anna emitia, assustavam até os animais.

Círios acesos no quarto, iluminavam-no, dando-lhe um aspecto triste. Assistindo ao desespero da sobrinha, tia Olga apelava pelo santo de sua devoção e várias vezes exclamou: – Será que Iulián não encontrara o médico? Como demora!

De repente, Anna parou de gemer e desmaiou. Tia Olga pensou que ela estava morrendo e saiu apavorada, chamando Catienka. Ao voltar ao quarto, notou que ela ainda respirava, mas muito lentamente. Tomou seu pulso, que estava fraco.

– Meu Deus! Ela não irá suportar até a chegada do médico, temos que dar um jeito, esta criança tem que nascer, já passa da hora – dizia tia Olga, com alguma experiência no assunto. E voltando-se para Catienka, ordenou: – Traga uma vasilha com água morna, imediatamente.

Ela iria fazer o parto, o quadro era sério.

– Alerta, minha *Annochka,* faze um esforço, teu bebê vai nascer!

Anna ouviu-a como se fosse num sonho, procurando fazer um esforço para se mexer, mas a voz da tia vinha de muito longe e suas dores não cessavam. Estava totalmente sem forças para lutar.

Na luta entre a vida e a morte, ouviu-se um gemido de seus lábios descorados:

– Iulián... Iulián... Onde estás?

Coração opresso, Iulián chicoteava os cavalos, como se estivesse ouvindo o chamado da esposa.

– Espera, minha *Annochka,* espera-me!

Dr. Bóris e ele finalmente chegaram. Os três filhos encontravam-se assentados e a pequena Mayra nos braços de Iulián; suas carinhas estavam tão tristes que pareciam estar em um velório.

O quadro exigia muita perícia e aparelhamentos médicos, mas o doutor teria que lutar com o que tinha em mãos para tentar salvar pelo menos a vida da mãe.

Anna abriu os olhos e segurou firme a mão do esposo. Sua mão estava gelada e ela ainda teve forças para lhe dizer:

– Meu Iulián, se eu não sobreviver, promete-me, meu amor, jamais abandonarás nossos filhos, por mais difícil esteja tua situação, mantendo-os sempre unidos... Se nosso bebê for menino, gostaria que se chamasse Kréstian...Sinto, minha vida... que não suportarei e que Deus me ajude pelo menos a pô-lo no mundo... Quero que saibas o quanto eu te amo!...

Iulián chorava como uma criança:

– Não te vás, não me deixes, Anna... sem ti, eu não sobreviverei... Não me abandones!...

Dr. Bóris pediu-lhe:

– Iulián, deixa o quarto, por enquanto, ela está nas mãos de Deus. Ora! Farei o possível.

Beijando seus lábios descorados, Iulián saiu em lágrimas, era o adeus... só que ele não o queria aceitar. Uma grande revolta tomou conta de sua alma. Vendo os filhos que o aguardavam sérios e tristes, envergonhou-se de suas lágrimas, enxugou-as e assentou-se ao lado deles.

Na sala havia uma pequena imagem de São Nicolau e duas velas acesas em sua homenagem. Ele, segurando nos braços a pequena Mayra, ajoelhou-se perante o altar e os três meninos o imitaram.

Assim permaneceram, até ouvirem o choro de uma criança.

Seu coração animou-se. Depois tudo era silêncio.

Anna não resistira à hemorragia e ao esforço sobre-humano, para que seu filho nascesse.

Nada mais restava a fazer, o Dr. Bóris o havia alertado e sabia dos graves riscos que Anna correria com a nova gestação. Quando Nicolau nasceu, ele o havia avisado da impossibilidade de uma nova gravidez.

Mas, o bebê reagia bem.

Após assearem o quarto, retirando o sangue que sujara os lençóis, Catienka e tia Olga procuraram deixar a morta em condições para que os filhos a vissem e se sentissem menos apavorados.

Os três, acompanhados do pai, entraram no quarto. A mãe, que parecia dormir, apresentava um aspecto sereno e doce. Cada filho aproximou-se e a beijou no rosto e na mão branca estendida sobre o lençol. Lágrimas desciam dos olhos de Iulián. Pável, sem compreender que sua mãe havia morrido, julgou que ela dormia e logo estaria acordada. Vendo que ela não se mexia, apavorado, chamou:

– *Mamacha,* acorda! Acorda!...

A mãe estava gelada e imóvel, seus olhos semi-abertos pareciam nada enxergar. Pável, abraçando-se ao pai, perguntou-lhe:

– É isto a morte?

Iulián não tinha forças para lhe responder, abra-çou-o.

Neste instante, o bebê chorou, atraindo para si a atenção dos irmãos e do pai.

– Foi por causa dele que ela morreu? – perguntou amargurado, Pável.

– Não, meu filho, ele não teve culpa.

– Teve sim, foi ele, eu não gosto dele!

O Dr. Bóris entrou no quarto e Pável passou por ele como uma bala.

A tristeza era grande.

Logo a notícia se espalhou por toda a redondeza, de que Anna Sumarokóvna havia falecido após o nascimento de seu filho.

A morte de Anna comoveu os vizinhos que, solícitos, ofereceram seus préstimos ao pobre Iulián, que agora tinha cinco filhos e dois eram bebês.

A dor de Iulián era muito grande, porque ele se sentia culpado. Por que não ouvira o médico e convencera a mulher a interromper aquela gravidez? Ele deveria ter sido mais enérgico.

Ninguém pensava no pobre recém-nascido que chegava ao mundo, órfão e acusado pelo irmão de ter tirado a vida da própria mãe.

Apenas tia Olga e Catienka o olhavam com carinho maternal. Tinham que cuidar da pequena Mayra. As duas se revezavam; enquanto uma cuidava do pequeno, a outra cuidava da menina.

A casa estava cheia, a notícia espalhou-se por toda a vizinhança.

Iulián não conseguia pensar em nada, e não faltavam comentários sobre o nascimento da criança e a irresponsabilidade do marido. Toda a sorte de mexericos maldosos surgiram. Então, Iulián pediu a Catienka que isolasse a pequena Mayra para diminuir os comentários sobre sua vida.

Catienka desceu para o porão e lá ficou com Mayra até terminarem as exéquias de Anna.

O Dr. Bóris, vendo a pequena criança, julgou que fosse filha da moçoila e Iulián fez questão de que ele assim o pensasse.

Ele mesmo julgava estar vivendo um terrível pesadelo e que, mais cedo ou mais tarde, terminaria.

Suas ideias estavam totalmente embaralhadas e, em silêncio, ficou até o final.

***

Duas semanas se passaram, após os funerais.

Olga Nicolaiovna foi seu apoio durante os primeiros tenebrosos dias. Se não fosse sua presença, administrando a casa e consolando as crianças ele, talvez, tivesse enlouquecido . Ela colocava ordem em tudo.

Tia Olga, entretanto, tinha seus afazeres e sua casa, não poderia ficar lá indefinidamente. Seu lar e o marido requisitavam sua presença. Enquanto isto, instruía a boa Catienka que, apesar de jovem, era responsável e ordeira, e gostava muito das crianças.

O pequeno Kréstian solicitava muitos cuidados e uma ama-de-leite. Felizmente, todos os dias, nos mesmos horários, Mácha chegava para amamentá-lo. Ela tivera um bebê quase na mesma época e seu leite abundante dava para alimentar os dois recém-nascidos. Por sorte, Mácha morava a uma versta de sua casa e isto facilitava tudo; ora ela vinha, ora Catienka levava Kréstian.

O importante era que o bebê sobrevivia, graças ao leite de Mácha e sua disposição sadia. A moça era amiga de Anna e causava-lhe imensa piedade saber que ele cresceria sem o carinho de sua *mamienchka*. E, enquanto o amamentava, ela dizia carinhosamente a Kréstian:

– Faze de conta, pequerrucho, que é tua *mamacha* verdadeira que te amamenta.

* * *

Um mês havia se passado e tia Olga regressava a seu lar depois de mil recomendações a Iulián, aos meninos e à Catienka, que ficava incumbida de toda a lida.

No caminho de volta, conversavam ela e Iulián. A neve cobria tudo, era a brancura do horizonte da Mãe Rússia.

Um mês após a tragédia que se abatera sobre a casa do sobrinho, Olga, preocupada com a situação dele, aventurou-se em dizer-lhe:

– Iulián, meu filho, sei que é cedo para dizer-te estas coisas, conhecendo a tua sinceridade e o teu coração, mas passado o luto, deves começar a pensar em um novo casamento. Teus filhos são muito pequenos.

– Minha tia, peço-te, poupa-me por enquanto de pensar em tal ato. Tenho a lembrança de minha *Annochka* tão viva e é com ela que sonho todas as noites. É como se ela estivesse todo o tempo comigo, no quarto, na cozinha, enfim, por toda a parte onde vou. Vejo-a a sorrir pela casa, a conversar com os meninos, minha *matuchka* ainda está comigo.

A tia, entristecendo-se com o sofrimento do sobrinho, não teve forças para levar avante suas recomendações e limitou-se a falar em Anna, como se ela estivesse viva e, assim, matarem a saudade que ambos sentiam. Conversaram sobre Anna, recordando-se dos momentos felizes que alegraram a alma de Iulián, e nem perceberam que já se encontravam dentro da fazenda do tio Lau.

Primeiro, a recepção dos cachorros e, depois, o tio bonachão vinha dar-lhes as boas-vindas.

* * *

Iulián demorou-se pouco na fazenda do tio, sua casa agora exigia sua presença mais do que nunca.

Jamais, em toda a sua vida, desde que se casara, pensou em viver sozinho. Seu mundo agora era a solidão. Mas Deus confiara-lhe quatro filhos e Mayra. Ao pensar em Mayra, seu coração alegrou-se: Que destino o dela! Encontrara uma bela *mamacha* e depois a levaram para sempre. Felizmente, ele continuava ali, para oferecer-lhe amor e proteção.

Com a morte de Anna, ele se tornara o único a conhecer a história de sua *bátiuchka,* segredo que ele levaria para o túmulo.

8

NOS DOMÍNIOS DOS NOROBODVISKI

Um ano passou-se, desde a tragédia em casa de Iulián Nikolai Sumarokov.

Kréstian Nikolai começava a mudar os primeiros passinhos, seu cabelo era diferente do de seus irmãos, castanho dourado, como os de sua mãe, e sua cabecinha brilhava ao sol. Catienka continuava trabalhando para Iulián. Afeiçoara-se ao pequeno como se fosse seu filho e o protegia contra os acessos de fúria de Pável. Aliás, Catienka estava sempre atenta, porque Mayra era, também, a maior vítima das brincadeiras maldosas de Pável.

Kréstian e Mayra, à medida que cresciam, pareciam ter a mesma idade, pois, na verdade, a diferença entre eles não chegava a atingir nove meses.

As coisas pouco haviam mudado, apenas Iulián que, a cada dia, mais se entregava ao desânimo. Ele vivenciava a fase aguda da saudade de sua adorada *Annochka* e, à medida que o tempo passava, o seu sonho de um dia revê-la ia se transformando num doloroso pesadelo. Seus filhos eram o único motivo que o prendia ao mundo. Não se importava com a aparência, envelhecera prematuramente, apesar de seus trinta e seis anos; agora, parecia ter cinquenta. Não se interessava por mulher alguma. Deixara a dança; desde que sua mulher partira, sua única distração era o canto. As mulheres da aldeia, viúvas ou solteiras, interessavam-se por ele, mas a lembrança de Anna era mais forte. O tempo foi passando e ele, a cada dia, estava mais arredio ao convívio social. Não frequentava a taberna.

Naquela manhã, dirigia-se para o trabalho, iria justamente trabalhar na propriedade dos Norobodvisk. Fazia quase dois anos que encontrara Mayra, e, ao passar pela cabana abandonada, seu coração bateu acelerado. Teve forte intuição de que sua querida menina era filha daquela infeliz mocinha que morou naquela fazenda e morrera vítima de hemorragia e de espancamento, conforme os comentários na redondeza. Grande curiosidade invadiu sua alma. Se quisesse, realmente, saber quem eram os pais de Mayra, ele os descobriria. Não lhe seria impossível.

Horas mais tarde, o grandalhão entrava nos domínios de Norobodvisk. Precisavam de empregados e ele se habilitava. Iulián foi recebido pelos latidos dos cães e por um feitor com cara de poucos amigos e semblante carregado de ironia. Sergei era tão mau quanto o patrão, e após alguns minutos de conversa, o novo empregado começava seu trabalho, limpando os armazéns e amolando as foices para a colheita.

Não havia muito o que perguntar a Iulián, cuja fama de bom empregado era conhecida nas redondezas. Sua capacidade em enfrentar horas e horas de trabalho, garantia-lhe emprego certo. Era disputado por vários fazendeiros. Norobod, há muito, queria tê-lo em sua propriedade como servo. Iulián, além de trabalhador, era leal. Não se rebelava como a maioria dos mujiques que, na hora da maior ne-cessidade, tanto no amanho da terra como na hora da safra, deixavam os campos, ou pior, danificavam as colheitas por pura má vontade, causando prejuízos aos proprietários.

Quando Sergei informou a Norobodvisk que o grandalhão começaria a trabalhar em seus domínios, disse animado:

– Muito bem, Sergei, finalmente conseguimos o melhor empregado da região. Tenho o maior interesse em manter o grandalhão, cuide bem dele.

Sergei e o patrão entendiam-se perfeitamente, porque o primeiro executava a maldade do segundo em tão perfeita sintonia, que muitos empregados julgavam que o proprietário fosse ele. Ambos eram temidos. Mas a propriedade de Norobod, ultimamente, estava praticamente abandonada, pois ele, além de mau pagador, não auxiliava em nada os pobres mujiques, relegando-os ao abandono com suas famílias. Os outros proprietários agiam com humanidade e, segundo o costume, auxiliavam a mulher de seu empregado e seus filhos oferecendo-lhes mantimentos e agasalhos, moradia digna, enquanto atendessem ao serviço nas glebas . Se o empregado permanecesse no mesmo trabalho, por dez anos, recebia uma pequena gleba para plantar a sua própria lavoura. Esta lei prejudicava os empregados, que eram dispensados antes de completarem os dez anos de serviço. Poucos conseguiam receber a tão esperada gleba. E não havia lei que os amparasse até alcançarem o prêmio almejado. Enquanto não completassem os dez anos, a família vivia empenhada no trabalho, inclusive as crianças, que auxiliavam aos pais como podiam. Este regime semi-escravo deixava os camponeses descontentes e inseguros quanto ao futuro.

Iulián, apesar de ingênuo, sabia que o mais difícil era suportar os maus tratos e, para aqueles que chegavam ao final do decênio, o último ano era terrível, verdadeira prova de fogo, em que a humildade do camponês era submetida a toda prova. Como era difícil conquistar um pequeno pedaço de chão! Esta situação criava, entre os mujiques, um clima de revolta, mas por mais que lutassem e formassem sua própria organização, ninguém mudava a dura lei. Iulián havia decidido que, um dia, ele próprio compraria sua pequena gleba, fazendo bastante economia. Em razão disso, ao invés de relutar em ficar preso a um senhor apenas, procurava tirar o maior proveito de seu trabalho e de sua generosa força. Chegara o momento exato de se firmar, porque, sozinho, sem o auxílio de companheira, só podia contar com a força de seus braços. Queria dar instrução a seus filhos. Não queria que eles fossem como ele, um mujique, sem terra e sem instrução. Norobod tinha a fama de maldoso, mas quem sabe o diabo não seria tão feio assim como se pinta. Estava decidido a ficar naquela rica propriedade, ser um bom empregado, sujeitar-se à servidão e conseguir o sustento de sua família.

9

SÔNIA

Certo dia, Iulián estava serrando madeiras para construir um novo galpão de armazenamento, quando uma mulher muito bonita aproximou-se e perguntou-lhe faceira:

– Como te chamas, mujique?

– Iulián – respondeu, secamente.

Iulián aparentava mais idade do que realmente tinha. Era um homem simpático e atraente, possuía um físico bonito, alto, omoplata larga, farta cabeleira negra e pequenos olhos azuis.

– Quantos filhos tens, mujique?

Era a primeira vez que uma senhora da fazenda o abordava assim, desde que lá estava e respondeu-lhe educadamente, aliás, modos que o diferenciavam dos outros empregados.

– Tenho cinco, senhora... Por que me perguntas?

– Soube que tua mulher morreu em consequência de um parto.

– Sim.

– E tua criança salvou-se?

– Sim, salvou-se.

Não se sentindo incentivado a falar em Anna e seu triste desfecho, tratou de desviar o assunto, voltando sua atenção para o serrote. A mulher insistiu:

– Que idade tem tua criança?

Iulián ia responder, quando uma garotinha aproximou-se correndo:

– *Mamienchka!*

A mulher abraçou a menina e quando esta o viu, perguntou-lhe com um fio de voz:

– *Mamienchka*, este é o grandalhão que o vovô falou?

A menininha deveria ter menos de sete anos, do tamanho de seu Nicolau.

Iulián, que sempre se enternecia com crianças, olhou atentamente para a menina, examinando-a, depois entregou-lhe pequenos blocos de madeira preparados para o seu pequeno Nicolau brincar.

Desse dia em diante, a menininha passava por ali, escapulia da vigilância e ia procurar o grandalhão, seu novo amigo. Depois, Iulián soube que ela era neta de Norobod e aquela mulher bonita, Sônia, sua nora. Os dois ficaram amigos, ele cortava pequenos tocos de madeira e lhe dava para brincar.

O mujique suspeitava de que Mayra era filha da pobre mocinha que morrera subitamente e todos na fazenda evitavam comentar o fato. Quem seria o pai de Mayra?

No entanto, Sônia não perdia a oportunidade de se aproximar dele e sua presença o incomodava. Sentia-se envolvido por sua beleza morena. Às vezes, notava em seu olhar um lampejo diferente e ele começou a evitá-la. Quando ela o olhava, ele desviava seus olhos, mas quando ela dava-lhe as costas, observava seu requebrado e até parecia que ela sentia seu olhar. Procurava executar serviços que o distanciassem da casa, fugindo ao provocante assédio da bonita dama.

Sônia, por sua vez, notando a preferência da filhinha pelo empregado de seu sogro, arrumava as mais descabidas desculpas e serviços para tê-lo por perto.

A bela Sônia tinha um modo de andar provocante. Quando ela passava, os mujiques levantavam os sobrolhos disfarçando, temendo a presença de Alex, o filho do patrão. Ela agia assim, propositadamente, mas ninguém desconfiava de sua preferência por Iulián.

Iulián, por sua vez, começava a se interessar por ela. Ante tamanha insistência ele acabou cedendo aos seus encantos. Vagarosamente, ela foi conquistando sua simpatia e despertando nele os instintos masculinos.

Apesar de seus princípios e da pureza de seus sentimentos,

Iulián, quando se deu conta, estava perdidamente apaixonado por Sônia. Começou a melhorar sua aparência. Aparava a enorme barba e os cabelos, antes desalinhados, alisava o bigode e usava, mesmo para o trabalho, as suas melhores polainas e calças de couro, e escovava diariamente seu gorro de pele de carneiro.

Os dois começaram um flerte, às escondidas.

Com maestria, ambos enamorados, conseguiam ocultar seu flerte aos olhares indiscretos.

Sônia era renomada conquistadora, mas todos pareciam ignorar seu comportamento, temerosos da represália do filho do patrão e da maldade de Norobod. Em surdina, porém, suas atitudes levianas eram alvo dos fofoqueiros da região.

10

O FANTASMA DA FAZENDA

A ceifa nos campos de centeio iria começar e era mister aumentar o número de empregados para o grande trabalho. Na fazenda, foram admitidos mais nove homens. O movimento de empregados sobrecarregava o serviço na cozinha e exigia a construção de novas isbás.

Para espantarem o frio, os mujiques que moravam na fazenda reuniam-se à noite, após a faina, para cantarem e dançarem em volta de fogueiras.

Ao final de cada colheita, o patrão realizava uma festa. Distribuía *kvass* e *kasha* à vontade, inclusive os empregados traziam seus samovares. Todos se reuniam em grande roda, embriagavam-se e dançavam até o dia amanhecer. As mulheres cantavam e algumas, mais ousadas, dançavam com as crianças.

Sônia, naquela noite de festa, estava mais bela que nunca.

Iulián, desde que sua Anna partira, nunca mais tivera contato com mulher alguma, em respeito à sua memória. Fora se acostumando à solidão, embora admirasse as mulheres. Porém, sentia-se muito atraído pela bela Sônia. Não era amor o que sentia, antes uma necessidade física, o calor de alguém, carinhos de uma bela mulher.

A fazenda de Norobod era alvo de muitos comentários pelos mujiques supersticiosos do lugar. Comentava-se que o fantasma de uma mocinha, vestida com uma camisola branca e suja de sangue, cabelos soltos, rondava sua fazenda. Muita gente vira o fantasma passeando pelos campos, pela casa e, principalmente, na festa da colheita. Era fatal sua presença nesta festa. Ninguém duvidava de que se tratava da desventurada filha do patrão que, segundo os comentários feitos na surdina, fora vítima do espancamento do pai.

Muitos falavam que a fazenda Norobodvisk era mal assombrada, fato que assustava os empregados. Com medo do fantasma, muitos abandonavam o trabalho, ferramentas, e nunca mais voltavam.

Iulián já havia tomado bastante *kvass*. A bebida subira-lhe à cabeça e ele, agora, apostava com os companheiros quem conseguiria dançar até o final, firmando-se nas pernas. A melhor dança era aquela em que, apoiando-se em um dos joelhos, estendendo uma perna para frente e, em seguida, apoiando-se no outro joelho, fazendo o mesmo movimento, de tal forma que, em se agachando, quase se sentava no chão. O ritmo da música ia aumentando de acordo com a força e a agilidade com que os camponeses russos estiravam as pernas. Todos dançavam freneticamente. E em grande roda, apoiavam-se nos braços uns dos outros, cantando e estendendo as pernas na maior algazarra. Os que conseguissem ficar em pé seriam os vencedores, dançando até a exaustão. Outros tombavam ao chão.

Todos dançavam embriagados quando, no meio da roda, apareceu o fantasma da fazenda, mais pálido que nunca, os olhos encovados. O cabelo louro, dourado como as espigas de trigo brilhando ao sol, estava solto e descia até as ancas. No rumo do ventre, descendo pelas pernas, o sangue vermelho manchava a camisola branca. Todos o viram e os mujiques supersticiosos correram dali, sem saber se estavam tendo a vidência de um Espírito ou se a cena seria apenas o efeito da bebida. Só que, naquele momento, a música silenciara. Ouviam-se murmúrios, alguns rezavam em voz alta, mas o efeito da aparição causou tanto pânico no povo, que os mais lúcidos, ou corajosos, ou muito embriagados permaneceram, enquanto os outros saíram esconjurando o fantasma da colheita e, amedrontados, deixavam a fazenda para sempre.

Norobod havia ingerido quantidade suficiente de álcool, mas a súbita aparição tornava-o lúcido e ele, mais que ninguém, conhecia aquele fantasma que rondava sua propriedade, assustando seus empregados. Era sua filha, sua pobre menina que morrera ao dar à luz.

O velho Norobod começou a gritar, desesperado, com a consciência cheia de remorso. Os presentes não ousavam se aproximar.

Ele gritava, desesperado:

– Minha filha, *matuchka*... Perdoa-me, perdoa-me! Perdoa teu *papacha*[1], eu estava cego, eu não quis....

Iulián continuava observando a cena, desconfiado. Seu generoso coração cortava de dor ao ver o maldoso Norobod entregar-se assim ao remorso e ao desespero, sem que ninguém ou nada pudesse aliviá-lo.

A esposa de Norobod aproximou-se.

Era a primeira vez que Iulián a via, fora da residência. A Sra. Norobod quase não saía. Observou seu rosto cansado e triste, talvez pelas safadezas e maus tratos do marido.

– Venha para dentro, marido, de nada lhe adiantará chorar o leite derramado. Nada fará voltar nossa filha. Vamos!

O velho a seguiu como um cachorrinho, de cabeça baixa. Parecia carregar o mundo nas costas.

Tudo estava em silêncio.

Alguém se aproximou, murmurando:

– É... a maldade recai sobre quem a pratica e o julgamento de nossas ações é aqui mesmo que se recebe.

Estava escuro e Iulián percebeu Sônia, a seu lado.

O marido, embriagado, já estava dormindo.

– O que dizes, bela mulher?

A presença e o perfume da mulher envolveram-no, deixando-o totalmente preso a seus encantos e os dois aproveitaram a escuridão da noite, a ausência de mais pessoas, afastando-se dali sorrateiramente.

Era a primeira vez que se apresentava uma oportunidade de estarem a sós. E toda a gama de paixão, contida em Iulián, despertou os instintos adormecidos e, ali mesmo, escondidos, entregaram-se a tal volúpia que nada mais viram.

Para a sorte de ambos, felizmente, ninguém os percebera e eles se entregaram à paixão, com total ardor.

Após os arroubos, extenuados, adormeceram e quando abriram os olhos viram, assustados, o vermelho dos primeiros

---

[1] Papai. (N. do autor espiritual).

raios de sol, anunciando que o dia começava a clarear. Levantaram-se apressados e cada um foi para sua casa, como se nada houvesse acontecido.

Tornaram-se amantes, encontrando-se às escondidas, aproveitando todos os momentos possíveis. A dificuldade para se encontrarem aumentava-lhes o prazer e a intensidade da paixão. Sônia já se acostumara a este tipo de aventura. Iulián possuía algo que a atraía, era seu coração puro, sem maldade, o jeito terno e doce.

Iulián, por sua vez, sentia apenas atração física pela bela mulher e, como estava só, entregara-se à sedutora coquete e procurava satisfazer-lhe todos os caprichos. Aquela situação, porém, não o fazia feliz, antes o amargurava e, por isso, ele se entregava à bebida. Tentava subtrair-se aos seus abraços, mas era como se ela tivesse um imã que o aprisionava; quanto mais tentava não encontrá-la, mais ele queria seu corpo. Aquele fogo avassalador dominava-lhe o corpo e a mente.

* * *

Dias depois do estranho episódio, estavam a sós, Iulián e Sônia. Agora podiam conversar à vontade:

– Sônia, como é mesmo a história do fantasma que apareceu na noite da festa da colheita?

– Triste história.... Causa-me arrepios só em me lembrar da pobre Sácha... tão jovem e tão infeliz!

Sônia passou a narrar para Iulián a história que sabia a respeito de sua cunhadinha, irmã de Alex, que se apaixonara perdidamente por um jovem mujique.

– Ambos passaram a se encontrar às escondidas e Sácha engravidou. Não tinha coragem de revelar sua gravidez a ninguém. Somente seu namorado conhecia sua situação e ele queria falar com Norobod, mas ela o impedia, tentando encontrar uma solução. Conhecendo bem seu pai, não se animava a lhe contar o ocorrido. Sua mãe desconfiava de algo, mas ela esquivava-se. Quando sua gravidez tornou-se evidente, o pai ficou furioso. Sácha preferiu a morte a revelar o nome do pai da criança, a quem ela amava e queria proteger. Sabia que seu pai era capaz de matá-lo. Norobod mandou espancar os mujiques suspeitos, mas ninguém abriu a boca. Não conseguindo encontrar o culpado, voltou toda a sua fúria contra a filha. Seu gesto insano apressou o parto.

Ignorando as súplicas da Sra. Norobod, espancou cruelmente a pobre moça. A criança nasceu, desaparecendo na mesma noite sem deixar vestígios. Dias depois a pobrezinha morreu, vítima dos maus tratos do pai.

Esta tragédia abalou profundamente a todos. Alex, depois deste fato, tornou-se entediado, afastando-se da família. Ele sentia por Sácha verdadeiro carinho. Nem nossa filhinha, a quem ele colocou o nome da irmã, o consolou da imensa perda. Não me mudei, porque Alex é um fraco, dependente do pai e me obriga a viver neste meio horrível. Ele mesmo não tolera tal vida; quando não está na taberna se embebedando, está viajando.

– Norobod pareceu-me arrependido de seu gesto.

– É o remorso que fala mais alto. Quando se embriaga, passa a noite chorando como uma criança, mas continua tão maldoso como antes. Ele é uma víbora, Iulián, já o vi praticar os atos mais horrendos e inimagináveis com sua família e seus empregados. O único que parece não temê-lo é Sergei, que é tão perverso quanto ele. Parece que a maldade os uniu.

– Todos vimos o fantasma da menina, naquela noite. Ninguém faz alguma coisa para ajudar seu Espírito? – indagou Iulián, desejoso de fazer algo em prol daquela gente rica de dinheiro e tão pobre de felicidade.

– Fizeram exorcismo, mas nada adiantou. É a vingança. É por isso que ninguém, nenhum trabalhador supersticioso pára na fazenda, o que está arruinando a plantação e as criações. Todos temem ver o fantasma. As isbás estão vazias, ninguém consegue morar aqui. Nem as aves e nem o gado têm sossego neste lugar mal assombrado.

11

MARIA ALEXANDRÓVNA NOROBOD

Enquanto Sônia conversava, Iulián cortava a lenha e as empilhava caprichosamente. Notaram, então, a aproximação da mulher de Norobod. Sônia rodou nas botas e entrou em casa, como se nada estivesse acontecendo. As duas cruzaram-se, trocaram algumas palavras e Alexandróvna chegou mais perto do grandalhão, admirando-lhe a organização. Seu serviço era perfeito.

Iulián observou de perto o semblante prematuramente envelhecido da Sra. Norobod. Era de dar dó, sem um resquício de alegria. Ela, também, parecia um fantasma, rondando a casa. Só que era de carne e osso.

Simpatizava com ela, talvez porque soubesse um pouco de seu sofrimento e isto lhe causava pena. O mujique abordou-a, carinhosamente, preocupado com o volume de serviços e a deserção dos empregados:

– Perdoa-me, Sra. Norobod, mas alguns dos últimos empregados contratados, nesta semana, se foram. É preciso fazer algo, há muito serviço por terminar e os homens que ficaram são poucos – a voz suave de Iulián tocou o coração da mulher, que, pela primeira vez, conversava com o grandalhão.

Iulián, encorajado pela atenção recebida, continuou:

– Eu sei que os boatos do fantasma irão arruinar o trabalho, e eu me preocupo, porque é muito difícil encontrar-se um camponês que não receie a aparição dos mortos.

A Sra. Norobod pareceu despertar de seu mundo, ao ouvir as palavras do empregado. Percebeu, emocionada, que o seu interesse era sincero e despertou-lhe o desejo de continuar a conversar com aquele mujique educado, honesto e trabalhador, coisa rara, naquele amontoado de empregados revoltados e ignorantes.

– Tens razão, trabalhador, a noite da festa da colheita não deixou dúvidas, pois ela se apresentou para todos. Norobod, após aquele episódio, entrou em profunda tristeza e foi acometido de febre nervosa, fato constante, desde o desaparecimento de nossa filha. Debilitado, ele relega a fazenda ao abandono. Infelizmente, Alex, meu filho, não tem a mesma têmpera do pai para gerenciar as terras. Estou bastante velha para lutar, contamos com Sergei – desabafou a Sra. Norobod, como se tivesse encontrado nele um ombro amigo para se apoiar – Sergei nos é fiel, porém, cruel no trato com os homens...

Iulián, desejando sinceramente auxiliá-la, estava ansioso por falar novamente no fantasma e aproveitou o fato de ela ter tocado no assunto para saber mais detalhes sobre o nascimento de Mayra. Indagou-lhe, baixando a voz, em tom confidencial:

– O fantasma que ronda a fazenda e anda a amedrontar os mujiques é o responsável pela perda da maioria dos empregados, já o percebeste, Sra. Norobod?

Iulián bem sabia que estava remoendo uma velha ferida, mas ele queria auxiliá-la e, se ficasse receoso de tocar naquele assunto melindroso, não conseguiria ajudá-los e nem confirmar suas antigas suspeitas. Sua sobrevivência também dependia daquele trabalho e daquela fazenda. O vilarejo estava, a cada dia, se tornando mais pobre e a vida muito difícil para todos; pelo menos, naquela fazenda havia ainda um certo equilíbrio financeiro e condições de serviço por longo tempo. Os mujiques que haviam deixado a servidão estavam em piores condições do que a dele.

Duas grossas lágrimas começaram brilhando nos olhos da pobre mulher, em seguida outras mais rolaram por sua face e ela, finalmente, deixou o pranto descer copiosamente, quebrando sua resistência.

Aquele mujique bondoso tangia as cordas cansadas de seu coração, sua humildade a acalmava e a comovia. Entre lágrimas, perguntou:

– Como te chamas, grandalhão?

– Meu nome é Iulián Nikolai Sumarokov.

– Iulián, este fantasma que aparece à noite, é minha filhinha que morreu há quase quatro anos.... Ela me visita sempre. Meu marido também a vê, mas prefere nada comentar e sofre muito. Temo que ele possa enlouquecer. Entrega-se à bebida para aplacar o remorso que existe em seu coração!

– Se tal situação continuar, logo a fazenda estará vazia, Sra. Norobod. As coisas, aqui, na propriedade, só tendem a piorar, é preciso fazer algo para ajudar este Espírito, não achas?

Animada por ter alguém com quem conversar, explicou:

– O pope da aldeia já celebrou diversas missas, sem resultado concreto. A verdade é que suas rezas parecem aumentar as aparições, ao invés de acalmar o Espírito da minha pobre Sácha...

Era a primeira vez que Iulián a ouvia pronunciar o nome da infeliz mocinha.

Repetiu seu nome quase inconscientemente:

– Sácha... Sácha...

– Sim, chama-se Sácha, minha pobre *bátiuchka,* tão bela e amorosa; ela era o meu tesouro.

O choro voltou com mais força. Iulián tentou consolá-la e colocou sua mão grossa e forte sobre o ombro da senhora.

Aquele gesto amigo de alguém que compreendia a sua dor, fez-lhe muito bem. Ela se aconchegou mais a ele, envolvendo-se no chale preto, sentindo-se mais tranquila.

Sergei, cruel e ciumento, os espreitava sorrateiramente. O capataz não via com bons olhos o relacionamento de Iulián com a patroa e começou a observá-lo com mais atenção, pressentindo ter encontrado um forte obstáculo a seus interesses escusos.

E deste dia em diante, Iulián passou a viver sob as graças da Sra. Norobod, mas, igualmente, havia conquistado, sem o saber, um ferrenho inimigo.

Sergei procurava afastá-lo da casa, levando-o para as plantações distantes, porém, a Sra. Norobod o requisitava para pequenos serviços em casa, mantendo-o o mais próximo possível do solar. Naquela tarde o marido se encontrava lúcido, apesar de muito abatido, e a esposa aproveitou o ensejo para conversar com ele:

– Piotr, por que não trazemos Iulián, que é um bom empregado para habitar a isbá próxima que se encontra há tanto tempo desabitada? Não seria o ideal para economizar seu tempo com caminhadas tão longas? Assim ele poderia cuidar pela manhã do gado e das outras criações. Que me dizes?

O velho Norobod coçou a barba grisalha e longa, seus olhos

pequenos tinham um lampejo interesseiro e intenso quando algo o agradava. O argumento da mulher era prudente e vinha a calhar com seus planos em colocar mais alguém por perto para auxiliar nos serviços gerais. Ele simpatizava com Iulián, um empregado modesto e educado, além de forte e disposto. A ideia o agradou de pronto.

– Estás com a razão, Alexandróvna, hoje mesmo tomarei as providências.

Satisfeita com a resposta, Alexandróvna Norobodviskaia aproximou-se do marido e, pela primeira vez, após a morte de Sácha, ele a viu sorrir e demonstrar um pouco de alegria.

O destino cuidava de aproximar corações e uni-los pela força incoercível dos laços consanguíneos. Norobod era o dono absoluto de suas terras e Sergei, seu braço direito, com quem discutia todos os problemas da propriedade. Sergei fazia o papel do filho dileto, porque Alex era um peso morto, um gravatinha que gostava da boa vida, deliciando-se com viagens e festas. Não valorizava nem mesmo os bens que um dia herdaria e não hesitava em dilapidá-los. Alex, seu filho, constituía um enfeite da fazenda, servia apenas para declamar poesias, tocar bandolim e dançar. Sua presença pouco alterava a situação da fazenda, porque Sergei, o fiel capataz, supria a sua ausência.

Quando Sergei foi informado da decisão do patrão em trazer Iulián para a isbá próxima à casa, o ciúme e a raiva tomaram conta de seu coração e turvaram-lhe a mente:

– É desnecessário mais uma família perto da casa. Segundo as informações, Norobod, Iulián ficou viúvo e vive sem mulher; além desse problema, tem cinco filhos pequenos para cuidar. Isto vai aumentar as despesas com o mujique, cheio de encargos.

– Que idade têm os filhos do grandalhão?

– Não os conheço, mas são todos pequenos, nenhum deles serve para auxiliar na lida. Teremos que tratar de cinco bocas e não desfrutar de seu trabalho.

– Quem cuida de seus filhos, na sua ausência? – interessou-se Norobod, disposto a trazer aquele mujique para dentro de sua propriedade. Maria Alexandróvna, sempre arredia e triste, mal conversava com ele, e ela se interessava por Iulián. Desejava agradar sua mulher e não abriria mão do empregado, mesmo contrariando seu capataz.

– Dizem que tem uma empregada desde o tempo da finada. É ela que cuida da lida da casa e de seus filhos, na sua ausência.

– Menos mal. Trata de trazer Iulián ainda hoje, para combinarmos a sua transferência para a isbá, perto do cercado.

Sergei, em vão tentou ainda dissuadi-lo, mostrando-lhe as desvantagens, mas seus argumentos foram inúteis. Norobod, quando queria uma coisa, era cabeça dura e ninguém o mudava de ideia. Ele queria Iulián naquela isbá e pronto!

O capataz engoliu em seco, cerrou os lábios, sua expressão tornou-se ainda mais dura. Nervosamente, saiu à procura de Iulián que, naquele dia, estava metido nas plantações de centeio, bem longe da casa.

O tropel do cavalo, naquele horário, assustou os mujiques que trabalhavam. Olharam assustados na direção do cavalo de Sergei, que gritou:

– Iulián, vem! Norobod deseja falar-te.

– Comigo?

– Não existe outro Iulián por aqui, existe? – respondeu ironicamente. – É a ti mesmo que ele chama, grandalhão!

– Está bem!

– Não te demores, homem, é para hoje!

Sergei deu uma volta, examinando o trabalho dos mujiques, depois de chamar a atenção de alguns deles, porque ele estava muito contrariado. O pedido de Norobod o cobria de despeito, receava que alguém pudesse tomar o seu lugar, a sua confiança junto ao patrão. Ele descontava sua contrariedade maltratando os pobres empregados, exigindo deles mais trabalho.

Os camponeses sentiram-se aliviados quando escutaram o tropel do cavalo e os gritos de Sergei, à distância. Reuniram-se em volta de Iulián para lhe perguntarem o que ele havia feito, para ser chamado à casa, inesperadamente.

– Sosseguem, amigos, minha consciência está tranquila.

– Não será porque estavas conversando ainda outro dia com a ... do patrão – disse maliciosamente um camponês que havia prestado atenção nos olhares de Sônia sobre o companheiro.

Iulián fechou o rosto e alertou:

– Cuidado, Broskov, não sabes o que dizes, esta gente não é de brincadeira e todos nós sabemos quem é a mulher do patrão!

– Que ela é uma tentação, é, e o seu marido, um frouxão, todos na aldeia o sabem – brincou Broskov.

Os camponeses começaram a tecer comentários desairosos a respeito da nora de Norobod, e Iulián, que já sentia por ela grande inclinação, sofreu grande decepção. Ficou enciumado, apesar de não amá-la. Eles se encontravam às escondidas, desde a festa da colheita. Afinal de contas, ele era um homem sozinho, precisava de alguém, sua vida estava ficando a cada dia mais complicada. Uma ponta de remorso começou a martelar-lhe o cérebro, a respeito de Norobod, seu filho e sua moral. Ele era um homem de princípios. Sônia, uma mulher bonita e provocante. Na verdade, ele temia um confronto com eles, porque ele tinha uma certa culpa. Havia cedido a seus encantos, mas estava disposto a negar tudo e afastar-se dela para sempre. A sua decisão firme acalmava sua mente. Saiu da plantação decidido a ter uma conversa séria e definitiva com Sônia, ou ausentar-se daquele povo. Iulián não era homem para sustentar uma situação clandestina, mais cedo ou mais tarde, passada a euforia, safando-se dos encantos da mulher, abandonaria aquele relacionamento, porque seus princípios falavam mais alto. Sentia-se culpado, sim, por ser homem, um homem solitário, que necessitava de uma mulher, mas não era Sônia, o tipo de mulher que ele precisava.

Explicaria tudo ao patrão, se fosse preciso. Pensando assim, dirigiu-se à fazenda, ao encontro de Norobod.

Enquanto caminhava pelos campos de centeio, detinha-se a observar as espigas douradas que lhe recordavam a cabeça de sua pequenina Mayra. A lembrança de seu rostinho veio alegrá-lo e, olhando a rica plantação, fez uma comparação com a simplicidade de sua vida. Pensou alto: – Pobre pequenina, de que família horrível o destino te livrou; a tua riqueza é a tua pobreza!

12

PIOTR ALEX NOROBOD

Norobod aguardava Iulián, assentado numa velha poltrona em seu gabinete, onde tratava dos interesses de sua propriedade. Fumava charuto e parecia bem humorado, mas seus olhos vermelhos apresentavam grandes bolsas, tanto nas pálpebras superiores quanto nas inferiores, denunciando os excessos com a bebida e a febre nervosa que o acometia constantemente. Os olhos tinham uma cor indefinida, ora pareciam azuis-cinzentos, ora mais escuros, dependendo da quantidade de vodka ingerida.

Naquela tarde, o tom de seus olhos era cinza-azul. Sua fisionomia expressava, ao mesmo tempo, temor e profundo ódio; às vezes, parecia uma criança assustada, na verdade, Norobod vivia com os nervos à flor da pele. Era preciso encontrar a hora certa para abordá-lo, senão o desastre de qualquer empreitada seria fatal. Seu humor alterara-se acentuadamente após a morte de sua filhinha Sácha.

Iulián entrou no gabinete, lentamente, esperando o pior. Não sabia das intenções de seu patrão, mas estava tranquilo porque quanto ao trabalho não havia o que reclamar dele; quanto à sua nora, ele se justificaria.

– Sumarokov, onde moras?

– Moro, *súdar*[1],a dez verstas daqui.

– Quanto tempo levas para o percurso?

– Normalmente, caminho pela madrugada e chego antes do despontar da aurora, Senhor. Creio que duas horas, ou menos, talvez....

– Perdes tempo, homem, com a caminhada.

– Já me acostumei... – Sumarokov estava estranhando a

---

[1] Senhor. Termo arcaico. O vocábulo atual que corresponde a senhor é gospodin. (N. da E.)

conversa, pois aguardava uma repreensão e encontrava um patrão amistoso e interessado.

– Sumarokov, informaram-me que és viúvo e tens cinco filhos. Gostaria de ajudar-te, és um bom servidor e interesso-me que continues trabalhando para mim. Ofereço-te a isbá perto do cercado. Faze os devidos reparos no telhado, na estufa e ela te será excelente moradia...

Iulián estava de certa forma assustado com aquela ordem inesperada e, logo, seu pensamento fixou-se em Mayra. Não, não, ele não podia aceitar, a cada dia ela mais se parecia com sua prima, embora a cor de cabelos diferenciasse, os avós poderiam descobrir o parentesco. O que fazer?

– Agradeço-te, senhor Norobod, mas não te preocupes em me colocar naquela isbá, porque o trajeto não é tão longo assim e meus filhos já se acostumaram com a minha ausência. Além do mais, tenho uma boa empregada, que gosta de meus filhos e cuida deles como se fosse sua mãe.

Norobod endereçou-lhe um olhar malicioso.

– Tens uma mulher em casa, ora, Sumarokov, ela poderá acompanhar-te.

– Não é Catienka que me impede, senhor, entende... é lá que eu tenho as melhores recordações de minha *Annochka* e, por nada no mundo, deixaria minha isbá onde fui tão feliz e ainda o sou com meus meninos.

Norobod, naquele instante, pensou em sua filha falecida e compreendeu o argumento do empregado. Sua mulher conservava o quarto de Sácha intacto desde a sua trágica morte e ele quase sempre ia até lá, amargar-se com seus remorsos. Depois, embriagava-se e ficava horas ali, olhando suas roupas, suas bonecas de pano e as fitas que lhes enfeitavam as tranças. Sua Sácha era tão bondosa e bonita! Como tivera coragem de espancá-la! À lembrança deste fato, a febre nervosa voltava e ele tremia e ardia, ficando vermelho e estranho.

Vendo-o trêmulo e vermelho, Sumarokov perguntou-lhe:

– O que tens, senhor, queres que eu chame a Sra. Norobodviski?

– Sim, chama-a.

Iulián correu até a cozinha.

– Sra. Norobod, teu marido não está bem, vem!

Sônia já o vira e, logo, veio a saber o que havia acontecido. Ambas as mulheres entraram no gabinete, levando-lhe uma bebida quente para acalmá-lo. Aquele fato acontecia frequentemente e não havia remédio que o melhorasse. Sônia chamava aquele estado, com certa ironia, de *"acessos de maldade"*. Olhou Iulián brejeiramente e este desviou o olhar, como se não a conhecesse. Havia decidido que não mais teria nenhum tipo de relacionamento com ela. Daquele dia em diante, Sônia seria, para ele, a nora do seu patrão.

Quando Sônia soube que seu sogro queria Iulián morando na isbá perto do cercado, ficou exultante, pensando que nas noites mais frias poderiam passar algumas noites juntos. Ficou toda assanhada. Sua alegria durou pouco, pois Iulián não queria mudar-se para a fazenda.

À chegada da mulher, Norobod acalmou-se, parou de tremer e a febre cedeu depois de tomar o líquido quente.

Iulián esperava a conversa terminar para sair.

– Sumarokov, a isbá vai ficar desocupada, aguardando tua decisão. Peço-te que penses um pouco mais, porque desejo que trabalhes na ordenha e cuides das minhas criações. Preciso que estejas aqui na fazenda, mais cedo, é por esse motivo gostaria que te mudasses o quanto antes.

Iulián permanecia em pé e calado. Norobod continuou:

– Entendo a saudade que sentes de tua mulher, eu também tenho saudades da minha Sácha.

– De que mesmo ela morreu? – aventurou, interessado, Iulián.

Norobod olhou a esposa que acompanhava o diálogo e, muito desconcertado, nada respondeu.

– Alexandrovna, explica a Sumarokov.

– A nossa menina teve hemorragia...

– Entendo...

Aquele assunto era demasiadamente doloroso e Iulián Sumarokov quebrou a empatia:

– Agradeço, Sr. Norobod, a tua oferenda, mas por enquanto não me é conveniente mudar de casa, porém, prometo pensar melhor no assunto. Volto ao trabalho e, amanhã, tornaremos a conversar, falarei com meus pequenos.

– Está bem, Sumarokov, pensa nas vantagens, na distância e em tua família. Espero-te amanhã, neste mesmo horário.

Alexandrovna preparou alguns pães para Iulián levar para seus filhos, ele agradeceu e saiu apressadamente, antes que Sônia o procurasse.

Os senhores comentavam:

– É muito difícil encontrar um empregado tão gentil como este. Ele não quis morar na isbá, Norobod?

– São as lembranças de sua morta que o impedem de vir, ilusões que vamos criando, como as nossas, mulher. Os mortos vivem em sua mansão e quando voltam servem apenas para nos iludir, porque nunca mais voltam, na realidade. Ele acabará se definindo. Amanhã mesmo o tirarei dos campos de centeio e o colocarei para reparar o telhado de sua nova morada. Ah! Ele acabará não resistindo à comodidade.

* * *

Toda aquela deferência a um empregado aumentava o ciúme de Sergei. Iulián, sem o saber, ganhava um perigoso inimigo.

Havia dois sérios inconvenientes que impediam Iulián de se mudar para a isbá do cercado: Mayra e Sônia; a segunda não lhe daria mais sossego, e a primeira era o temor de descobrirem que ela era a neta que fora abandonada por Norobodvisk.

Muitos mistérios rondavam a fazenda Norobod com a aparição do fantasma de Sácha, e circulavam comentários absurdos.

Falavam que o mujique causador da desdita da filha de Norobod havia também desaparecido após a morte da mocinha e ninguém soubera de seu paradeiro, e outros diziam que fora queimado vivo. Muitos mujiques haviam visto Sácha conversando com ele, mas jamais mencionavam-lhe o nome e faziam questão de esquecer aquele assunto, temendo a revanche de Norobod, que alimentava pelo rapaz desconhecido ódio mortal por ele ter conspurcado sua honra. Norobod, em sua cabeça, tentava transferir sua culpa ao pai de sua pobre neta.

Iulián trabalhou o dia inteiro pensativo, ansioso para chegar em casa e conversar com os filhos, esquecer aquelas criaturas e, dentro da simplicidade de seu ambiente, encontrar a alegria e o carinho de seus meninos.

13

UMA PROPOSTA A PENSAR

Catienka e Sumarokov revezavam-se, assim, quando um chegava, o outro saía. Às vezes, Sumarokov se atrasava, mas ela morava perto de sua casa e as coisas iam se ajeitando como podiam.

Sumarokov entrou em casa e Catienka sentiu que ele estava preocupado, porque não brincara com seus filhos. Os dois se respeitavam e, lutando lado a lado, tornaram-se grandes amigos. Ela se afeiçoara às crianças, como se pertencesse à família.

– O que se passa, Sr. Sumarokov, aconteceu algum problema no trabalho?

– Não, Catienka, apenas fui convidado para morar na fazenda Norobodvisk e estou indeciso...

A pequena Mayra vendo o pai chegar, pulou em seus braços, beijando-o:

– *Papacha, papacha...*

– Mayra, *matuchka*!

Era esta linda e meiga criança que o fazia sofrer. Se não fosse o parentesco e o medo, ele não hesitaria em mudar-se imediatamente para a fazenda, porque ele e seus filhos estariam garantidos.

– O que o impede de ir, Sr. Sumarokov? Não é esse o sonho de todo mujique, que ainda não tem casa própria?

– Sim, Catienka, mas antes de tomar uma decisão, devo conversar com meus filhos. Não posso deixar meus filhos sós, mesmo estando mais perto de mim...

– Por que dizes isto? Acaso não queres que eu vá? – o tom da voz de Catienka era humilde e sincero, e tamanha fidelidade alegrou o coração de Sumarokov.

– Não, minha boa Catienka, trataremos deste assunto mais tarde. Já que me pareces decidida a ir, prometo-te pensar de modo diferente, antes de tomar minha decisão. Agora, vai, está muito tarde.

Apressadamente, a moça saiu, deixando sobre a fornalha o caldo quente e o samovar... as noites geladas começavam e o vento assobiava lá fora.

Os filhos estavam distraídos, brincando com sua diversão preferida, um jogo de bolinhas que os mantinha quietos, até a próxima discussão. Kréstian e Mayra brincavam com os bloquinhos de madeira que o pai lhes havia preparado; ainda eram pequenos para acompanhar as brincadeiras dos irmãos.

Sumarokov colocava nas tigelas o caldo quente, uma mistura de ervas, carne de carneiro e uma pasta mole com que embebiam os pães de centeio. Colocou na mesa as tigelas e os pães que ganhara da Sra. Norobodviskaya e chamou os filhos:

– Venham, meus garotos!

Era bonito vê-los assentados, cada um em seu lugar.

Sumarokov olhou-os amorosamente e disse-lhes:

– Vamos orar a Deus, porque temos que decidir algo muito sério... – Iulián era um homem religioso, mas não gostava de participar das missas na aldeia. Procurava, em casa, manter a mesma tradição de sua Anna, orar junto com os filhos, antes das refeições.

O homem fez como sempre, uma oração curta, mas tão sincera e grande quanto o seu coração:

– Meu Deus, protegei nossa casa e abençoai nossa alimentação.

Os meninos, acostumados com as poucas palavras do pai, responderam em coro:

– Assim seja!

Começaram a tomar o caldo fumegante.

Iulián estava se tornando um rapazinho; dos filhos de Anna, era o mais responsável e como crescera!

– *Papacha*, estou curioso. Por tua cara, sinto que é grave o que irá nos participar. Por que já não nos dizes de uma vez o que se passa contigo?

No fim da refeição, Sumarokov começou a conversar com eles sobre o que haviam feito durante o dia.

Finalmente, após guardarem as tigelas, assentaram-se perto da estufa para se aquecerem e o pai começou a lhes explicar detalhes da vida dos mujiques da aldeia, orientando-os para a lida futura.

– Um mujique não tem muitos direitos, nem seus filhos... Eu não quero que cresçam como eu, sem instrução. Quero que aprendam o que os filhos dos patrões sabem e que possuam um pedaço de terra. Este era o desejo de tua mãe – fazia muito tempo que Iulián não falava na morta.

Nicolau perguntou ao pai:

– Quando a mamãe vai acordar? Eu quero vê-la!

Iulián e Pável responderam quase juntos:

– Ela não vai acordar mais, já te dissemos!

Iulián colocou Nicolau perto de si e explicou-lhe sobre a morte e seus efeitos, do modo que ele os entendia, em palavras simples e claras. Arrematou sua breve explicação sobre a eterna separação, porque Kréstian e Mayra ainda não tinham idade para compreender, e a mãe que conheciam era Catienka. Ouviam referências sobre Anna, como alguém desconhecido.

De todos, os que mais sofriam com a ausência da mãe eram Nicolau e Pável, que nunca a esqueciam.

Iulián Sumarokov, intimamente, agradecia àquela gentil empregada que tão bem cuidava de seus filhos e, sem a qual, ele não conseguiria ter paz suficiente para enfrentar o trabalho nas fazendas. Era grato a tanta dedicação.

– Por que, *papacha*, Catienka não fica morando conosco? – interrogou Nicolau.

Sua pergunta tomou Iulián de surpresa.

– Ora, ela tem que cuidar de sua mãe, Catienka tem sua família, tem namorado!...

– Catienka não tem namorado – respondeu, veemente, Iulián, o primogênito.

– Pai, o senhor ainda não falou sobre o que está acontecendo – interpelou Pável.

– Sim, Pável, tens razão, ouçam-me. Fomos convidados para morar na fazenda Norobod. Tenho que lhe dar a resposta, e necessito tomar a decisão certa...

– É longe, *papacha*? – perguntou Nicolau, interessado.

– Sim, Nicolau, é um pouco longe daqui.

– Por que não vamos, *papacha*, já que nossa *mamienchka* não quer acordar – disse Nicolau.

Era uma espécie de brincadeira que haviam inventado para justificarem a súbita morte da mãe, que os deixou muito impressionados. Alimentavam um resquício de esperança, quando ainda pensavam que num dado momento ela poderia acordar e voltar. Mas o tempo passou e, aos poucos, foi apagando o passado.

Iulián compreendeu a conversa do filho; ele queria dizer que a casa sem a mamãe tanto fazia, aqui ou longe , já que ela não acordava mais... Suas palavras o comoveram. Nicolau, de todos, era o que mais demonstrava inteligência e desembaraço, tinha uma incrível presença de espírito; apesar de calado, era arguto observador.

– Talvez, lá possam estudar como os meninos de sua idade, e encontrarem futuro melhor, mas a mim cabe tomar a decisão.

– Catienka está de acordo, *papacha*? – indagou Iulián, que auxiliava a empregada na pequena criação de ovelhas e de alguns cachorros, que mantinham no fundo do quintal, na tentativa de aumentar a renda familiar.

– Já conversei com ela, ao sair... Bem, ela não se opôs, parece-me disposta a continuar na lida.

– Mas, como fará para voltar, à tarde, para sua casa? – o filho mais velho de Sumarokov já acompanhara o pai e conhecia a longa distância que seu pai percorria todos os dias até chegar ao trabalho, que era impossível para Catienka.

– Ela teria que se mudar, Iulián... – respondeu-lhe Sumarokov estudando todas as possibilidades. Havia pensado muito em todos, tinha que dar uma resposta definitiva para Norobod. – Temo, porém, que não dê certo. Catienka cuida de sua mãe. Como poderia deixá-la?

Nicolau e Pável começaram a se beliscar por baixo da mesa, e Iulián chamou-lhes a atenção; queria tranquilidade para pensar naquela situação.

– Pronto, pronto, todos já para a cama! – ordenou, batendo palmas.

Seus filhos eram obedientes e logo se deitaram. A casa ficou em silêncio.

Depois que os filhos se acomodaram, Iulián saiu da isbá e olhou o céu, era noite de lua cheia. Calmamente, enrolou um cigarro, acendeu-o com dificuldade e começou a fumar, porém, o vento queimava-o rapidamente. Entrou para fumar mais sossegado.

Sua casa tinha certo conforto, graças às adaptações que ele fizera, aos poucos, e seu dinheiro mal dava para pagar o aluguel. Moravam ali devido a uma concessão generosa com que o antigo patrão o agraciara, por serviços prestados. Era rico, não precisava daquela casa e deixara-o continuar morando por um aluguel irrisório. Sua casa ficava próxima à aldeia. Receava qualquer dia ficar novamente sem casa e sem segurança, embora jamais lhe faltasse trabalho. Quando o inverno chegava, Sumarokov fazia outros serviços com madeira, habilidades raras que lhe garantiam uma certa independência, porque jamais se submetera a viver num condado e receber víveres e moradia em troca de salário.

A vida difícil que enfrentava induzia-o a aceitar o convite de Norobod. Tudo ser-lhe-ia mais fácil e, mesmo assim, queria pensar direito. Agora, sem a sua *Annochka,* ele tinha que pensar duas vezes e muito bem antes de se decidir, era o futuro de seus filhos! Como a esposa lhe fazia falta.

Iulián Sumarokov entrou na isbá e foi também se deitar. Olhou seus meninos que já dormiam. Os dois mais velhos numa cama, Nicolau e Kréstian em outra e Mayra dormia em sua caminha, ao lado. Assim, eles ficavam mais aquecidos. Desde a morte de Anna, ele demorava a pegar no sono, e algumas vezes acordava no meio da noite, suado, como se tivesse tido um pesadelo. Somente se acalmava com as orações. Naquela noite, principalmente, ele estava sem sono, apesar de cansado.

Seus olhos procuravam sua querida esposa, queria visualizar seu rosto pelo menos em pensamento, mas conseguia ver apenas pequenas frestas iluminadas pela luz do luar.

– Se Catienka se decidir a ir morar conosco, por causa dos meninos, me submeto a morar na fazenda Norobod. Ninguém me viu quando encontrei Mayra, naquela noite, somente minha *Annochka* conhecia o segredo de seu nascimento. Quem poderá descobri-lo? Os mortos não falam. Mudaremos sim, e pedirei a Norobod que conceda aos meus filhos o direito de escola. Esta é a única condição que imporei. Caso contrário, não nos mudaremos – meditava.

Parecia que seus pensamentos estavam sendo auxiliados, porque sentiu uma presença suave, como se mão amiga lhe acarinhasse a fronte. Estremeceu e enorme felicidade o envolveu. Era sua *Annochka* que vinha acalmá-lo. Mas, a presença do Espírito foi tão fugaz que, quando Sumarokov estendeu a mão para tocá-la, ela desapareceu.

Anna viera sim, viera para ajudá-lo a resolver a delicada questão, que mudaria o destino de todos. Iulián havia sentido o conforto de sua presença, pareceu-lhe que seu rosto roçava o seu.

Lágrimas grossas e quentes molharam-lhe o rosto. Abraçou seu travesseiro como se fosse a esposa querida e adormeceu, emocionado, como uma criança afagada com carinho.

14

CATIENKA

Sumarokov acordou disposto e saiu para o trabalho, bem de madrugada, deixando os filhos adormecidos. Ficava tranquilo, porque logo mais, Catienka viria para cuidar de sua casa e de seus filhos. Essa rotina acontecia durante quatro longos anos, isto é, desde a partida de sua mulher.

Seus filhos mais velhos conheciam o alfabeto, escreviam e liam, sabiam fazer contas, mas precisavam aprender mais. Anna ensinara-lhes muitas coisas, porque fora bem educada por seus pais, mas os pequenos e Mayra, ah! Ele se preocupava muito. A maioria dos filhos dos mujiques ficava sem aprender. Os patrões não se preocupavam em abrir uma escola na fazenda, e depois que os meninos caíam na lida do campo, se desinteressavam e se embruteciam na convivência com os mujiques analfabetos, suas crendices e manias.

Preocupava-se com Mayra e seu futuro, queria o melhor para sua *batiuchka.*

À tarde, antes de Catienka ir para casa, ele conversaria com ela. Se a moça aceitasse morar com eles, na fazenda, tudo estaria resolvido.

Sua decisão estava tomada, faltando apenas estes dois importantes detalhes.

Leve e feliz por ter encontrado a solução, Iulián andou mais ligeiro. Queria comunicar a Norobod sua resposta.

O vento e a chuva anunciavam que o inverno ia ser longo e rigoroso, o trabalho no campo terminaria, a neve cobriria de branco a paisagem e a maioria dos mujiques ficaria sem trabalho. Feliz do camponês que trabalhava na ordenha. Tinha o emprego garantido. Norobod o admitiria para cuidar de sua criação, rachar lenha e fazer reparos gerais em sua residência.

***

Quando os empregados pararam o trabalho para se alimentarem, Norobod mandou chamá-lo.

– Sumarokov, que decisão tomaste?

– A minha decisão, Sr. Norobod já está tomada.

Norobod alisou o bigode, acendeu o charuto, deu uma baforada e sorriu, satisfeito, mostrando os dentes amarelados pelo excesso de fumo.

– Muito bem. Pedirei a Sergei que providencie carroças para a mudança, quando terminares os reparos da cabana. Não demores, o inverno não tarda.

– Sr. Norobod, antes tenho um pedido a fazer-te.

– Fala, mujique!

– Somente me mudarei com uma condição – aventurou o camponês, olhando firmemente o patrão.

Norobod olhou-o assustado. Raramente os empregados exigiam algo, mas o caso de Sumarokov o interessava, por isso, com uma expressão um tanto irônica, perguntou-lhe:

– Qual?

– Que meus filhos estudem.

Norobod, para espanto de Iulián, soltou uma risada.

– Mas, é claro, Sumarokov, teus filhos terão os professores, os mesmos de minha neta!

Sumarakov ficou tão feliz que estendeu a mão para Norobod em agradecimento. Afinal, ele não era tão mau assim, como falavam os mujiques do campo. Seu coração estava aberto.

– Obrigado, Sr. Norobod, não te arrependerás. Prometo retribuir com meu trabalho e minha fidelidade, desde que meus meninos tenham o melhor.

Terminado o acerto, Sumarokov já ia saindo, quando se lembrou de Catienka e voltou-se, rodando no salto das botas.

– O último detalhe é a decisão de minha babá. Hoje receberei sua resposta, se ela poderá vir morar conosco e cuidar da casa.

O patrão tornou a olhá-lo com aquela expressão maliciosa nos olhos, característica dos pensamentos vulgares que cultivava.

Sentindo-se ofendido, Sumarokov revidou:

– Não é o que pensas. É apenas uma companheira de lida.

– Está bem, está bem... Sumarokov, compreendo, compreendo – dizia sorrindo – todos dizem a mesma coisa.

Pensou em responder, mas decidiu ficar calado.

Ah! que lhe importavam as ideias do patrão! O importante era que Catienka representava para ele uma grande companheira com quem repartia seus problemas e mal se encontravam. Aquela situação acontecia há mais de quatro anos.

***

Catienka possuía duas irmãs, um irmão e era a terceira da família. O pai havia falecido e a mãe era doente. Quando ela saía para o trabalho, sua irmã mais nova, Luísa, tomava conta da mãe e da casa. Mesmo se ela ficasse ausente o dia inteiro e à noite, sua mãe não ficaria totalmente desprotegida. Ela se afeiçoara à casa de Sumarokov, e sua família compreendia sua dedicação aos pobres filhos de Anna, principalmente aos pequenos. E, com o parco salário que lhe pagava Iulián, ela ajudava nas despesas da casa. Todos acreditavam que, um dia, Sumarokov se casaria com ela.

Na aldeia, os comentários foram muito fortes nos primeiros meses, depois, se acalmaram. A rotina da vida, os trabalhos forçados, a dureza da vida que todos levavam para a sobrevivência, provocaram o esquecimento dos fatos.

Catienka, apesar das dificuldades, aprendeu a ler e escrever, graças ao próprio esforço e à boa vontade do pai enquanto era vivo. Ela e seus irmãos eram muito gratos a esta herança recebida na infância, porque, trabalhando duro daquele jeito, ser-lhes-ia impossível aprender alguma coisa. Enquanto seu pai estava vivo, aproveitaram ao máximo as lições, valendo-lhes o esforço, porque ninguém imaginava que o *papacha* iria tão cedo e a mãe logo cairia doente.

***

Tudo ficara acertado.

A isbá do cercado, próxima à mansão Norobod, estava pronta para receber a família de Iulián Sumarokov. E, por ironia do destino, a pequena Mayra retornava, após cinco anos; era o mesmo rebento que dali saíra, violentamente arrancado do colo materno e abandonado numa velha e suja cabana da estrada. Norobod julgava que Sergei havia dado fim à sua neta, seguindo sua ordem. Ninguém mais, naquela fazenda, sabia o que sucedera ao pobre recém-nascido.

Após este segredo, Sergei e Norobod tornaram-se mais unidos em suas crueldades e o maldoso feitor ignorava o fim da menina. Evitavam comentar o assunto, porque aquele rebento era sangue do senhor da terra. Norobod nunca mais lhe perguntou sobre o paradeiro da neta, e Sergei agia como se tudo tivesse saído como lhe fora ordenado. Só que, agora, Norobod estava começando a sentir imensa desolação, causada pelo remorso e pela constante bebida que minava sua autoridade perante os empregados. Sergei, aos poucos, assumia a liderança da situação. Norobod, sem o apoio do filho ausente, deixava-se dominar pelo feitor. Evitava ficar a sós com o capataz, desde a morte trágica da filha. Sua presença despertava-lhe o remorso e ele sofria.

Na verdade, Norobod queria mesmo mergulhar na bebida o tempo inteiro, para esquecer sua desdita, a morte de sua filha, o destino daquela criança, sangue de seu sangue, que ele rejeitara por ser fruto da união com um mujique desconhecido. O remorso corroía sua alma e nada, absolutamente nada poderia aliviá-lo. Quando o fantasma de Sácha lhe aparecia, manchado de sangue, ele entrava em delírio, e uma febre nervosa o atacava como se estivesse tendo uma crise epiléptica, aliás, Norobod tornara-se epiléptico.

Muitos mujiques o temiam nessas crises, que se acentuavam perto da colheita. Quando o trigo começava a amarelar, a qualquer contrariedade ele desabafava, mandando açoitá-los. Ninguém podia aliviar sua tensão nervosa. A única pessoa que tinha certo domínio sobre ele era sua pobre mulher, que se compadecia de sua situação e continuava a seu lado.

As coisas, na fazenda, iam só piorando sob a direção de Sergei, detestado pelos empregados.

15

OS SUMAROKOVISKI

Os Sumarokoviski trouxeram para a fazenda algo que lá não existia, a alegria. Logo o ar impregnado de tristeza encheu-se de risos contagiantes e brincadeiras sadias que Catienka havia ensinado aos filhos de Iulián.

A algazarra das crianças animou a isbá do cercado, antes triste e abandonada.

Mas, antes de se mudarem, Iulián e Catienka sentaram-se com os meninos e lhes falaram sobre as dificuldades e os problemas de morarem em terras alheias e como teriam que se submeter ao regime imposto pelos patrões. Era muito importante, para eles, continuarem naquele trabalho, que lhes garantiria estudo, comida, habitação e roupas.

Os filhos, avisados, conservavam seus limites, jamais entravam na mansão Norobod. Os pequenos eram constantemente vigiados por Catienka, porque Iulián e Pável, ambos rapazinhos, já auxiliavam o pai, prestando alguns serviços.

A neta de Norobod, Sácha Alexnóvna Norobodviski, porém, rompia todos os laços. Menina travessa, procurava ficar mais em casa do empregado do que em casa do avô; lá encontrava a alegria e sentia-se bem entre eles, apesar do seu gênio forte, intrigante e rebelde como o da mãe.

Sônia aproveitava o interesse da filha pelos Sumarokoviski para bisbilhotar a intimidade da casa de Iulián, e com sua faceirice, conquistá-lo. Não se conformava que ele, homem correto e bom, lhe escapasse aos encantos. Simplesmente, não suportava ser desprezada por homem algum, principalmente por aquele mujique sem instrução.

– Sácha, minha filha, onde estás? – entrou na isbá, com esta desculpa.

Catienka estava assentada perto da fornalha, remendando algumas roupas; quando ouviu a voz de Sônia, respondeu:

– Ela está brincando com Nicolau, deve estar tão entretida que nem ouviu.

– Esta menina travessa não pára – disse Sônia, entrando.

– Ela gosta das crianças, porque se sente muito só, deixa que ela brinque.

Demonstrando interesse em ver o que a filha estava fazendo, usou esta estratégia para observar como viviam os Sumarokoviski. Sônia penetrou na isbá. As camas estavam limpas e estendidas. Será que dormiam juntos? Morria de vontade de perguntar.

No interior, de fato, Sácha brincava com um jogo de varetas que o pai lhe trouxera de São Petersburgo. Os dois garotos estavam esquecidos de tudo, compenetrados na brincadeira, assentados sobre um velho tapete. A mãe olhou-os, examinando detalhadamente a simplicidade dos móveis e dos apetrechos que compunham o pobre interior doméstico.

A isbá, desde que eles se mudaram, tomara novo aspecto, simples e bem cuidada; tudo ali respirava asseio e tranquilidade. Um ciúme louco se apossou dela, ao perceber a jovem que conseguia ao mesmo tempo trabalhar tanto e continuar sendo tão bela, de uma beleza inocente e terna. Começou a interrogá-la, provocando-a:

– És a empregada de Iulián? – o tom da pergunta era de superioridade, mas Catienka respondeu-lhe severa e humilde:

– Sim, senhora, eu sou.

– Há quanto tempo trabalha para Sumarokov?

– Desde que sua mulher Anna estava para dar à luz a Kréstian.

– E quanto tempo faz isto?

– Cinco anos.

O interrogatório continuava e Catienka, sem perceber ou compreender o tom provocante e nem as intenções da mulher, respondia-lhe tranquilamente.

– Como te chamas?

– Catienka. E a senhora, como te chamas?

– Sônia.

Catienka deixou a agulha sobre a roupa, colocando-a em cima da mesa, dirigiu-se ao fogão e ofereceu-lhe chá.

Sônia, após o longo interrogatório, inteirou-se sobre a vida deles. Vida comum a de Iulián que, aliás, não tinha segredo, mas para ela, despeitada como estava, tudo lhe parecia novidade.

Instantes depois, a cozinha encheu-se de barulho; Kréstian e Mayra entravam correndo atrás de um gato. E começaram a brincar, agarrando-se à saia de Catienka, sem prestarem atenção à visita.

– Cuidado, Mayra, cuidado Kréstian!

As crianças nem perceberam a presença de Sônia, tão envolvidas estavam com sua própria algazarra e, só depois de alguns minutos, quando o gato escapou, a viram.

Beijaram Catienka e saíram novamente sem se importarem com a visita.

– Desculpa, senhora, eles ainda são muito pequenos e não se acostumaram às etiquetas.

– Não me importo – disse Sônia, intrigada com as duas crianças que pareciam ter a mesma idade, e perguntou: – Qual das duas é a mais velha?

– É Mayra.

– Parecem ter a mesma idade, olhando-os juntos.

– A diferença entre eles é realmente pouca, e, segundo o Sr. Sumarokov, sua esposa estava amamentando Mayra quando engravidou. Entre seus dois filhos mais novos, não tem um ano completo de diferença e como Mayra é magrinha e miúda, quase não se percebe.

As duas mulheres ainda estavam a conversar, quando Nicolau entrou. Era um menino que já nascera educado, porém, muito acanhado. Cumprimentou delicadamente a visita com uma vênia e seu gesto encantou Sônia. Ela convivera, antes de se casar, com homens educados da cidade, mas a convivência com os mujiques mal educados acabou por fazê-la esquecer-se das agradáveis mesuras que os homens finos da capital lhe faziam.

– Olha, que encanto de rapaz!

Nicolau tinha um jeito muito brejeiro e, sorrindo, agradeceu o elogio.

– Como te chamas?

– Nicolau. És a mãe de Sácha?

– Sim, por falar em Sácha, chama-a, por favor?

Nicolau foi buscar Sácha.

Sônia estava satisfeita. Ouvira falar algumas coisas daquela família simples, mas educada. Somente a beleza de Catienka não estava bem ali. Não compreendia, como um homem como Sumarokov, ainda não tinha se apaixonado por ela.

Porém, a franqueza da moça, deixou-a tranquila quanto às suas intenções sobre Sumarokov. Catienka considerava-se apenas uma empregada e nada mais. Seu caminho continuava livre, no entanto, qualquer mulher mais jovem seria sempre uma ameaça à sua faceirice. Catienka tinha todos os predicados capazes de encantar os homens e representava o tipo ideal para um homem como Iulián Sumarokov.

Mãe e filha saíram da isbá do cercado a caminho da bela mansão Norobod, cujo jardim não se sabia onde come-çava e, enquanto passavam pela ala florida, Sácha ia apa-nhando algumas flores e despetalando-as pelo caminho.

A diferença dos dois ambientes era gritante. Sácha acompanhava a mãe, contrariada, rogando-lhe que a deixasse ficar.

– Tua avó está chamando, Sácha.

Catienka olhou-as até desaparecerem.

– Esta menina é muito mimada, Nicolau. Filha única dá muito trabalho aos pais, principalmente quando criada junto aos avós.

– Tens razão, Catienka. Sácha, quando joga não aceita perder e é muito nervosa, mas eu me dou bem com ela.

– É bom mesmo que te dês bem, somente assim poderás ensinar-lhe boas maneiras – a moça colocou a mão na cintura, sorrindo. – Só isto que faltava, Nicolau, filho de mujique ensinando boas maneiras aos patrões. Assim é a vida...

A empregada pegou uma vassoura e começou a varrer. A importante visita tomara um pouco de seu tempo, logo Iulián chegaria. Antes, ela ficava o tempo inteiro só com as crianças e agora, volta e meia, Iulián voltava ao lar. Seu serviço não ficava longe, fazendo reparos em cercas e currais. Seu trabalho aumentara e Nicolau a auxiliava como podia. Aliás, ele era um menino dado às prendas domésticas, tinha um jeito todo especial, delicado, diferente dos irmãos mais velhos. Na primavera, ia ao campo buscar flores para enfeitar a casa, recebendo críticas de Iulián, seu irmão.

16

PROFESSOR SEMIÓN ANDREIEVISK

Os filhos de Sumarokov estavam gostando muito da fazenda, a presença constante do pai lhes dava segurança. Tão logo o professor contratado por Norobod chegasse, eles ocupariam o tempo em estudar, e Norobod teria que cumprir o acordo feito com Iulián.

Era justamente esse o motivo que levou Sônia a buscar Sácha, para conhecer seu novo professor.

O jovem professor chegara à fazenda em rica carruagem, muito bem trajado, botas de pelica, óculos, maleta, cabelos, barba e bigodes bem alisados. Era uma figura interessante, totalmente diferente dos homens rudes da fazenda. Expressava-se com elegância e clareza, falando muito, demonstrando largo conhecimento.

Aquele moço encantara a todos, principalmente à Sra. Norobod que via nele a salvação para sua neta tão mal educada pelo filho e pela nora. Ele caía do céu. Fazia questão que ele se sentisse bem, preparando-lhe um quarto arejado, limpo e confortável, onde tivesse uma mesa com cadeira perto da janela, para que ele pudesse fazer seus estudos. Finalmente alguém ali, fino e educado para corrigir os vícios de linguagem que sua neta havia adquirido.

O moço conversava com Norobod, acertando detalhes de sua estada, horários, folgas e salário.

Chamava-se Semión Andreievisk e vinha de São Petersburgo.

Sônia também viera de lá e estava mais animada que nunca com a chegada do novo hóspede. Tratou logo de se aformosear e, quando foram apresentados, demonstrou tanta galanteria que até o sogro ficou sem entender a atitude da nora. Semión, muito galante, fingiu não perceber e logo os dois se identificaram na coqueteria. Enquanto Semión conversava com os patrões, seus olhos pretos desviavam-se lânguidos para a bela Sônia que, pretextando interesse pela educação da filha, permanecera na sala, participando do contrato.

Aquelas novas personagens tiravam um pouco da tristeza que se instalara na fazenda desde a trágica morte de Sácha. Mas o fantasma ainda aparecia, assustando pessoas, aqui e acolá. Norobod continuava atormentado pela visão, e sua esposa, a mesma mulher triste.

Quando informaram a Semión, que deveria também educar os filhos do mujique Iulián, Norobod teve que dobrar seu salário. Tratava-se da educação de quatro crianças com idades diferentes, e ele era muito criterioso.

Norobod não teve outra opção e aceitou as imposições do moço. Aliás, Norobod estava pouco ligando para as coisas à sua volta. Interessava-lhe apenas beber e, a cada dia, aumentava sua insanidade, sobrecarregando a mulher com decisões pertinentes a ele.

* * *

No dia seguinte, as aulas iriam começar.

Sumarokov procurava dar o melhor de si no trabalho para fazer jus às regalias que conquistara para seus meninos, nessas difíceis épocas de servidão, em que a maioria dos mujiques não tinha direito a nada, principalmente os que trabalhavam nos campos de trigo e de centeio.

Iulián percebeu claramente que Sônia, embora continuasse interessada nele, devido a seus olhares provocantes, agora demonstrava grande inclinação pela figura singular do professor. Ela não lhe interessava, não passou de uma necessidade física, onde seu coração sequer participou e folgava-se por estar livre de suas acintosas perseguições, agora estendidas ao professor.

Sumarokov entrou em casa e Catienka estava à beira do fogão.

Durante todos aqueles anos de luta e sofrimento ele não tivera tempo para perceber a beleza singela e agreste da moça, ou talvez nem se detivera para observá-la melhor. E, pela primeira vez, depois de tantos anos, prestou atenção em seus dois olhos negros e serenos. Seria a aproximação de ambos, convivendo naquela nova morada, que provocava aquela nova sensação?

O fato era que Sumarokov lhe devotava muito respeito, como se ela fora sua filha ou irmã mais jovem, e de que lhe adiantaria se interessar por ela? O que iria querer uma moça tão nova com um homem maduro, cheio de filhos, como ele?

Envergonhou-se do súbito interesse, mas não deixou de admirar seus lindos olhos e, a cada momento que os seus se cruzavam com os dela, ele se tornava embaraçado. Parecia até que estava vendo Catienka pela primeira vez. Parou para melhor observá-la. A moça, distraída com os afazeres, nem percebeu que estava sendo alvo de tanta atenção por parte daquele homem simples e bom, a quem ela devotava especial carinho.

Sumarokov passou a se interessar profundamente pela rapariga, aliás, não notava que estava gostando dela, agora, de um modo diferente, apesar de todo respeito. Ardia por perguntar-lhe sobre namorados, mas ficava tímido. Catienka e Mayra dormiam na mesma cama, aliás todos eles dormiam no mesmo quarto, porém, separados por uma cortina, isto é, uma colcha com bonitos desenhos coloridos.

17

NOVAMENTE O FANTASMA

Certa noite, acordaram assustados com os gritos de Mayra. A menina chorava e tinha febre, febre altíssima. Catienka levantou-se apressadamente para auxiliá-la e lhe dar algo para beber.

– Catienka, *papacha,* eu a vi, ela estava aqui, tenho medo!

– Quem, Mayra, quem? – perguntou-lhe Catienka, sem compreender que a criança estava vendo um Espírito.

– Não a conheço, ela veio buscar-me, eu sinto. Tenho medo, eu não vou, ela tem sangue – balbuciava a menina soluçando. Amedrontada, aninhou-se nos braços da moça.

Iulián Sumarokov adivinhou imediatamente que era o fantasma da fazenda que viera visitar a filhinha e tratou de acalmá-la, pedindo-lhe que não tivesse medo, ele não lhe faria mal.

– Tenho medo, tenho medo... – chorava a menina.

– *Papacha* não deixará que te vás com ela. Não tenhas medo, *Mayrochka*[1], confia em teu *papacha.*

Os outros meninos também acordaram e Iulián pediu-lhes que não se levantassem.

– Calma, calma, nada aconteceu, foi somente um pesadelo de Mayra.

Mas ninguém conseguiu dormir o resto da noite e, a muito custo, já de madrugada, a menina adormeceu agarrada à sua babá, trêmula e suada.

Sim, ele não tinha dúvidas, era a mãe de Mayra que saíra do túmulo para ver a filha. Seu Espírito não podia continuar amedrontando as pessoas daquele jeito. Se o fantasma continuasse a

---

[1] Diminutivo de Mayra. (N. do autor espiritual)

aparecer, logo os mujiques supersticiosos sairiam da fazenda. E, se o professor, o tal gravatinha da cidade, também a visse e se fosse supersticioso, seria o primeiro a se mandar. Como seus filhos fariam para estudar? Aquele fantasma deprimente tinha que encontrar a paz.

Iulián, outrora, cultivara alguma superstição, mas desde a morte da esposa, acostumara-se a conviver com sua solidão e a não temer os Espíritos. Às vezes, a saudade da esposa era tanta que, até mesmo vê-la em Espírito, o satisfazia, chegando a rogar a Deus para que ela lhe aparecesse.

No dia seguinte, professor e alunos comentavam o fantástico acontecimento. As crianças não conseguiam se conter ouvindo casos sobre Espíritos e a imaginação infantil tomou rédeas soltas. E quando souberam que Sácha, filha de Sônia, já sabia da existência daquele fantasma, o fato tomou nova dimensão e crivavam, agora, a menina de perguntas. Não a perdoavam por lhes ter omitido o conhecimento do fantasma. Sácha explicava-lhes:

– Minha mãe pediu-me para não comentar, dizendo que seu Espírito não me faria mal, como de fato, nunca me fez mal algum. É o fantasma da minha tia Sácha, que só aparece para amedrontar os mujiques maus e preguiçosos do campo. Nada tenho a temer.

– Tu a conheceste, Sácha?

– Sim, professor, mas não me recordo, sei que era muito bonita e boazinha, e costuma aparecer para todos na festa da colheita que meu avô promove para os camponeses.

– Verdade, Sácha, viste o fantasma?

Sácha, embaraçada com a pergunta, porque ela mesma nada tinha visto, explicou:

– Não, Sr. Semión, eu nada vi. Credo!

– Está bem.

Ficaram um pouco mais relaxados, cientes de que a morta somente aparecia aos mujiques maldosos. Tomavam fôlego para novas perguntas, quando Pável perguntou, inconformado:

– Como, então, pode Mayra tê-la visto?

Os filhos de Sumarokov estavam espantados. Não podia ser bom aquele fantasma, uma vez que a irmã tivera medo e, por causa dele, adoecera.

Semión, primeiramente, ouviu atento as histórias de Sácha, depois o novo aparecimento do Espírito para a irmãzinha de seus alunos. Os meninos estavam empolgados com a atenção que o professor dava ao assunto. O professor estava mesmo interessado e ficou bastante intrigado com o que ouvira. Aproveitou o intervalo da aula, e foi procurar Mayra, fazendo-se acompanhar dos alunos.

A cabana de madeira ficava próxima à mansão Norobod; ligava-as um trilho cheio de acácias, que exalavam perfume e alguns canteiros de girassóis que alegravam a paisagem com seu forte colorido.

Catienka estava lavando roupas, quando notou a aproximação do moço bem trajado e elegante. Não era acostumada ao contato com estranhos e ficou corada de vergonha, impressionada com as roupas bem cuidadas do rapaz. Avistara-o, ao longe, no dia em ele que chegou à fazenda.

– Esta é Catienka – apresentou-lhe Pável – e esta, nossa isbá.

Semión achou-a muito jovem para ser a mãe de seus alunos e fez um ar de interrogação, que Iulián logo adivinhou e explicou ao professor:

– Ela é nossa amiga, toma conta da casa.

– Ah! bom... Como estás, Catienka?

– Estou bem, obrigada. És o professor?

– Sim, Semión Andreievisk, seu criado, senhorinha.

O moço fez profunda reverência, segurando-lhe a mão molhada, aumentando a perturbação de Catienka que, apesar de despachada, agora não sabia o que fazer sob o olhar penetrante do moço.

– Vim saber como está a menina... Soube que ontem, à noite, tiveram um imprevisto.

– Ela dorme, senhor.

– Chama-me de Semión, rogo-te, bela senhorinha, assim me tiras do pedestal da idade.

– Desculpa-me, s...., desculpa-me.

Pável e Iulián se deliciavam com o embaraço de Catienka, pois o professor Semión era uma criatura muito interessante, a mais engraçada que se encontrava naquela fazenda com suas maneiras estudadas e um tanto delicadas para o lugar.

– Meus alunos comentaram o sucedido aqui, nesta noite. Gostaria, Cátia, se me permites, chamar-te assim?

– Como quiseres – respondeu-lhe Catienka, a cada minuto mais embaraçada com o jeito do moço afetado da cidade, porém, simpático.

– O que desejas saber, Semión?

– É certo que a menina viu um fantasma?

– Sim, ela viu alguém que a amedrontou a ponto de delirar a noite toda com febre alta.

O professor tinha os olhos brilhantes e parecia ir além dos fatos, desejando mergulhar naquele mistério indevassável.

– Quando acordar, gostaria de conversar com ela, pois interessa-me este fato – ante o olhar interrogativo de Catienka, continuou faceiro como quem sabia o que exatamente buscava: – Não te preocupes, Cátia, sou um estudioso das forças sobrenaturais e talvez eu possa ajudá-la.

– Ela já melhorou, ela está bem – argumentou Catienka querendo poupar Mayra da curiosidade do estranho.

Iulián, que trabalhava não muito longe dali, viu o tumulto à porta de sua isbá e foi ter com eles.

Já tinha conversado com o professor de São Petersburgo, quando ele chegou à fazenda e estranhou sua visita.

Os filhos foram ao encontro do pai.

– Não deveriam estar estudando?

Semión aproveitou o momento para elogiá-lo:

– Parabéns, Sr. Sumarokov, teus filhos são argutos e inteligentes.

– Obrigado, professor, mas o que te traz à nossa isbá?

– Os meninos comentaram sobre tua filha. Interessei-me por seu estado e aqui estou querendo interrogá-la. Sou estudioso e pesquisador do sobrenatural.

Catienka aproveitou a chegada de Sumarokov e foi verificar se Mayra continuava dormindo. Não queria que a incomodassem, a febre havia abaixado e a menina dormia calmamente.

Quando Catienka regressou do interior, os olhos do professor cravaram-se nela, admirados com a modesta beleza da moça, fato que não passou despercebido a Iulián, que logo tratou de afastar o moço elegante de sua cabana e de sua camarada. Ele era muito faceiro e Catienka, simples e ingênua. Que continuasse a cortejar Sônia e não ousasse se aproximar da moça.

Os alunos já haviam saído, deixando o professor.

Semión, antes de acompanhá-los, ainda se voltou para Catienka:

– Cátia, logo mais retornarei.

Como ele se atrevia a chamá-la assim, mal se conheciam, que intimidade ele buscava em sua casa! Resmungava, consigo mesmo, o camponês. Não se importando com a diferença social, perguntou a Semión, com cara fechada:

– Tens algo a fazer aqui?

A carantonha do empregado não surtiu efeito, Semión estava acostumado aos intrometimentos de camponeses na cidade. Seu temperamento era diferente dos donos das terras, parecia ser amigo ou indiferente aos grandes problemas sociais que viviam. E, apesar da diferença social entre ambos, Semión respondeu-lhe, calmamente, demonstrando grande educação na voz:

– Desejo voltar e conversar com tua filha sobre o fato ocorrido ontem, faço pesquisas e estudo o sobrenatural.

O modo simples do rapaz falar, contrastava com sua indumentária luxuosa e Iulián sentiu-se desarmado. Modificando a carantonha, respondeu-lhe:

– Meus garotos contaram-te sobre o ..?

– Sim, sobre o Espírito, aliás, não os culpes por isto. Eles não o fizeram por mal, eu já sabia da história do fantasma da fazenda e os interroguei.

– Mayra nada te saberá dizer, ela somente viu um Espírito e teve febre nervosa.

– Está bem, está bem! Até logo! – disse Semión, saindo.

Iulián Sumarokov despediu-se do professor e voltou à lida, pensativo. Não podia impedir o professor de conversar com Mayra, era um homem fino e educado, parecia sincero e interessado e, mais tarde, seria seu professor. Quem sabe ele tivesse meios de retirar o fantasma da fazenda?

18

MAYRA SUMAROKOV, MÉDIUM

Mayra estava naquela idade encantadora em que se começa a descobrir o mundo à sua volta e a identificá-lo como seu. Nascera com faculdades mediúnicas afloradas e sua sensibilidade deixava-a em profundo estado de euforia ou de infinita tristeza. Contemplava tudo, com muita atenção.

Catienka dispensava-lhe especial carinho, poupando-a dos maus tratos de Pável, que, por causa da mãe, cultivara exagerado ciúme da irmã, sentimento que se abrandava, graças aos conselhos da bondosa moça, após o desaparecimento da mãe. Não havia mais motivos para ciúmes, porém, no fundo ele achava que a menina e seu irmão, Kréstian eram os causadores da morte de sua mãe. Apesar do esclarecimento paterno, guardava esta mágoa em seu coração, ligando-os à perda irreparável da genitora.

O Espiritismo, mais tarde, trouxe aos homens a explicação dos fenômenos após a morte, como as aparições de Espíritos, cuja influência no mundo material não era ainda conhecida. O homem que viria codificar e explicar estes ensinamentos estava prestes a iniciar seus estudos.

Os fantasmas, no entanto, tinham pressa, continuavam atormentando pessoas e lugares. A falta de explicação, na verdade, não os impedia de existir e as pessoas não estavam isentas de serem vítimas de aparições e comunicações com o além.

Semión Andreievisk, profundo pesquisador destes fenômenos, interessava-se de tal forma por eles que começara a escrever alguns importantes apontamentos, que ele submetia ao critério de seu professor, Dmitri Nabor.

A Santa Rússia era um celeiro de médiuns e fantasmas que apareciam e desapareciam, incomodando os supersticiosos, que associavam sua aparição a mau agouro, e as pessoas que os viam eram desprezadas. A ignorância dominava o povo russo, porque a religião, sem lhe explicar a travessia da morte e a fixação dos Espíritos no espaço invisível, aumentava a crendice e a superstição, evitando qualquer comentário. Tal atitude só fazia alimentar a angústia de um povo já tão sofrido.

Semión não temia os fantasmas e até gostaria se um deles lhe aparecesse. Apesar de seu aspecto fino e suas maneiras afetadas, fruto de sua educação, ele era um arguto observador, em busca da perfeição. Atraído pela vida simples dos camponeses, gostava de observá-los, tirando suas conclusões que, depois de anotadas, ele mostrava a seu mestre, Dmitri. Ambos ficavam horas conversando e discutindo estes assuntos, incluindo, entre eles, o principal: a servidão que não fora erradicada totalmente, sendo um dos motivos das crendices; enfim era a vida russa, impregnada de lendas e superstições. Nunca se sabia se as histórias que os mujiques contavam em volta da fogueira, passando-as de pai para filho, eram verídicas ou imaginárias.

Semión estava mais interessado que nunca, naquele novo fato, mesmo percebendo que Iulián não aprovava sua ideia de procurar a menina.

Na mansão Norobod, o assunto pegava fogo, atraindo, também, a atenção de seus moradores à isbá do cercado.

19

SRA. NOROBOD E MAYRA

A visão que Mayra tivera, conseguira despertar grande interesse nos verdadeiros avós e tio. Para o professor Semión, havia outro tipo de interesse, era um farto material para suas pesquisas.

A Sra. Norobod, no mesmo dia em que soube do fato, também foi à isbá, levando Sácha em sua companhia.

A rica senhora, não obstante a vida faustosa, mas repleta de crimes, que o marido lhe proporcionava, era generosa, qualidade que aprendera a duras penas, de tanto participar dos sofrimentos dos empregados. Ouvindo e vendo os maus tratos a eles infligidos por seu marido, acabou por se sensibilizar. Eram tão cruéis, que ela os sentia na pele. Compreendia que sua infelicidade conjugal era consequência dos atos insanos do esposo e de seu feitor. A Sra. Norobod, desprovida de preconceitos, encontrava muito alívio conversando com os pobres camponeses, que, além de sofrerem por sua condição inferior, careciam de muitas coisas materiais. Apesar de saber que a felicidade não depende do conforto material, ela procurava amenizar, ocultamente, o sofrimento de uma família aqui e outra lá. O estado constante de embriaguez do esposo, tornava-a livre e dona de seus atos.

À tarde, quando o Sol está quase desaparecendo, deixando no horizonte um clarão vermelho sobre tons alaranjados, surgem as sombras, envolvendo a Terra numa atmosfera misteriosa, capaz de excitar a imaginação.

Vira a menina do camponês de longe. Seus cabelos louros e dourados como as espigas maduras, chamaram-lhe a atenção. Sumarokov fizera questão absoluta de que os filhos não brincassem perto da mansão e que continuassem respeitando as limitações por ele impostas. A Sra. Norobod ainda não havia conversado com os filhos de Iulián, apesar da permissão de frequentarem as aulas junto com sua neta. Sácha era uma menina só, sem crianças por perto para brincar.

Estava ansiosa por se encontrar com a menina que vira o fantasma de sua filha. Tantos mujiques haviam visto o fantasma de Sácha, mas a filha do empregado chegara a adoecer por causa do Espírito. Talvez o padre desse um jeito. Fazia tempo que não o convidava para o exorcismo e as celebrações. Precisava chamá-lo novamente.

Com estes pensamentos, a Sra. Norobod entrou em casa de Sumarokov pela primeira vez. Sácha conhecia tudo ali, largou a mão da avó e correu para o interior da cabana, procurando Nicolau, seu preferido companheiro de brinquedos.

Catienka veio recebê-la, solícita, adivinhando o motivo que a levara ali. Mayra ainda continuava deitada.

As duas mulheres conversaram sobre o episódio e alguns outros assuntos que envolviam a lida.

A Sra. Norobod manifestou seu desejo:

– Leva-me ao quarto da menina, quero vê-la.

– Podes entrar no quarto.

Iulián chegava da faina, neste exato momento.

– Oh! sra. Norobod, que prazer ver-te em nossa isbá.

– Sumarakov, vim conhecer tua filha.

O homem estremeceu, mas se controlou, fosse o que Deus quisesse, mais cedo ou mais tarde, isto aconteceria.

– Nossa Mayra tem estado doentinha, hoje mesmo, ela não se sente bem.

– Talvez eu possa auxiliá-la. Tenho inúmeros medicamentos em casa que Alex trouxe da cidade, para diversos males...

Ela foi enumerando as doenças correspondentes aos remédios, quando entravam no modesto quarto.

Mayra encontrava-se deitada, dormindo, seus cabelos louros da cor de espigas maduras estavam espalhados. A Sra. Norobod, ao entrar, sentiu-se inexplicavelmente emocionada, como se retornasse à presença de sua adorada Sácha .

– Meu Deus! Valha-me, Senhor, é o retrato vivo de minha Sácha! Pela Imaculada Senhora dos Céus, como se parecem!

A emoção levou-a a uma crise de choro, assentada ao lado de Mayra, que continuava adormecida.

A Sra. Norobod, incontrolavelmente, arrebatou-a ao colo e apertou-a em seus braços em grande soluço. Era como se estivesse abraçando sua desventurada filhinha, naquela idade.

– Que bela menina tens, Sumarokov – conseguiu dizer, entre soluços – parece-se muito com minha Sácha, quando tinha esta idade, a mesma cor de cabelos, os mesmos olhos, gostaria de vê-la no claro. A janela do quarto era muito pequena, o suficiente para iluminar apenas algumas partes durante o dia. A Sra. Norobod não conseguiu ver bem a cor de seus olhos e examinava a menina, minuciosamente, como se estivesse querendo descobrir nela alguma coisa, algo que lhe fugia ao entendimento. Encontrava-se ali a solução do enigma do desaparecimento de sua neta que, com certeza, tinha a mesma idade.

Mayra, assustada, despertou com a confusão em torno dela.

– Que idade tens, minha filha?

– Ela irá completar seis anos – respondeu Iulián, lamentando a decisão de vir morar na fazenda.

Kréstian chegava do terreiro com seu cãozinho nos braços. Sua presença desviou o assunto e Sumarokov aproveitou o ensejo para desviar a atenção da mulher e evitar responder ao questionário; não se sentia à vontade em ter que mentir e omitir certas datas. Aproveitou a chegada do menino para tirar a mulher do quarto.

– Kréstian! Kréstian, deixa o cachorro lá fora! – ordenou energicamente, o pai.

Kréstian tratou logo de obedecer, soltando-o. Ao ver a importante visita, ficou acanhado e se escondeu atrás de Catienka, que se encontrava em pé ao lado do leito de Mayra. Os dois irmãos tinham quase a mesma idade, e em nada se pareciam, fisicamente. Aliás, os filhos de Anna e Iulián, apesar das diferenças, tinham sempre um traço em comum, a marca registrada dos pais, ou na boca, ou no nariz, ou nos olhos, ou nos modos.

– Teus filhos parecem ter a mesma idade, Sumarokov, qual dos dois é o mais velho? – indagou a Sra. Norobod, sem tirar os olhos da menina, que agora se aninhava na cama, abraçada por Kréstian.

– Tens razão, senhora, foram concebidos muito perto. Kréstian é muito desenvolvido para a idade.

Conversaram sobre algumas banalidades, a mulher sentia-se tão bem ali com eles, chamavam-na, porém, os deveres na mansão.

– Bem, tenho que ir, – disse, levantando-se – já que a menina está bem e de nada precisam. Amanhã retornarei; quero vê-la correndo e brincando, enviar-lhe-ei alguns mantimentos.

Antes de sair, abraçou Mayra, emocionada, como se estivesse abraçando a própria filhinha. Uma felicidade imensa inundou-a. Pareceu-lhe que, naquela humilde cabana, deixava todo o seu tesouro.

– Onde estás, Sácha? – procurou pela neta.

Sácha estava com Nicolau e ouviu a avó chamando-a.

– Vamos!

– Grato pela visita, Sra. Norobod, és sempre bem-vinda.

– Obrigada, Iulián Sumarokov, há muito não ficava tão feliz. Teus filhos são adoráveis, devolveram a alegria ao nosso meio. Tu e tua família são bem-vindos!

Estabelecia-se entre eles e a Sra. Norobod um vínculo afetivo, quebrando as diferenças sociais. A solidão e a dor são mestras silenciosas em adestrar e unir os corações.

***

Era inevitável o encontro. Iulián havia se preparado, mais cedo ou mais tarde, alguém iria ver sua Mayra, não poderia mais ocultá-la.

Conformava-se. De que adiantava se parecerem, ninguém mais conhecia seu segredo, somente Deus. Anna não retornaria da mansão dos mortos para falar, e ele, jamais o revelaria. Ninguém, absolutamente ninguém o obrigaria a falar. Mayra era filha dele e de Anna, e pronto.

A Sra. Norobod tomou Sácha pela mão e ambas seguiram por um trilho que levava à mansão. Seu semblante, antes triste, seu olhar apagado, agora tinha um lampejo diferente, como se tivesse visto sua menina. Estava tão emocionada e feliz que pareceu ter retornado à juventude. Voltava tão rapidamente para casa, que Sácha estranhou a avó, e esforçou-se por acompanhá-la.

A mulher entrou em casa, decidida a não comentar o fato com Norobod, que lhe parecia meio alienado. Ela temia que o encontro com a filha de Sumarokov, agravaria seu estado de delírio, levando-o a se entregar mais à bebida. Sua alegria dava-lhe forças e o marido não desconfiava do motivo da súbita felicidade de sua mulher, embora percebesse sua mudança.

Norobod apenas soube que o fantasma de sua filha estava novamente por ali, aliás, ele nunca havia desaparecido e agora atacava a filha de Sumarokov. Torcia para que ele, por causa disso, não se fosse, também.

20

O DIABO NÃO É TÃO FEIO COMO SE PINTAM

Os dias na fazenda continuavam iguais. Muito trabalho, empregados com carantonhas feias, trabalhavam contrariados, mal pagos e mal tratados. Nem a expectativa de nova colheita.

Sergei, ciumento, não via com bons olhos as frequentes visitas da patroa à casa do mujique Sumarokov; engolia calado e, às vezes, envenenava Norobod, dizendo-lhe:

– Sumarokov é um empregado caro, Norobod...

– Eu sei, Sergei, quando terminar esta safra, vou dispensar o professor... Darei uma desculpa... – Norobod pensou que ele se referisse ao alto salário de Semión.

– Não se trata do professor, mas de Sumarokov. Se visitares sua isbá, verás o luxo que tem, graças aos favores de tua mulher, que não se cansa de lhes proporcionar uma vida farta.

Norobod já havia ingerido meia garrafa de Vodka, estava alheio, mas levantou os olhos para o feitor.

– Não me digas, Sergei. Desconheço tal atitude de minha mulher.

– Vá conferir e aproveita para visitar os campos.

Norobod estava trêmulo, a saúde abalada, quase não conseguia se firmar nas pernas. Seu estado se agravara naqueles últimos dias.

– Amanhã, irei.

Sergei já conhecia de sobra aquela atitude. Norobod, não se incomodava com nada. O feitor saiu resmungando.

– Por que não morres, velho idiota, já que não serves para nada?

Se Norobod ouviu, nem fez caso. Os dois tinham muitas culpas juntos, inclusive Sergei, o único que lhe poderia dar informações sobre o paradeiro do rebento de Sácha, sua desventurada *bátiuchka*. Como não sabia o fim que levou a sua neta, mentia-lhe que a haviam matado na fuga.

– Ah! noite infeliz! Nunca mais terei sossego. Sácha, Sácha, o que fizeste de teu pai! Onde estás, minha criança, que não te vejo? Vem, vem, pelo menos o teu fantasma, que me entristece, mas fica comigo. Vem... Vem!

Norobod, sem suspeitar, atraía para si e mantinha preso o Espírito de Sácha que, por esta constante evocação, não encontrava forças para alçar o voo necessário à própria libertação. Ambos sofriam.

O velho Norobod era o quadro do desequilíbrio e seu modo de agir criava à sua volta um clima terrível de desolação e de revolta, pois quando Sácha surgia, atrás dela vinham as pobres vítimas da fazenda, algumas sacrificadas barbaramente por sua vontade, aliada à maldade de Sergei. Todos se afastavam de seu convívio. A bebida o piorava, as crianças o temiam, ninguém os visitava. Os empregados ficavam à mercê de Sergei. Se algum deles fosse reclamar ao patrão, era tempo perdido. Norobod encontrava-se nas mãos de Sergei e dos Espíritos vingativos.

Apenas a Sra. Norobod ainda mantinha o respeito, para impedir a invasão de sua mansão, tal era a revolta dos mujiques. E, se isto acontecesse, Sergei e os dois comandados dele, que se mantinham em guarda, não seriam suficientes para detê-los.

21

KÓSTIA

Nos campos de centeio da fazenda, a realidade era outra: os mujiques conversavam animadamente, ou melhor, muito revoltados.

Sumarokov ouvia-os, sem interromper, avaliando suas reclamações. Muitos tinham razão. Eles traziam em si a força que dá vida ao homem do campo que, embora massacrado pela luta, de repente, busca na tentativa em modificar as coisas, coragem suficiente para enfrentar a adversidade ou, se preciso for, dar a vida por um ideal.

Um homem, ainda moço, conservando os traços nobres, mas muito maltratado pela vida difícil, liderava a conversa e todos o ouviam, como se nele estivesse a libertação da amarga servidão de seus filhos... do povo russo.

Era o camarada Kóstia, que começava a despontar, convidando os mujiques para um regime cooperativista, na tentativa de melhorar suas condições de vida.

Era um idealista, cujas ideias agradavam à maioria, sendo, às vezes, mal interpretadas. Entretanto, seu poder de persuasão e sua simpatia, estavam conquistando novos adeptos ao seu ideal.

De onde este moço tirava tantas ideias que pareciam a salvação da Mãe Rússia?

Kóstia, porém, não estava só, atrás dele figuravam outros revolucionários que não apareciam: professores, médicos, intelectuais, alguns filhos da aristocracia. Kóstia contagiava a todos com seus discursos. Ele próprio era a imagem do entusiasmo e vigor. Sua coragem e inteligência brilhavam em seus olhos, retratando o homem invulgar que viera para desacreditar o velho regime que balançava o solo da Santa Rússia.

Suas reuniões eram feitas ocultamente, disfarçadamente... Ninguém suspeitava, por enquanto.

Sumarokov também participava destas reuniões.

Após estas reuniões, Sumarokov ficava mais revoltado contra esse regime que explorava o trabalho de camponeses e enriquecia os patrões. Sabia como seus amigos eram maltratados e discriminados, sem direito a nada. Recebiam como paga a alimentação e uma desconfortável cabana para morar. No inverno, precisavam implorar lenha e agasalhos e jamais os filhos de mujiques tinham acesso à escola. Os filhos cresciam tão analfabetos e revoltados quanto os pais, enquanto os senhores das propriedades passavam sorridentes em suas tróicas luxuosas, ricamente trajados. O pior, não era o luxo que ostentavam, mas o tratamento desprezível, considerando os mujiques como se fossem animais. Os senhores da terra tinham pleno direito sobre suas vidas. Viviam escravizados porque não tinham outra opção. Os russos que não prestavam mais para o trabalho e as crianças doentes, desapareciam misteriosamente. As mulheres mais bonitas e sadias eram levadas para servir aos senhores e seus comandados mais diletos.

O prazo de dez anos, estabelecido pela lei do lugar, era a época mais dura para os trabalhadores, que sofriam total agressão aos valores humanos. A revolta era tão grande que Kóstia surgiu no meio deles, como um salvador, o Cristo Redentor.

Pior do que a pobreza e a tirania dos senhores, era a traição de alguns, que denunciavam os próprios companheiros, na ânsia de conquistarem as graças do patrão. Tristes ocasiões em que o solo branco da Mãe Rússia se tingia de vermelho com o sangue injustamente derramado.

Muitos mujiques percebiam que Kóstia estava com a razão, e que suas ideias constituíam um roteiro seguro para libertá-los daquele cativeiro infernal. Prestavam atenção em seu discurso:

– Camaradas, filho de mujique não tem direito à instrução, cresce como indigente e morre como animal. A vergonha assola nossa terra. Por quê? É o destino? É a vida que assim o quer? Não, nada disto. É o comodismo, a ignorância, a superstição, o medo que nos faz tremer e nos entregar a regime tão absurdo que ceifa as nossas mais caras esperanças. A falta de dignidade humana transformou os russos em escravos. Nós somos a maioria. Sem nossos braços, os boiardos[1] não comem, sem nosso trabalho eles não constroem suas mansões e palácios, não viajam, não se trajam com luxo e nem se utilizam de ricas carruagens para seu transporte. E o pobre mujique tem que construir seus trenós e suas carroças desconfortáveis ou, por falta de madeira, patinar sobre velhos paus, colocando em risco sua vida. Ou pior, enfrentar a pé as distâncias. E nossas moradas? – nesta altura, Kóstia fez uma pausa, o silêncio era total. Continuou: – Camaradas, o único jeito de mudar esta situação e reverter tal disformidade é unirmo-nos, em torno dos ideais daqueles que já começaram a alimentar dentro de si a esperança de reformas sociais. Avante, camaradas! Armemonos de coragem e de fé!

– Como fazer, camarada Kóstia, para que repartam conosco mais alimento? – interrompeu um trabalhador que acompanhava, atento, o discurso.

– Toda a mudança exige o sacrifício de alguns mais ousados; disponho-me a chefiar a primeira cooperativa, que ora passarei a explicar. Antes é necessário que se conscientizem dos horrores perpetrados no solo da Pátria Rússia, das torturas e maldade a que nossas famílias foram submetidas. Quais de vós conseguiram atingir os dez anos, com direito a uma pequena isbá e a um pedaço de chão como garantia de sobrevivência?

O silêncio foi geral. Ninguém teve coragem de responder.

– Pois bem! Já analisaram as razões por que não o conseguiram?

Os mujiques continuavam de cabeça baixa, sem ousarem encarar o camarada Kóstia, considerando sua observação correta. Ninguém, ali, havia conseguido o almejado quinhão.

Sumarokov levantou-se e respondeu a Kóstia:

– O direito à terra e à moradia é uma ilusão, camarada Kóstia. Nestes anos de luta, já vi mujique desaparecer da noite para o dia, sem ninguém saber de seu paradeiro, enquanto a mulher e os filhos ficam à mercê da sorte. Somos tratados como animais no pasto.

Animado com o apoio de Sumarokov, Kóstia endereçou-lhe inteligente olhar; pelo menos, alguém arvorava-se com coragem, a apontar suas dificuldades. Os outros, de tão pobres e subjuga-

[1] Designação dada aos aristocratas russos que se seguiam, na hierarquia nobiliárquica, aos príncipes reinantes. (N. da E.)

dos, nem ousavam pensar, acreditando que tudo o que lhes acontecia era pura obra do destino. Viviam aparentemente conformados, mas dentro de seus corações cultivavam ódio e desejo de vingança, apesar de ignorantes e submissos às mais absurdas maldades. Temiam por si e por seus filhos. Receavam piorar as coisas.

Aquelas reuniões que Kóstia promovia despertavam neles a vontade de lutar para modificar destino tão cruel.

Começaram a despontar, em um ou outro mujique, sentimentos de revolta e de adesão às ideias comunistas.

* * *

Quando, nos campos de lavoura, os mujiques sabiam que Kóstia viria falar-lhes, a faina tornava-se mais leve porque, finalmente, surgia alguém que se interessava por eles. E todos ficavam mais alentados. Kóstia era visto como um líder e, sua palavra, a salvação.

Aquelas reuniões secretas animavam os pobres mujiques e lhes traziam a sensação de uma importância que jamais tiveram. Os mais temerosos eram logo convencidos pelos mais audaciosos e todos acalentavam o desejo de saírem do cativeiro.

Kóstia devolvia-lhes a alegria e a esperança de uma vida melhor.

Mesmo os mujiques que conseguiam obter um pedaço de terra, por menor que fosse, nunca se safavam do regime bárbaro de seu senhor, porque todo o seu trabalho continuava dependente de sua força maldosa. Após alguns anos, ou até menos, o mujique era obrigado a devolver ao patrão o que havia conquistado, porque não dispunha de tempo para cuidar de sua propriedade. Não adiantava colocar os filhos pequenos para auxiliarem na faina e melhorarem de vida, porque, quando cresciam, eram submetidos ao trabalho forçado, comendo o estritamente necessário. Jamais conseguiam chegar à independência.

Kóstia fizera um levantamento dos pequenos proprietários e analisava sua pequena produção, estudando os meios para a concretização da cooperativa que, em outros lugares por ele visitados, estava dando bom resultado e muitos deles, ganhando autonomia.

O moço corajoso enfrentava a ignorância do povo e dedicava sua vida ao ideal.

Kóstia relacionava-se bem com os intelectuais, alguns deles filhos de aristocratas que, sensibilizados pelas novas ideias que iam surgindo na capital, discordavam do regime autocrata e almejavam mudanças. Eram os idealistas, filhos da burguesia aristocrata, que haviam empobrecido, prestes a entrarem, também, na servidão. Outros o faziam por puro sentimento humanitário, discordavam da atitude dos pais e pendiam para a classe operária, sempre incógnitos.

22

ALEX NOROBOD, UM IDEALISTA

A vida, na propriedade Norobod, mudara sensivelmente com a presença do professor Semión, que se encontrava naquele fim de mundo, a convite de Alex, filho de Norobod. Conheceramse na Universidade e fizeram amizade. Semión aparentava ser um moço afetado, mas na verdade, viera de uma classe de mujiques arruinados, conseguindo estudar, devido a seus dons artísticos e intelectuais. Sobressaiu-se tão bem, que conquistou a simpatia dos professores que, logo o convidaram para ensinar. Desejando voltar às origens, Semión, farto da cidade, aceitou o convite de Alex para ir trabalhar para sua família. Ambos, no entanto, haviam combinado que seria melhor ocultarem sua amizade. Semión possuía ideias semelhantes às de Kóstia e, para esconderem suas verdadeiras intenções, decidiram que Semión viria primeiro, depois Alex .

Alex fazia-se passar por um boêmio irresponsável, para melhor defender seus ideais revolucionários. Quando o filho de Norobod desaparecia do cenário, o pai e a família julgavam-no em cruzeiros pela Espanha. Suas viagens, porém, eram totalmente diferentes. Alex era conhecido, por todos os mujiques, como Iahgo, e ninguém suspeitava que ele fosse filho da aristocracia, e... pior, do temido Norobod.

Alex, Semión e Kóstia queriam implantar suas ideias revolucionárias e libertar os pobres mujiques da condição servil e, para isso, arquitetaram ardiloso plano, em sigilo absoluto, defendendo-se da ira dos senhores de terras.

***

Depois de alguns meses, quando o professor já ministrava aulas, por ocasião do aparecimento do fantasma que ameaçava a saúde da filha do mujique Sumarokov, Alex surgiu novamente, no cenário da fazenda, com seu modo despreocupado de *bon vivant*, boêmio da aristocracia, que não pensava em outra coisa, senão em gozar a vida e gastar o dinheiro do rico pai.

O elegante rapaz conversava animadamente com a mãe, quando esta lhe apresentou Semión, o novo professor de Sácha.

Ambos, fingindo se verem pela primeira vez, cumprimentaram-se discretamente.

– Finalmente, temos alguém para quebrar a monotonia deste palácio! – elogiou a feliz ideia do pai, enchendo uma taça de bebida.

Sônia, com a chegada do marido, nem se abalou. Interessada em conquistar a atenção de Semión, procurou ficar mais perto de Alex, que conversava animadamente, num canto, com o professor. À presença de Sônia, eles mudaram de assunto e passaram a comentar sobre o último aparecimento do fantasma, fato que interessava muito a Semión, que desejava conhecer a opinião de Alex.

Aquela conversa deprimia Alex, pois sabia-o fruto da maldade do pai. Esvaziou a taça de uma vez e a encheu novamente, sem perceber que seguia o mesmo caminho do pai. A bebida já alterava seu comportamento e, logo, completamente embriagado, falava em Sácha, sua querida irmãzinha. A maldição também recaía sobre ele.

A festa de comemoração da chegada de Alex terminou como sempre: pai, filho e convidados embriagados. A Sra. Norobod ficava ainda mais desolada, pensando em sua menina adorada, que jamais retornaria a seus braços. Sentia-se muito só com a atitude do esposo e do filho, que nem se dava ao brio de corrigir a leviandade de Sônia. Tais comportamentos deixavam-na mais deprimida do que nunca. Por isso, frequentemente ia à isbá do cercado para conversar com Catienka e ver Mayra. Lá, pelo menos, ela respirava um ar mais suave e equilibrado.

Aquela menina, a cada dia, mais se parecia com sua Sácha. Como ambas se assemelhavam!

A pobre mulher procurava cercá-la de todo o conforto possível, levando-lhe comidas, agasalhos, alguns móveis, brinquedos, enfeites para o cabelo. Sua atitude acabou por atrair a atenção de Norobod.

23

NOROBOD E O FANTASMA

Certo dia, o temido Norobod decidiu verificar com os próprios olhos, se os comentários sobre sua mulher eram verdadeiros e desceu até o cercado, que não ficava muito longe de sua morada. Amanhecera, naquele dia, menos trêmulo e mais disposto; auxiliado por um servo da casa, foi caminhando lentamente até a isbá do cercado que, desde a morte de sua filha, ficara fechada, porque fora lá, exatamente na cabana, segundo Sergei, que ela e o tal mujique se encontravam às ocultas.

Ele nunca mais passara por ali, e nem gostava de olhar para o lado da cabana. Havia muitos meses, Sumarokov e a familia residiam nela. Primeiramente, foi constatar pessoalmente se os boatos de Sergei eram verdadeiros e, em segundo lugar, queria conhecer a filha de Iulián Sumarokov, que também vira o fantasma de sua filha.

O velho saíra às escondidas, apoiado numa rica bengala e no servo. Era cedo. Sumarokov encontrava-se na lida e os filhos mais velhos estavam com o professor Semión. Ficou parado em frente à isbá, observando os melhoramentos que seu empregado havia feito. Ele tinha que convir, Sumarokov era um mujique muito esperto, trabalhador e educado. Interessado nos melhoramentos que modificaram totalmente o lugar, observou o quintal, as aves que Sumarokov criava, algumas renas e ovelhas guardadas numa espécie de abrigo que ele construíra somente para elas. Ali se respirava simplicidade, asseio e conforto. Enquanto Norobod inspecionava a isbá por fora e sua redondeza, Catienka ouviu o barulho e olhou por uma greta da porta o temido senhor da terra. Assustada, passou o trinco na porta com cuidado e ficou quieta. O velho retomou o seu caminho de cabeça baixa, estava muito alquebrado.

O velho senhor, curioso, passou a observar a família de Sumarokov, sem contudo ter coragem de abordar a menina, que lhe lembrava sua desventurada Sácha Alexnovitch. Parecia que algo o impedia de lhe falar, mas com sua esposa, o mesmo não acontecia. A mulher vinha demonstrando claramente sua alegria, quando voltava da isbá, e ele desconfiava que tal felicidade vinha da convivência com a família Sumarokoviski. Intrigava-o saber que sua mulher dispensava tamanha atenção a uma família de mujiques. Eles eram orgulhosos e não se misturavam com os empregados, considerando-os bárbaros, analfabetos e preguiçosos e que deveriam ser tratados como cães.

– Maria, sei que vais com frequência à casa dos Sumarokovisk, podes dizer-me o que tanto te atrai?

– Ainda não viste como são esforçados e educados estes mujiques?

– Sim, eu sei. Mas tivemos outros também, assim, e nem por isso te aproximaste desta maneira!...

O marido tinha razão e Maria Norobod não sabia lhe dizer o motivo real que a levava a sentir-se tão bem indo à isbá do cercado. Depois de meditar um pouco, aventurou-se em passar ao companheiro o que realmente havia encontrado naquela pobre família.

– Norobod, já viste a filha de Sumarokov? É o retrato vivo de nossa Sácha quando tinha sua idade.

Norobod teve um choque e arregalou os olhos.

– Que dizes, mulher, nossa filha está morta, enterrada!

– Mas ninguém sabe o que aconteceu naquela noite, na verdade! – disse a Sra. Norobod testando o marido, porque evitavam falar em tal assunto, para não levantarem entre eles a desconfiança e a lembrança do triste episódio que gostariam de esquecer, e que tanto lhes marcara as vidas.

Norobod fechou o semblante e resmungou, contrariado:

– Referes-te ao bastardo?

– Sim, Norobod, refiro-me à nossa neta. Nunca me disseste o que fizeste dela!... – Maria Norobod estava exaltada e se tornava corajosa perante a fragilidade do esposo, a ponto de abordá-lo friamente, fitando seus olhos vermelhos. – Poderia ser nossa neta!

– Por que estás, agora, preocupada com tal sorte, se nem mesmo eu o sei? Ela morreu!

– Onde então está seu corpo? Ela desapareceu!

Maria Alexandróvna Norobod estava cansada de saber que seu marido tinha culpa naquela tragédia e que fora ele o único causador de tudo; por pura piedade, ela não o abordava, vendo que ele não respondia plenamente por suas atitudes. Norobod, o temido senhor, não passava de um velho caquético, trêmulo e bêbado. Aquela criança que surgira no cenário da fazenda, cuja semelhança com sua filha era incontestável, dava-lhe coragem para afrontá-lo. E o assunto, coberto em cinzas, tomava, entre eles, grande proporção; a ela, por necessidade de saber exatamente o que acontecera à filha de Sácha, a ele, por ter que prestar contas de um gesto que lhe pesava na consciência, consciência culpada que tentava sobretudo afogar na bebida.

– Norobod, preciso saber o que aconteceu! A quem autorizaste o desaparecimento de nossa neta ? Foi Sergei, ou estarei enganada?

O marido foi ficando pálido, não conseguia articular palavra. Alguma coisa estranha estava lhe acontecendo.

Nervosa, a mulher falou alto:

– Estás surdo? Estou falando contigo!

Norobod continuava calado, seu cérebro parecia bloqueado, suas mãos estavam trêmulas e a febre nervosa logo o agitou por inteiro, sobrevindo um terrível acesso epiléptico. O velho tombou. Tentou erguê-lo, mas não conseguiu. Vendo-o estrebuchando no chão, teve medo e saiu correndo atrás de socorro porque, ao cair, batera com a fronte no assoalho e estava ensanguentado. Seu corpo havia enrijecido, as mãos crispadas, ele se contorcia no chão, babando. Era um quadro horrível. Aquilo parecia o fim.

Ao cabo de poucos minutos, todos correram para acudir o pai. Alex, ajudado por um servo da casa, levou-o para a cama. O velho estava paralisado, demonstrando que, além do ataque epiléptico, sofrera também uma embolia cerebral. O caso era grave e Alex tratou de buscar o médico.

O médico pouco pôde fazer: caso irreversível, característica de um derrame cerebral com graves sequelas. Norobod passou semanas sem se manifestar. Sabiam que continuava vivo, porque respirava e gemia. Seu estado era deplorável. Ele nunca mais articulou palavra, somente os olhos se moviam, porém a ninguém mais reconhecia. O fantasma de Sácha estava ali com ele e sua presença aumentava o seu desespero. Queria falar, fazia tentativas e seu esforço o extenuava, lágrimas desciam de seus olhos apagados e vermelhos.

Passaram-se, desde a queda fatal, algumas semanas, em que a família se revezava junto ao doente. Norobod não suportou o choque ao saber que sua neta poderia estar viva, pois julgava-a morta, conforme fora sua ordem. Aqueles acontecimentos que ele procurava por toda maneira esquecer, voltavam à tona. O choque paralisou-o por inteiro, e sua consciência martelava tanto, que ele não suportou mais e acabou por desencarnar no maior desespero e sofrimento. Tempo em que o Espírito de Sácha não o abandonava, causando-lhe intensa amargura. Queria pedir clemência para seu Espírito e não conseguia. Ninguém podia ajudá-lo. Norobod sequer teve o alívio de rogar perdão por seus erros. Ele, agora, iria comparecer ao Plano Espiritual para prestar contas a Deus dos atos insanos perpetrados contra pobres mujiques e contra sua filha Sácha. Levava, também, para o túmulo o segredo do desaparecimento de sua netinha, que ele havia ordenado matar.

Ninguém pranteou a morte de Norobod, nem mesmo seus descendentes. Somente Maria Norobod, sua viúva, derramava lágrimas discretas, chorando sua desdita e não a própria perda. Libertava-se de um ser maldoso e insensível ao sofrimento humano, causador de toda a sua desventura. A caridade mandava que se rezassem muitas missas em suas intenções , e ela pagou várias comemorações na igreja conforme a tradição. Quanto mais círios e missas rezadas, mais o defunto encontrava a salvação. O dinheiro de Norobod servia apenas para enriquecer o padre.

Porém, tudo isso não passava de ilusão para a família e de ironia para os mujiques que viam no fato apenas mais um desrespeito a Deus.

Sergei, mais temido que o patrão, acompanhou as exéquias junto à família, porque ninguém mais do que ele era conivente com as atitudes de Norobod. Alex assumiria o destino das terras do pai, como único varão da família e legítimo herdeiro. Os mujiques estavam agora, totalmente entregues ao comando de Sergei. Muitos, em sua ignorância, acreditavam que ele era o dono das terras. Há muito tempo, Sergei, aproveitando o desequilíbrio de Norobod e a ausência do filho, fazia-se passar pelo patrão, sendo temido e respeitado. Quando os servos souberam que Alex era o filho do patrão e o responsável pela propriedade, acalmaram-se, pressentindo melhor sorte. Todos torciam para que Sergei fosse demitido.

24

SERGEI E OS SERVOS

Sergei, no entanto, urdira ardilosa trama e trabalhara de tal modo em benefício próprio, que possuía propriedade quase tão grande quanto a dos Norobodviski. Aliciara alguns camponeses vingativos que mantinha sob seu inteiro domínio e estes, por sua vez, dominavam os pobres mujiques ignorantes. Durante os últimos anos, a insanidade de Norobod favoreceu seus planos. Aos poucos, separou sua propriedade com cercas, anexando-lhe outras áreas roubadas aos mujiques que tinham adquirido pelo trabalho de dez anos, dando fim a eles e às famílias. Desse modo, seu patrimônio foi-se ampliando, utilizando a mão de obra dos empregados de Norobod para as plantações. Não havia lei que regulamentasse tal situação, tornando-a favorável a Sergei, que possuía legalmente os bens assinados por Norobod. Os servos nunca sabiam quem era realmente o patrão, porque quem manobrava tudo era o capataz e com tal desenvoltura e segurança, que não despertava desconfiança. Muitos o viam como o próprio Norobod. Sabendo-o morto, começaram a sentir que eles também tinham sido ludibriados.

A servidão havia terminado, mas alguns proprietários continuavam a se utilizar do mesmo método, e muitos mujiques ignorantes persistiam em receber alimentos e moradia, ao invés de salários. A fazenda Norobod era típica, a servidão havia sido abolida e eles continuavam subjugados ao antigo regime, ignorando a lei que os libertara.

Esta era, justamente, a revolução que Alex, Semión e Kóstia propunham aos mujiques que se mantinham, por medo ou ignorância, ainda em regime de servidão.

Alex Alexnovitch Norobod estava agora assentado na grande escrivaninha de seu pai, examinando alguns documentos, quando Sergei entrou. Nunca simpatizara com o feitor, porém respeitava a decisão paterna. Tinha primeiro que se inteirar da real situação dos negócios, para depois deportá-lo.

– Assenta-te, Sergei – convidou o moço.

Há muito, Alex queria ter uma conversa com o feitor, mas sua vida distante da fazenda e a amizade que seu pai parecia lhe devotar, o impediram, em todo este tempo, de aproximar-se do asqueroso empregado.

Sergei era tão sagaz que nem mesmo Alex, com toda a sua inteligência, podia dominá-lo. O homem viera armado de argumentos para se defender de possíveis represálias por parte do filho de Norobod.

Alex tentou afastar a repulsa que sentia pelo empregado, controlando-se, porque precisava dele, ou melhor, tinha que mantê-lo por perto, até o momento apropriado, para expulsá-lo de suas terras, simulando interesse em mantê-lo na fazenda.

– Sergei, de hoje em diante, terás que me prestar conta de todos os atos relacionados à propriedade. Logo mais, iremos verificar os limites que medeiam as terras Norobod e os empregados que vivem com suas famílias, em regime de servidão.

Como se já esperasse por isto, Sergei colocou-se à disposição. Era hora de prestar contas das irregularidades por ele tramadas, mas nada temia, pois possuía todos os documentos legalmente assinados por Norobod. Não havia lei que lhe tirasse a propriedade. E, se preciso fosse, ele usaria de seus métodos com aquele gravatinha que ousava, agora, interferir em seu comando.

– Está bem, Sr. Alex, como quiseres.

– Prepara os cavalos.

– Não preferes a tróica, senhor? – perguntou ironicamente, pois jamais vira Alex montar um animal.

– Cavalos – respondeu secamente o moço.

Sergei saiu pisando o assoalho de madeira com mais força que o habitual e, ao sair, cruzou com Sônia que entrava. Deu-lhe um olhar cúpido, porque era um dos homens que andava com ela. A atitude de Sônia, em relação aos homens, muito contribuía para desautorizar Alex, que era considerado um homem fraco, sem pulso até com a mulher, que, na ausência do marido, ou mesmo estando ele na fazenda, não perdia oportunidade para desrespeitá-lo.

A atitude dela, embora visível a todos, deixava Alex indiferente. Não amava a mulher e, qualquer dia, acabaria por vez com a desagradável situação que lhe manchava a honra. O moço preferia passar por embriagado e irresponsável a assumir de uma vez o papel de marido traído, estratégia que ele usava para disfarçar o movimento a favor da libertação dos mujiques, do qual era um dos líderes.

Sônia não estava acostumada com a presença do marido na fazenda e estranhou o fato de ele ter-se levantado pela madrugada para examinar os papéis. Apesar dos maus hábitos e de sua leviandade, ela não era pessoa ignorante. Possuía boa instrução, mas não sabia utilizar seus dons e, desgostosa com o pouco caso que Alex lhe dispensava, revidava com um procedimento irreverente. No fundo, ela sofria com seu desinteresse.

Ambos mal se falavam, mas agora estavam assentados frente à frente, olho no olho. Todos, na casa, ainda estavam impressionados com o rápido e inesperado desfecho de Norobod e, mesmo depois das exéquias, existia no ar uma certa indagação, indagação a que Alex respondia com grande interesse, com uma nova atitude, que surpreendia a todos. O moço, antes, despreocupado e desligado dos negócios do pai, agora assumia o comando de tudo, levantando-se cedo e se dedicando a visitar todas as áreas do império deixado pelo rico Norobod. Sônia, apesar de não respeitar sua condição de esposa, tinha-lhe consideração, pois sempre fora tratada pelo marido com educação, embora friamente. Alex não lhe permitia uma aproximação afetiva de modo que, agora, ambos pareciam dois estranhos, frente a frente, em silêncio glacial.

Foi ele quem quebrou o gelo.

– Sônia, de hoje em diante, quero que assumas teu papel de esposa, auxilies minha mãe na gerência da casa e te dediques mais à educação de Sácha, acompanhando os estudos que o professor Semión lhe ministra.

O tom do marido era tão severo, que ela se assustou, como se nunca tivesse visto tal homem, aliás, era a primeira vez que ele falava assim, com tamanha autoridade. Os olhos de Alex tinham um novo brilho e ela nunca havia percebido como eram bonitos.

Aquela conversa deixou-a totalmente sem resposta. Seu tom de voz suave e autoritário não lhe permitia argumentar, mas executar suas ordens. Mexeu-se na poltrona sem entender o que estava acontecendo, quis balbuciar alguma coisa, a voz ficou presa na garganta. Alex, percebendo seu embaraço, condoeu-se, modificando o tom autoritário da voz.

– Estás precisando de alguma coisa?

– Não, não.

– Espero que tenha ficado claro o que te disse.

– Claro, claro.

– Nada tendo que pedir, deixa-me só, pois tenho inúmeros documentos a examinar.

Sônia saiu encabulada com a nova atitude do marido e um pouco envergonhada de si mesma. Aquela súbita autoridade deixava-a sem reação, ele a tratava como se ela lhe fosse inferior. Não sabia pensar qual seria o melhor tratamento; antes com pouco caso, ou agora, com total desprezo. E, a coquete mulher passou o dia pensativa e sem graça, como se a tivessem desarmado. Sua atitude não passou despercebida à sogra. O que afinal tinham os esposos conversado, para que Sônia perdesse sua espontaneidade e alegria?

25

NEM TUDO QUE SE APRESENTA É VERDADEIRO

Novo capítulo começava para a grande propriedade dos Norobodviski. A expectativa dos empregados era grande e todos torciam para que Sergei fosse dispensado de seu posto.

Os dois homens agora percorriam, a cavalo, a pro-priedade. Alex montava tão bem quanto Sergei, para espanto deste. Um dia não era suficiente para percorrerem todas as terras e as plantações de centeio, trigo, girassol e beterraba açucareira.

À passagem do patrão, os mujiques faziam profunda vênia e só se levantavam depois que ele havia passado. Ao verem seu novo senhor, diziam:

– *Súdar, súdar...*

Era tardinha quando retornaram à casa, não demoraria e o tom avermelhado no horizonte seria tragado pela escuridão. Alex observou os pobres mujiques voltando da faina, carregando suas ferramentas. Notou que eles se desviavam quando avistavam Sergei, pois desconheciam Alex e não sabiam que se tratava do seu novo dono.

Os domínios de Norobod perdiam-se de vista. Alex pensou na possibilidade da divisão de terras e nas dificuldades que enfrentaria. Seus planos poderiam melhorar tudo, ou piorar. Ele poderia sim, em suas próprias terras, fazer prevalecer seus ideais de justiça, embora soubesse que aquela briga seria a ferro, sangue e fogo. Ele seria exemplo, mas e os outros senhores, por não desejarem mudanças mandariam saquear as plantações vizinhas, provocando, assim, a ruína das terras, relegando os servos à fome e a outro tipo pior de miséria, à falta de trabalho.

Como seu pai conseguira amealhar tanto chão? Terras que

se perdiam de vista na vasta planície e aqueles pobres mujiques que se mantinham totalmente subservientes, como animais de carga. Por quanto tempo os camponeses ficariam dominados por um regime absolutista?

Sergei, observando a calma do rapaz e sua distinção, nada lhe disse sobre a metade da propriedade que lhe pertencia. Ele também tinha paciência, saberia no momento certo fazer prevalecer seus direitos e sua autoridade perante os mujiques que trabalhavam em suas terras, mantidos por Norobod. Deixasse o moço continuar a pensar ser o dono absoluto.

Alex, inocentemente, não desconfiava que percorrera pouca coisa além da metade das terras que o pai lhe havia deixado.

À noite, Alex e Semión conversavam animadamente. As mulheres tinham se recolhido e agora podiam falar de seus projetos sem interrupção.

– Percorri as terras, camarada. Jamais pensei que nosso império fosse tão vasto!

– És um poderoso latifundiário, Alex, por ironia do destino – sorriu Semión.

– Nada disto tem valor para mim, Semión, exceto o direito de aplicar na prática o que temos discutido em teoria, mas para tal se efetivar, temos que começar a valorizar o pobre mujique que vive, com sua mentalidade, no século passado. Constatei isso, hoje, ao vê-los como animais que voltam do pasto ao entardecer, para suas isbás imundas. Pobres criaturas convertidas em animálias pelo poder, e pensar que somos filhos da mesma pátria, donos, também, do solo fértil da Mãe Rússia! – disse o aristocrata saturado das ideias comunistas.

– Terás coragem, Alex, converter tua propriedade em trabalho assalariado e com direitos iguais?

– Semión, meus argumentos não são em vão, nem minhas ideias, ilusão. Sempre sonhei com a igualdade, desde criança!

O professor admirava o amigo, sua audácia, inteligência e coragem, porque ele, igualmente idealista, nada tinha a perder, era apenas um professor, filho de mujiques que chegaram a possuir pequena propriedade, tornando-se depois arruinados. Não possuía bens materiais, apenas a esmerada educação que recebera e lhe facultava o ganha pão com dignidade, suas conferências e publicações em jornais, que enviava à capital. Para ele, era fácil ser um revolucionário.

– Quando se tem a perder materialmente, a coragem tem que ser redobrada, Alex, admiro-te sim, em levares avante teu plano. Quanto a mim, nada tenho a perder, despojei-me por forças das circunstâncias, até de um título de nobreza que me ofertaram, para atender a este ideal, que com certeza haverá de consumir meus dias... Libertar o povo russo da ignorância e do analfabetismo.

– Está aí, um grande mérito. Considero-te mais rico que o proprietário de todas estas terras. Não queiras, meu caro, jamais conhecer a procedência de tal império. Há fatos que me intrigam e não sossegarei enquanto não me inteirar de tudo.

– Como assim, Alex?

– Coisas... acontecimentos, Semión, que envolvem a morte de minha irmã e o desaparecimento de sua filha nascitura. Alguém irá responder por este crime, isto eu te prometo! – dizia o herdeiro com o punho fechado, denotando mágoa em seu coração.

– Por falar neste trágico acontecimento, Alex, meu mestre enviou-me correspondência, informando que, brevemente, chegará aqui o mago Dmitri Nabor. Lembras-te dele?

– Aquele mestre aloprado? Tu te manténs, ainda, em comunicação com ele?

– Sim, ele mesmo. Estamos sempre em contato...

– O que ele tem feito nestes últimos tempos?

– Tem-se aprofundado no ocultismo e na hipnose, aliás, temas que também me apaixonam; diríamos que ele se tornou um caça-fantasmas, um magnetizador de mentes que vivem à beira da loucura, como moças nervosas sujeitas a crises histéricas.

– Não me digas que o professor assumiu de vez, tais ideias combatidas pelos cientistas catedráticos! Ó,ó,ó, – Alex soltou uma gargalhada, ao se recordar das intermináveis discussões que as atitudes do professor Dmitri fomentavam na Universidade. Ele está sempre nos surpreendendo com seus argumentos...

– Não somente as assumiu, mas firma suas teses em bases científicas, procurando comprová-las. Sua tese tem conquistado muitos inimigos e atraído infinitos admiradores. Corresponde-se com adeptos destas ideias em outros países, ampliando e fortalecendo seus argumentos. Estou ansioso para que ele chegue. Tomei a liberdade de convidá-lo, espero que não cause má impressão à tua mãe.

– Pelo contrário, Semión, poderá muito ajudá-la. Se ele tem domínio sobre os Espíritos, talvez possa terminar com as crendices por aqui espalhadas. Pior que a condição servil é a tal crendice que cega e gera o fanatismo supersticioso.

Alex e Semión ainda conversaram até tarde, sem suspeitarem que mais alguém acompanhava seus diálogos; era Karine, uma serva da casa, amiga e amante de Sergei, que ficara ali, propositadamente, para vigiar os dois amigos e os passos de Alex.

A mulher não perdera uma palavra do diálogo entre os dois e no dia seguinte relatou tudo ao companheiro. Era assim que Sergei se mantinha informado de tudo quanto acontecia na mansão Norobod. Karine era sua mais fiel testemunha dos fatos que ali sucediam e das decisões tomadas. Jamais alguém desconfiara dela, porque além de hábil atriz, sabia disfarçar com maestria sua ligação clandestina com o feitor. Apresentava-se modesta, servil e nunca abria a boca para dizer qualquer coisa, mas seus olhos! Ah! Seus olhos verdes pareciam duas tochas de fogo, tão vivos e expressivos! A espiã ocupava quartos destinados aos serviçais e acalentava a ambição de, um dia, ser a dona daquela mansão. Pertencia à classe das pessoas que não perdem por esperar, sempre cautelosa, agindo na surdina, aguardando o momento exato para atacar. Era assim que os dois alimentavam sua paixão pelo poder, usufruindo de longa convivência clandestina, a custo de intriga, maldade e do ódio que lhes saciava a alma.

* * *

Muitas vezes, as pessoas mais simples e, aparentemente, sem expressão são as que mais compreendem os caracteres à sua volta e os sabem distinguir. São os mistérios ocultos revelados aos doutos e aos prudentes de que fala Jesus no *Evangelho* de Matheus. Assim era a meiga Catienka, cuja simplicidade e modéstia encantava a todos. A rapariga havia caído nas boas graças de Sra. Norobod, que tudo fazia para tê-la em sua companhia. Maria Norobod notava a dedicação e a importância da moça junto aos filhos de Sumarokov, o desvelo que ela tinha por Mayra, sem fazer nenhuma exigência, mas acalentava o sonho de que aquela gentil donzela viesse um dia a servi-la como dama de companhia.

A prudente ama dos filhos de Sumarokov, nas poucas vezes que avistara Karine, logo observou que aquela mulher não era confiável e, por mais que ela tentasse se aproximar, Catienka, inteligentemente, colocava uma barreira entre elas. Fora impossível, durante todo este tempo, uma aproximação de Karine à isbá; aliás, os filhos de Sumarokov, sem exceção, pareciam haver tecido uma hábil combinação; para afastarem a aproximação da moça, faziam-lhe brincadeiras de mau gosto e ela acabou desistindo e deixando a família Sumarokov fora de suas bisbilhotices, embora continuasse a observá-los assiduamente, não perdendo nenhum de seus passos.

Após a morte de Norobod, o luto foi guardado conforme a amizade e simpatia do defunto, e no caso Norobod, ele foi logo relegado ao esquecimento.

A vida na propriedade voltava, enfim, ao normal.

Aproximava-se uma data festiva em que comemorariam o aniversário de Sácha Alexnovitch e sua entrada na sociedade local. A Sra. Norobod, naquele dia, necessitava que Catienka a auxiliasse nos preparativos do jantar que, logo mais, iria oferecer aos vizinhos e pessoas importantes do lugar. Mobilizaram o trabalho de algumas mulheres para atenderem ao suntuoso jantar que seria servido à luz de velas em ricos castiçais prateados. Enfeites floridos espalhavam alegria e aroma por toda a casa. Confeccionaram roupas novas para os empregados, a matrona queria que todos se apresentassem bonitos e bem vestidos.

Preparavam o salão de festas para um suntuoso baile.

As famílias mais importantes e autoridades foram convidadas.

26

A FESTA DE SÁCHA ALEXNOVITCH

Sácha Alexnovitch estava em plena adolescência, era uma menina-moça bonita, mas muito espevitada e coquete como a mãe. Os filhos de Sumarokov, com a morte de Norobod e a ascensão de Alex, cultivavam algumas regalias. Tinham crescido, tornando-se elegantes rapazes, educados e belos. Quem os visse agora, altos e bem trajados, falando com desenvoltura, graças às aulas de Semión, nem percebia que eram filhos de pobres mujiques. Nicolau, principalmente, se destacava por seus modos delicados e brilhante inteligência, apesar do um tanto afetado. Sua alma de poeta encantava e estava sempre acompanhado de admiradores que o ouviam interessados. Nem levavam em conta sua condição humilde, condição esta que Alex fazia questão de ignorar. Enquanto ele fosse o proprietário daquele lugar, as pessoas tinham que respeitá-lo, mesmo porque a predileção de sua mãe por Mayra compensava qualquer esforço. A Sra. Norobod mandara fazer um vestido lindo especialmente para ela usar na ocasião da festa, cobrindo-a de excessivos mimos. A atitude de Alex, em relação a Mayra, também não era diferente. A atenção que ele dispensava à menina, causava em Sácha, sua filha, verdadeiro ciúme. Ela e sua mãe detestavam Mayra que, a cada dia, tornava-se mais bela.

À noite, o salão estava lotado. Alguns convidados que conheceram a filha de Norobod e ainda se recordavam dela e da tragédia, fizeram comentários sobre a semelhança de Mayra com a morta, julgando que ela fosse sua parente. Mayra era muito graciosa, auxiliava na recepção dos convidados, servindo algumas bebidas. Sentindo-se alvo dos olhares, retraiu-se um pouco, buscando Catienka.

– É o retrato vivo de Sácha Norobodviski!

O fato despertou tanto a atenção que Sumarokov pediu a Catienka que a retirasse do salão, contrariando os donos da casa.

– Ela é muito jovem para estar acordada – tentou explicar, receoso e desconfiado.

– Deixa que ela fique, Sumarokov, eu me responsabilizo por ela, nesta noite – insistiu a Sra. Norobod.

– *Papacha,* deixa-me ficar, estou sem sono... – reclamou.

Contrariado, Sumarokov teve que concordar. Ele e os filhos permaneciam num canto, afastados, observando a chegada dos donos de terra que se aproximavam em elegantes carruagens e ricos trajes de festa.

O professor Semión e seu mestre recém chegado conversavam num canto da sala e, sem dúvida alguma, o assunto era o que mais empolgava o mago Nabor - fantasmas.

Sônia ainda não havia conseguido envolver o professor nos seus encantos, apesar de suas investidas e de seus olhares indiscretos. Estava deslumbrante, naquela noite. Usava um vestido vermelho de veludo que moldava seu corpo bem feito, tornando-a uma bela mulher e seus olhos negros brilhavam como nunca. Com a ascensão de Alex na fazenda, os homens agora a respeitavam por causa da posição do marido e de sua bondade para com todos. Sônia sentia-se menosprezada porque os homens da fazenda se desviavam dela, apesar de seus encantos e dos olhares, agora, mais discretos. Alex a tratava com indiferença e sua vida estava enfadonha e sem graça. Naquela noite, seu objetivo era conquistar Sumarokov ou Semión. Tentou aproximar-se, primeiro, de Semión e do mago Nabor, mesmo sendo o mago um tanto velho para ela.

A coquete dama imiscuiu-se na conversa, trazendo na mão uma taça de bebida.

– Oh! Que assunto tão interessante os mantém afastados das mulheres?

O mestre e psicólogo Nabor, acostumado à observação do comportamento humano, encantou-se com o modo da moça. Apesar da diferença de idade, ambos poderiam passar a noite conversando, porque ali, na fazenda, Sônia era uma espécie rara, não tinha superstição e falava sobre os fantasmas, tecendo comentários, desprovida de quaisquer crendices ou medos. Isto encantou o mestre, que a explorou como quis. Enquanto Sônia contava ao mago tudo quanto sabia sobre o fantasma de Sácha, Semión aproveitou para deixá-los.

– Deixo-te, bela Sônia, fazendo companhia ao mago, não deixes que ele te hipnotize!... – e saiu em busca de novos convidados e novos alunos para a escola pública que tencionavam instalar na fazenda, mas antes, foi expiar Catienka e ver o que estava fazendo. Tomara-se de encantos pela moça.

Ao atravessar o corredor, deparou com dois olhos verdes que o examinavam detidamente. Era Karine, uma das camareiras do castelo, que já conhecia o moço, seu quarto e suas roupas. Trocaram significativo olhar, mas Semión, apesar de impressionado com seus olhos, continuou caminhando, como se não a tivesse visto.

Aproximou-se de Catienka que, encostada no parapeito de um balcão, tinha um aspecto cansado. Ela havia trabalhado muito para que o jantar correspondesse à expectativa de Sra. Norobod. Semión admirava a simplicidade e a beleza da moça, mas nunca tinha oportunidade de lhe falar. Ela estava sempre ocupada e parecia não ter olhos para ele, embora notasse que sua presença a perturbava. Ele nunca sabia se era timidez, ou se ela, na verdade, sentia alguma atração por ele.

Ele preferia sua companhia. Nenhuma das moças da sociedade que vieram à festa de Sácha, poderia se comparar a Catienka, que já lhe conquistara o coração.

– Catienka, pareces cansada!

– Adivinhaste, professor Semión, o trabalho na cozinha e a organização das mesas... confesso-te, deixaram-me exausta.

– Senta-te – ofereceu-lhe uma cadeira que estava perto.

– Obrigada, estás te divertindo, professor?

– Muito. É uma bela festa.

Tocavam uma polca e os pares se alinhavam para dançar.

– É uma pena que estejas cansada, porque ficaria imensamente honrado em dançar contigo, Catienka.

– Não te preocupes comigo, professor, há tantas donzelas da sociedade que gostariam de dançar e não ficaria bem dançares comigo, uma serviçal.

O modo gracioso de Catienka o comovia e nenhuma daquelas moças que estavam no salão, bem trajadas, o interessava, preferia ficar ali, naquele canto, a conversar com ela. Porém, sua alegria demorou pouco; ia responder-lhe, quando um grito alucinante partiu do lado oposto do salão.

Todos os pares que dançavam pararam como que por mágica.

No meio do salão, estava o fantasma de Sácha, lívido, ensanguentado... apavorando a todos. Assim, a festa terminou em gritos e prantos, como se o mundo estivesse acabando.

Ninguém soube como começou, exatamente, a confusão. A pobre morta, de repente, surgia do nada, procurando alívio para o seu sofrimento. Não lhe bastava a morte trágica, ela não tinha sossego.

Os convidados foram saindo em silêncio, as luzes da mansão foram se apagando lentamente e, dos convidados, sobraram os que ali estavam hospedados, inclusive o mago Nabor, que nunca vira espetáculo igual.

Instintivamente, Catienka procurou Mayra, adivinhava que alguma coisa também lhe acontecera.

– Onde está Mayra? – indagou aos seus irmãos.

Ninguém a havia visto.

– Sr. Sumarokov, Mayra desapareceu. Por mais que a procure não a encontro! – exclamou aflita.

E todos passaram a procurar a menina pela casa.

Felizmente havia Lua cheia, sua claridade tornava as coisas mais visíveis. Nabor estava perplexo perante o inusitado fenômeno. Ah! não arredaria o pé daquele local, enquanto não tivesse solucionado aquele caso. Prometia a si mesmo. Ali estava um vasto campo para suas pesquisas.

Durante algum tempo vasculharam os cômodos da casa, chamando por Mayra. Catienka, seguindo seu instinto, foi à isbá, acompanhada por Iulián, o filho de Sumarokov. Finalmente a encontraram lá. A menina estava encolhida num canto da casa, vermelha, queimando em febre e delirando desconexamente.

– Meu Deus! Coitadinha... Minha pobre criança! – exclamava a moça, abraçando-a. – Como conseguiu chegar até aqui, sozinha?

Mayra estava desfigurada, pálida, olhos encovados, o rosto crispado de angústia.

– É preciso um médico – afirmou Iulián, o irmão.

Não demorou muito Sumarokov entrou em casa. Logo a isbá se encheu de curiosos.

– Ela tem febre e, com certeza, viu o fantasma – explicou Sumarokov.

O mago Nabor também se aproximou.

– Se me permites, gostaria de ficar a sós com a menina, talvez consiga tirar-lhe este mal.

Sumarokov sabia que ele era hipnotizador e detinha certos poderes, mas não confiava em deixar sua menina nas mãos de um estranho.

– Eu fico!

– Está bem, está bem. O pai pode ficar, mas peço aos outros que se retirem, por favor!

Retiraram-se do pequeno quarto, mas a Sra. Norobod e Catienka ficaram na cozinha, aguardando um sinal de Sumarokov.

Era quase meia-noite e lá fora a Lua continuava tão misteriosa quanto esplendorosa.

Nabor assentou-se à beira da cama, concentrou-se e começou a passar a destra por cima de sua cabeça, contudo, sem tocá-la, depois sobre suas pálpebras.

– Como te sentes, menina?

Mayra não respondia, sua boca estava contraída, como se estivesse com muito medo.

– Não temas, estou aqui para ajudar-te.

A voz grave de Nabor acalmava a tensão de Sumarokov. O pai buscou uma cadeira e assentou-se. Ele também parecia estar hipnotizado, suas pálpebras ficaram pesadas.

Nabor, por mais que tentasse, não conseguia acalmar a menina, apesar de utilizar todas as técnicas conhecidas para hipnotizá-la. Depois de algumas tentativas a mais, conseguiu acalmá-la um pouco, sugestionando-a a adormecer. Começou a passar um lenço sobre sua fronte suada e recomendou ao pai:

– Deixa que ela fique como está. Não mexa um dedo para não despertá-la. Ela dormirá assim até o amanhecer.

Fez a mesma recomendação a Catienka. Ambos, obedientes ao professor, combinaram em dormir na sala, perto da estufa para não a acordarem.

Nabor saiu da isbá acompanhado da Sra. Norobod, que lhe agradecia a intervenção, explicando-lhe o quanto queria bem àquela menina. Sônia havia-lhe dito que o fantasma era sua filha e passou a lhe dar extremada atenção. A amargurada mulher encontrou nele um certo alívio e sua presença forte transmitia-lhe segurança e conforto. O mago passou a explicar os casos que sabia de aparições e como ele agia para auxiliar os Espíritos penitentes, aproveitando para ganhar as boas graças da infeliz mulher.

Suas técnicas pouco lhe interessavam, porque aquilo lhe parecia remoto, muito remoto, para alentar sua dor, sua saudade. Catienka interferiu modestamente com a grande religiosidade que sua alma possuía:

– Contra a aparição dos Espíritos, a melhor coisa é nossa oração. Eles somente desejam nossas orações para se acalmarem.

A Sra. Norobod balançou a cabeça concordando com ela, mas Nabor, infelizmente, achava que bastava aplicar suas técnicas para que o mal fosse afastado. Não querendo ofender o professor, decidiu dar-lhe atenção, interessada em buscar uma solução, já que as ideias do pope não a satisfaziam, nesse assunto doloroso. A Sra. Norobod começou a lhe relatar os acontecimentos mais estranhos que aconteceram com seu marido, desde a morte de sua filha; o desaparecimento da netinha na noite trágica e depois as aparições durante a colheita e a estranha morte do marido, precedida de uma crise epiléptica, após saber que a filha de Sumarokov também via o fantasma de sua filha.

27

A HISTÓRIA DE SÁCHA POR SUA MÃE

O mago começou a investigar seriamente a vida daquelas pessoas e os últimos acontecimentos que precederam a morte de Sácha. Era natural que a Sra. Norobod se esquivasse em dizer-lhe toda a verdade, para ela, muito dolorosa.

Pacientemente, Nabor tentou ainda arrancar-lhe algo mais, antes de recorrer à prática hipnótica, método que ele usava com extrema cautela.

– Sra. Norobod, permite-me mais esta pergunta, cuja resposta irá muito me auxiliar. Não se trata de curiosidade comum, faz parte do tratamento e da saúde mental daquela pobre menina que, como teu marido, vê os Espíritos e sente-se mal. Precisamos conhecer a causa desse mal-estar. Apenas a senhora, com conhecimento da tragédia, poderá ajudá-la. Faze um esforço, eu sei que é doloroso!...

O mago cientista sabia como tocar em seu coração. Ela queria tanto bem àquela menina, não poderia se opor em auxiliá-lo, ele parecia agir com responsabilidade.

Então, começou a falar dos fatos que lhe eram sumamente dolorosos.

– Fala, Sra. Norobod, haverás de te sentires muito melhor.

Ela teve, primeiro, uma crise de choro, um desabafo por ele provocado. Prelúdio de toda cura. Depois foi se acalmando, aos poucos, persuadida pelos argumentos do mago. A catarse fazia parte da sua libertação. Tudo se encontrava bloqueado, aquele sofrimento guardado no fundo de sua alma crispava sua vida e lhe tirava toda a alegria.

Finalmente, ela começou:

– Sácha era uma menina tímida e boa. Quando fez quatorze

anos começou a se interessar pelos rapazes, como todas as mocinhas de sua idade. Fora apresentada a diversos jovens da sociedade e meu marido queria que ela se casasse com o conde Felipe, filho de um antigo nobre, colega de campanha, conforme o combinado entre eles. Sácha andava tristonha por causa disto e chorava às escondidas. Temia o pai e nada comentava sobre os seus sentimentos. Certo dia, encontrei-a conversando com um jovem mujique, recentemente contratado para o trabalho junto com outros tantos jovens e algumas famílias. Adivinhei logo que minha menina estava apaixonada; seus olhinhos brilhavam de felicidade quando avistava o moço indo para os campos de centeio. O trabalho dos mujiques começava antes do dia clarear e eles só regressavam à noite, numa vida dura, sem esperanças de melhorar. Eram vigiados por Sergei, o feitor da fazenda e por alguns de seus capangas para que nenhum deles fugisse. Estávamos vivendo ainda os últimos dias da servidão, embora aqui, em nossa fazenda, ela nunca tenha deixado de existir. Muitos permaneceram preferindo receber víveres e moradia, do que o salário, com a esperança de que, no final da década, conseguissem seu quinhão de terra, conforme a lei de nossa aldeia.

A Sra. Norobod fez uma pausa para tomar seu chá, como se estivesse bebendo coragem para continuar falando sobre aqueles trágicos acontecimentos. Nabor ouvia-a silenciosamente.

A mulher continuou, após tomar o líquido:

– Norobod era severo, extremamente severo com a criadagem, exceto com Sergei, em quem ele confiava cegamente e que apoiava, incondicionalmente, todas as suas decisões. Envolvida com minha lida, pouco ligava para o que faziam em relação às famílias que trabalhavam para nós, e aos servos avulsos que chegavam, diariamente, para o trabalho. Notava Sácha muito animada, à tarde, quando os mujiques voltavam do trabalho. Ela ficava assentada à porta para ver os miseráveis camponeses passarem: era sua distração preferida. Então, seus olhos se cruzavam com os do rapaz, cujo nome eu não sabia. O interesse de ambos foi crescendo a ponto de romperem com a classe social que os distanciava um do outro, mas para o coração, doutor, quando o amor é sincero, esta barreira desaparece, foi o caso de Sácha. Ela estava apaixonada pelo mujique. Seu pai jamais poderia saber porque, se soubesse, os castigaria duramente. Jamais permitiria que um mujique ousasse erguer os olhos para sua filha. Este era o drama de minha bonequinha. Os dois começaram a se olhar, às escondidas, durante longos meses, diariamente, até que eclodiu entre ambos um amor tão grande que passaram a se encontrar às escondidas, na cabana do cercado, que se encontrava abandonada, onde hoje mora Sumarokov com sua família.

Certo dia, na festa da colheita, costume da região, onde servos e senhores se encontravam para a comemoração do dia da colheita, o casal enamorado já estava ansioso por se ver. Ninguém ainda desconfiava do seu relacionamento que acontecia à noite, no maior sigilo. Porém, um coração de mãe tudo descobre, eu tinha dó de minha filha, mas ela se esquivava em me contar seu problema, temendo uma represália de minha parte. Vivia seu drama sozinha, repartindo-o talvez com seu travesseiro. Até que um dia, ela engravidou de seu namorado e já estava prometida em casamento ao filho do conde. Era o fim, se seu pai descobrisse seu segredo. Era sua morte e a do rapaz. Sergei acabou descobrindo o caso, e a perigosa notícia do namoro foi levada aos ouvidos do patrão. Nastássia, a sua aia, soube do fato e correu a avisá-la do perigo que ambos corriam. Com imensa dor, ela pediu ao namorado que fugisse da fazenda imediatamente. Os namorados pensavam que ninguém sabia de suas fugas noturnas. A gravidez estava avançada e ela também precisava fugir, não podia jamais falar disso a ninguém. Ambos concordaram em fugir à noite e viverem em algum lugar, onde procurariam trabalho e ela se disfarçaria. Teceram o plano de desaparecerem e se encontrarem longe da fazenda. Ele fugiria primeiro, para preparar um lugar e, depois, voltaria para avisá-la. Arquitetaram o melhor plano possível, estudando todas as possibilidades, horário de encontro e local. Encontrar-se-iam na cidade, na ocasião em que ela faria uma viagem para adquirir algumas roupas para compor seu enxoval, porque seu casamento estava marcado, pelo pai, para o ano vindouro. Sua gravidez começava a aparecer, havia engordado. Haviam decidido fugir na festa da colheita. Aproveitariam o horário em que todos estivessem bêbados e relaxassem a vigilância. O jovem mujique burlou a vigilância e conseguiu fugir, não obstante os latidos dos cães. Os vigilantes avisaram, mas foi inútil, o moço havia desaparecido sem deixar vestígios. Horas mais tarde, ouvi Norobod e Sergei conversarem enraivecidos:

– Como deixaste isto acontecer, Sergei, acaso não tens homens suficientes nas fronteiras?

– O infeliz foi mais esperto que imaginei, conseguiu se desviar até dos cães.

Era comum um ou outro mujique fugir das terras de Norobod. Poucos jovens se sujeitavam ao duro regime e às humilhações. Havia vários motivos para que abandonassem as terras. Os que ficavam eram os piores, os mais preguiçosos, ou então, os velhos, cansados e sem força para mudarem a situação.

– Coloca novos homens nas fronteiras, Sergei, todos os que conhecem o fugitivo devem procurá-lo até à morte. Quero-o vivo ou morto. Vivo exercerei minha vingança, se morto quero erguê-lo numa grande fogueira, para que ninguém mais ouse olhar uma Norobod sem a minha autorização!

A ordem, imediatamente acatada, não deixava dúvidas, o pobre moço já estava condenado. Os outros servos já haviam visto as piores coisas acontecerem, como exemplo, e não se aventuravam a fugir ou malbaratar o trabalho. Dias depois, encontraram um moço e, julgando ser ele o fugitivo, torturaram-no barbaramente. O servo, desfigurado pelo sangue, foi atirado ao pátio, já desfalecido.

Sácha soubera de tudo, seu semblante era a pura dor. Só não morrera porque a misericórdia de Deus estava ali conosco. Quando ela encostou sua cabeça dourada em meu ombro e seus cabelos macios me tocaram o rosto, foi que percebi o quanto tremia e levei-a para a cama, antes que ateassem fogo ao rapaz que, por certo, ainda estava vivo. O pai obrigou-a a assistir à incineração.

Minha pobre menina gritava de desespero. Não suportando a dor de ver seu amado morrendo ali carbonizado, desmaiou e, quando desabotoei sua camisola, constatei que estava grávida.

Fiquei apavorada com a situação. Se Norobod descobrisse sua gravidez, seria o fim de minha filha. Ele não a perdoaria jamais.

Eu e minha pequena ficamos mais próximas do que nunca, faríamos qualquer coisa para que meu marido não soubesse de sua gravidez. Temíamos por ela e pela criança. Mesmo sendo seu neto, por certo não hesitaria em mandar matá-las sem piedade.

Nada poderia devolver a vida de seu amado, que todos supunham, pelas descrições, ser o jovem assassinado. Restava-lhe lutar por seu filho e por sua sobrevivência.

– *Mamacha*, por que não vamos para longe daqui? – pediu-me, amargurada.

– Não temos, Sácha, jeito de sair da fazenda, temos que esperar a festa da colheita.

– Até lá, *mamacha*, meu filho deverá ter nascido.

Eu não poderia abandoná-la. Ela estava fraca, muito fraca e sofrida com o desaparecimento do rapaz, chorava o tempo inteiro. Emagrecera tanto que seu corpo mais parecia o de uma menina e não o de uma mulher grávida. Compadecida de sua situação, procurávamos, de todos os modos, tecer planos, na tentativa de encontrarmos uma solução. Apelei para Alex que estava, nesta ocasião, morando em São Petersburgo. Ele poderia levar a irmã para passar alguns dias com ele e a esposa. Por certo, meu filho haveria de compreender a situação da única irmã. Longe do pai, Alex a ajudaria. Era a única solução. Mais um mês e Sácha não conseguiria mais ocultar sua gestação.

Enviei um emissário com uma carta para Alex, pedindo-lhe que viesse urgente à fazenda. Infelizmente, quando a carta chegou, Alex estava viajando com a esposa e a filhinha, em visita a um parente no norte da Ásia.

As coisas foram piorando. Se Norobod desconfiasse da real situação, nós duas estaríamos perdidas. Ele quase não a via. Sácha, ajudada por mim, apertava sua barriga com ataduras para escondê-la de todos. Somente Nastássia, a boa criada e eu sabíamos da verdade.

Por ocasião da próxima colheita, o neném iria nascer. Felizmente, Norobod, totalmente envolvido com os capangas e com a comercialização de produtos da fazenda, havia se esquecido um pouco de nós duas. Comerciantes não paravam de ir e vir diariamente. Mal o víamos, e quando ele sossegava era noite, Sácha já estava dormindo.

Na véspera da colheita, quando Sácha estava para dar à luz, seu pai ouviu os gemidos, entrou de solavanco no quarto da filha, constatou o que ali acontecia sob as suas barbas e não perdoou. Açoitou-a friamente. Não resisti. Meu instinto de mãe falou mais alto e avancei sobre ele, para defendê-la, porém, senti apenas sua mão pesada sobre meu crânio e caí desmaiada, sem forças para me levantar. Quando acordei, uma das serviçais estava a meu lado, limpando o sangue que escorria do ferimento.

Assustada, perguntei por Sácha. Fazia dó ver a menina. Norobod proibiu-me de vê-la. Ele havia bebido. Foi então que soube da infeliz ordem de Norobod de matar o nosso próprio neto. Com muita dificuldade consegui atravessar o corredor e entrar no quarto de Sácha que, desmaiada, estava prestes a dar à luz, antecipando a data. Nastássia fazia o parto enquanto eu fiquei do lado de fora vigiando a porta, com medo de Norobod chegar.

Era noite, a fraca iluminação contribuía para disfarçar. Ouvi um choro, ansiosa entrei no quarto e perguntei:

– Meu neto nasceu?

– Uma neta, senhora – respondeu-me Nastássia aflita. – Continua vigiando, senhora, corremos perigo.

Voltei para a porta a vigiar o corredor, mas antes disse à nobre ama:

– Nastássia, pegue a criança e fuja! – ordenei, sem pensar em mais nada. Conhecendo meu marido, receava o pior .

Olhei para dentro e tive tempo de ver um vulto pegando a criança, enquanto Nastássia arrumava uma trouxa e fugia atrás.

A mulher temia pelo destino daquela criança, caso Norobod a visse; por isso, sem pensar um segundo nas consequências, fugiu dali, numa carroça. Os cães ladraram e alguns homens a seguiram no meio da noite, depois disto não soube de mais nada.

Infelizmente, Nastássia foi encontrada morta e, junto dela, uma trouxa de roupas, que supunham ser o recém-nascido. A esposa de um mujique contou-me que naquela trouxa de roupas não havia sinal de criança. A carroça foi encontrada atrelada aos animais e vagando perto de uma choupana abandonada. A morte bárbara de Nastássia nos deixou deprimidas, porque era a nossa última esperança.

Norobod jurou perseguir de morte, qualquer pessoa que estivesse envolvida naquele caso. Antes tivesse me matado, porque dois dias depois, enquanto os servos festejavam a colheita, Sácha respondia aos maus tratos do pai com violenta hemorragia e sucumbia à emoção dos trágicos acontecimentos.

A Sra. Norobod, ao terminar a deprimente narrativa, não tinha mais nenhuma lágrima no rosto, apenas uma infinita tristeza no olhar.

Nabor não sabia o que dizer, olhou-a ternamente:

– Obrigado, Sra. Norobod, por teres confiado a mim estes acontecimentos. Nunca soubeste quem ajudou a ama, ou algo sobre o paradeiro de tua neta?

– Jamais. Quando Alex chegou de viagem, pedi-lhe para procurá-la. Tudo em vão, doutor, parece que a terra a tragou naquela triste noite. O céu fez questão de ocultar qualquer lembrança de minha filha. De que valeu? Nem ao menos sei se mataram ou não minha netinha!...

– Mas, tua filha faz questão de que não a esqueçam – Nabor referia-se ao Espírito.

– Norobod a via sempre e seu fantasma o levou a mergulhar mais na bebida e desta à total loucura. Penso que ainda foi pouco pelo mal que ele causou – disse com amargura na voz e sem nenhum remorso.

Entre os dois caiu profundo silêncio, que a Sra. Norobod quebrou, interrogando-o:

– Que validade terão, doutor, minhas tristes recordações para o teu estudo? Como poderás auxiliar minha Sácha, uma vez que de onde está não poderá mais voltar para nós?

– Quem disse que ela não poderá voltar, se ela ainda não se foi?...

– Não te compreendo!

– Os mortos voltam, e como voltam!, Sra. Norobod. Tua filha continua se sentindo viva, em carne e osso, seu Espírito sofre por isto. A centelha divina de que todos nós somos feitos é indestrutível, jamais morre. Ela precisa encontrar paz e é para isto que eu vim! Confie em mim, peço-te, deixa-me agir!

– Está bem, doutor, terás todo o meu apoio, doravante. Faze como quiseres.

– Não sabes como fico agradecido por tua confiança, este é o primeiro passo para erradicarmos o mal que neste lugar se instalou.

Neste momento, Karine os interrompeu, oferecendo-lhes frutas e pães em rica bandeja de prata.

O mago pôs-se a saboreá-los, enquanto a Sra. Norobod olhava-o com um resquício de esperança no olhar.

Todos aguardavam ansiosos um toque de mágica do mago que, agora, vivia às expensas de Sra. Norobod. Esperavam que ele fizesse materializar o Espírito, ou melhor, o fizesse voltar à vida, mas nada disto acontecia. Nabor continuava suas pesquisas e observações, porque fazer um Espírito se materializar não era tarefa tão fácil assim, tudo dependia da vontade do Espírito, de sua aquiescência.

Sácha e Nicolau viviam atrás dele, procurando em vão descobrir seus segredos. Os dois jovenzinhos acabaram desistindo desta fascinante brincadeira, pois, para eles, o mago Nabor era apenas um homem estudioso, cheio de métodos, aparentando sempre um ar contemplativo. Acabaram concordando que ele, na verdade, não possuía nenhum poder especial.

28

A PROPOSTA

A monotonia do lugar foi quebrada com a chegada de novos personagens à fazenda. Eram Olga e Nicolau, os tios de Sumarokov que, saudosos, vinham visitá-lo em sua melhor tróica.

O tempo havia passado e tio Nicolau estava com a cabeça branca como neve. Eles vinham com um objetivo, levar Sumarokov e a família para suas terras.

Os cachorros latiam para os cavalos, faziam muito barulho e Sumarokov foi recebê-los na entrada, com grande festa. O novo patrão facultava-lhe essa regalia. Podia, perfeitamente, acolher seus tios em sua isbá. Não havia mais temor por parte dos empregados, muita coisa havia mudado com a morte de Norobod. Alex era totalmente diferente e governava a fazenda com bondade e tudo estava prosperando, os empregados menos infelizes. Haviam começado a construção de uma pequena escola, para atender os filhos de mujiques que quisessem estudar.

Sergei continuava na lida, ainda praticando sua maldade em surdina, a um ou outro empregado insurreto. Estava para abandonar a fazenda e assumir suas terras que lhe garantiriam uma vida cômoda até o fim. Alex ainda não sabia que pouco mais da metade do patrimônio em terras, deixado por seu pai, não lhe pertencia, e Sergei era seu legítimo dono. Sergei estava aliciando capangas que se afinavam com suas ideias, antes de se mudar definitivamente para sua propriedade. Menosprezava aquele gravatinha que assumira o lugar de Norobod e criticava suas ideias. Formava um grupo de homens, tão maldosos quanto ele, e que aguardavam, depois das mudanças, conseguir parte em seu quinhão. Os homens comandados por Sergei, na maioria, eram foragidos e criminosos. O capataz formava na fazenda um regime à parte, o da violência e da crueldade.

Foi nestas circunstâncias que os tios de Sumarokov chegaram. Encontraram um clima de intrigas e resquícios de crueldade contra pobres mujiques. A fazenda prosperava graças às plantações e à sincera alegria de alguns servos que, tratados com bondade, modificavam-se a olhos vistos e procuravam dar o melhor de si.

Os tios entraram, conversando alegremente. Tudo havia mudado naqueles longos anos. Surpresos, encontraram os filhos de Anna, moços bonitos, bem trajados e educados. Nem pareciam camponeses. A maior alegria de tia Olga foi ter encontrado Catienka na mesma lida.

As duas mulheres se abraçaram, contentes de se reverem.

– Não mudaste em nada, Catienka, continuas bonita e jovem.

Catienka não podia dizer o mesmo à mulher envelhecida que a abraçava e limitava-se a sorrir.

– Esta é Catienka, a jovem de quem falaste, Olga, aquela que assumiu a casa de Sumarokov e seus filhos?

– É esta mesma, Nicolau, é a menina da qual te falei. Ah! se não fossem os préstimos desta menina, não sei o que seria de nós, naquela época difícil em que nossa pobre Anna... – a velhota começou a chorar, à lembrança daqueles dias difíceis para todos. – Onde estão Kréstian e Mayra?

– Estão estudando – respondeu Sumarokov, que abandonara por uns instantes o trabalho para atender aos tios, emocionado ao recordar aqueles tempos difíceis, quando ele acreditou que nunca mais conseguiria se equilibrar sem sua Anna.

– Estudando?! – tio Nicolau desviou o assunto, pois logo estariam todos chorando novamente a morte de Anna.

– Sim, meus tios, as coisas aqui são muito diferentes. Vede esta construção de madeira que estamos fazendo, é uma escola – Sumarokov saiu da isbá e mostrou-lhe uma construção a alguns metros dali, bastante adiantada, onde ele atualmente trabalhava com mais alguns homens. – É uma ordem do novo patrão, Alex.

Enquanto sobrinho e tio foram até a construção, Olga voltou-se para Catienka.

– E tu, Catienka, o que me dizes?

A moça corou e abaixou a cabeça, timidamente.

– Eu, eu estou bem...

Tia Olga, grande psicóloga, adivinhou que algo ali ainda não havia se resolvido; afinal, ela e seu sobrinho estavam juntos, ou seu relacionamento continuava apenas de companheirismo?

Começou a jogar algumas indiretas, para compreender a situação de ambos. Eles estavam decididos a levar Sumarokov para sua fazenda. Este era o maior escopo de sua visita. Catienka, embaraçada, esquivava-se da mulher com evasivas.

As duas voltaram a falar nos filhos de Sumarokov.

– A que horas eles voltam?

– Está perto, não demora, aí verás como cresceram!

– Estou ansiosa para vê-los – e depois confessou-lhes: – Catienka, viemos especialmente para levá-los para nossa propriedade. Nicolau está velho e não consegue mais gerir seus negócios. Não temos filhos, o único que tivemos, morreu. Empregado está, a cada dia, aborrecendo mais e pouco vale seu trabalho. Agora, com as organizações que visam eliminar os grandes proprietários, ninguém mais tem sossego. Por nossas bandas, há muita briga e confusão, a mão de obra torna-se cada vez mais escassa. Sumarokov é trabalhador e quando morrermos ele irá herdar nossa terra. Para quem iremos deixá-la, afinal?

Catienka ouvia a mulher, atentamente, depois começou a falar como se ela mesma tivesse parte naquele problema:

– Eu sei, Sra.Olga, o quanto gostas de teu sobrinho. Sumarokov, realmente, é um homem digno e trabalhador, merece ter uma oportunidade. Ele dá duro nas construções, gasta sua mocidade melhorando o patrimônio alheio, e nada constrói para o próprio futuro – a moça falava como esposa e não como uma serviçal. Tia Olga começou a imaginar que entre os dois havia outro tipo de relacionamento, ou ela estava enganada.

– Ainda bem que meu sobrinho arranjou um boa donzela para viver. Lembras-te, Catienka, de seu sofrimento, quando a pobre Anna morreu? Deus ouviu minhas preces.

A moça percebeu a imaginação da mulher e tratou logo de corrigir a situação, explicando-lhe com um sorriso sem graça e muito vermelha:

– Não, não, Sra. Olga, o Sr. Sumarokov é, apenas, meu patrão.

Tia Olga, mulher prática, alegre, arregalou os olhos para a moça:

– Não me digas, Catienka, que estás todo este tempo aqui,

cuidando dele, de seus filhos e ainda não vivem como marido e mulher? O que este imbecil de meu sobrinho está esperando, que tudo despenque?

Catienka não conseguiu ficar séria e começou a rir da mulher, de seu espanto e de suas interessantes conjeturas.

Enquanto Catienka preparava alguns pães e fervia um caldo para ofertar aos tios e aos meninos quando regressassem, as duas continuavam alegremente sua conversa, que não desagradava, principalmente a Catienka, que achava um desaforo ainda não ter acontecido nada entre ela e Sumarokov. Discretamente, ela o amava, mas julgava que ele só tinha pensamentos para sua morta, e apesar de tantos anos, ela continuava a respeitar, pacientemente, a lembrança de Anna.

Olga, no entanto, não se conformava com a situação e julgava Sumarokov um lerdo, perdendo tanto tempo, envelhecendo sem ter proposto a Catienka uma união. Afinal, a moça havia deixado sua família para segui-lo, disposta a cuidar das crianças. Como ele não havia ainda percebido o amor sincero que Catienka lhe devotava? Casamenteira, acostumada a empurrar e desencravar moças e rapazes tímidos para o casamento, ela se sentia a própria santa dos casais, disposta a auxiliar os dois.

Quando os filhos chegaram, foi uma tremenda algazarra. Mayra e Kréstian, embora tivessem ouvido falar naqueles tios caipiras e alegres, consideravam-nos uns desconhecidos e julgavam, pelas conversas, que eles fossem mais jovens.

Após alguns instantes de brincadeiras, apresentações, os meninos já haviam se acostumado com os tios que, na verdade, substituíam os avós que eles não conheceram.

Olga, por mais que procurasse em Mayra um traço de sua família, não encontrava nada.

– Com quem mesmo esta menina se parece, Iulián?

– Não sei, tia, talvez tenha algum traço da família de Anna...

– Kréstian, no entanto, é a cara de Anna, disso ninguém duvida, parece que ela, ao lhe dar à luz, colocou nele seu rosto e seu olhar para que ninguém jamais a esquecesse.

– É verdade, tia Olga, de todos é o que mais se assemelha a ela.

Olga aproveitou aquela intimidade e começou a trabalhar seu plano de uni-lo a Catienka.

– Não ouviste os conselhos da tua tia...

– Quais conselhos? Não me recordo...

– Lembras-te, Iulián, quando voltávamos de tua casa, eu te pedi, que não te demorasses muito com o luto?

– Sim, tia, recordo-me, eu estava tão confuso e magoado com a partida de minha *Annochka* que, até hoje, posso confessar-te, depois de tanto tempo, não encontrei mulher que a substituísse.

– É porque não sabes olhar à tua volta.

– Como assim? – fez-se de ingênuo, sabendo aonde a tia queria chegar.

– Não me digas que não percebeste durante todo este tempo? – brejeiramente, Olga ia completando sua tática casamenteira.

Iulián, fazendo-se mais de ingênuo e despercebido, querendo antes confirmar as ideias da tia, perguntou em tom de brincadeira:

– De quem estás falando, tia, não vejo ninguém à minha volta.

– Não. Homens, como tu, merecem mesmo a solidão. Iulián, não sejas tolo, és cego? Vê o primor, a joia rara que tens em casa. Estás esperando que outro a apanhe antes de ti?

Agora, era Iulián Sumarokov que ficava vermelho e sem graça. Sabendo que a tia falava da ama de seus filhos, disse, aborrecido, mas alegre:

– Tia, Catienka é muito jovem para mim.

– Ah! isto não é desculpa, Iulián. Conheço muitos casos de mulheres mais jovens que se dão bem com homens mais velhos. Não estás tão velho assim... e já perdeste muito tempo. Há quanto tempo se foi a nossa *Annotchka*?

– Um decênio... Kréstian, meu caçula, tem esta idade.

– Tantos anos se foram! É muito tempo, meu filho, para amargar tal solidão!

O assunto foi interrompido com a entrada dos meninos, que vinham do quintal, brincando com tio Nicolau, entusiasmados com o avô que agora conheciam. Catienka também, vinha cheia de alegria. Entrando em casa, foi direto para o fogão e falando:

– Vamos ao chá, aos pães...às batatas cozidas...

29

IULIÁN ENAMORADO

Sumarokov olhou Catienka, alegre e descontraída. Ela parecia tão menina quanto seus filhos, era uma criatura encantadora. Seus olhos azuis buscavam-na ansiosos. Tia Olga disfarçava, demonstrando nada perceber. Contente com o desenvolvimento sutil do namoro, saiu, deixando-os à vontade.

Era muito difícil para o camponês declarar-se à moça, depois de todos aqueles anos de convivência íntima, tratando-a com respeito; as palavras da tia só fizeram acender nele uma necessidade abrasadora de confessar à moça os seus sentimentos. Era sua última chance e ele deveria abraçá-la, antes que outro se antecipasse. O professor Semión não perdia tempo, e se ele se declarasse primeiro? Catienka poderia aceitá-lo.

Decidido a mudar o rumo de sua solidão, aproximou-se propositadamente dela, quando ela mexia na fornalha algumas achas de lenha. Pôs o seu braço em sua cintura, estavam mais próximos que nunca e seus rostos quase unidos. Quando ela se virou para apanhar o ferro e mudar as brasas, assustou-se, soltando um grito abafado:

– Sr. Iulián?

– Deixa-me ajudar-te... – disse-lhe, segurando sua mão fortemente.

A cozinha estava somente iluminada pelo crepitar do fogo, suas sombras cresciam na parede. Todos já haviam se recolhido e Sumarokov, vencendo as barreiras, animado pelos conselhos da tia, beijou-a pela primeira vez. Catienka, trêmula, deixou-se beijar, era o que ela mais desejara e, agora, seu desejo se realizava, graças ao incentivo da velha tia Olga.

Abraçados, trocavam carinhos e sussurros, julgando que todos estivessem dormindo. A tia, entretanto, os observava às ocultas, torcendo para a felicidade deles. Não deixou que a percebessem e foi se deitar, pé ante pé. No leito, agradecia ao seu santo casamenteiro, pelo sobrinho e a bondosa donzela.

Os enamorados não podiam conversar alto, o espaço era pequeno. Queriam falar livremente e limitavam-se à troca de carinho, o melhor meio para aliviar todos aqueles anos de espera. Era como se estivessem se encontrando naquele dia e as barreiras que os separavam foram totalmente quebradas. Entregaram-se a carinhos cada vez mais ousados, tal era a necessidade de expandirem um sentimento represado, que o receio e a timidez contiveram durante tantos anos.

– Há quanto tempo esperei por este momento! – dizia a moça – pensei que não te interessasses por mim!

– Eu sofri muito, julgando-te a meu lado, apenas pelo dever... casemo-nos, *matuchka,* casemo-nos... não quero perder mais tempo... aceitas este velho, pobre e solitário?

– Não és nenhum e nem outro, és muito amado por mim, mas és tão tolo, meu amor, tão tolo... que durante estes anos não percebeste o quanto eu te amo!

– Perdoa a minha tolice, era o medo de te perder que me fazia recuar. Sempre pensei que sentias somente compaixão por mim e pela minha situação.

– Como és bobo, Iulián, não vês que tudo deixei para ficar contigo?

– Já perdemos muito tempo separados, não quero mais esperar, iremos avisar tua família e convidá-los para nosso casamento.

Quando os dois foram se deitar, a noite ia alta. A felicidade de Iulián era tanta, que mal conseguia conciliar o sono. Amanhã mesmo falariam com Alex, iriam à casa de Catienka e marcariam logo a data do casamento. Ele parecia um menino feliz! Seus filhos haveriam de concordar, todos amavam a moça.

* * *

Olga, no dia seguinte, estava exultante, pois as coisas andavam como ela havia planejado. O namoro ostensivo, por parte de Sumarokov, deixava a pobre Catienka encabulada. Envergonhada, tentava esconder seus sentimentos dos meninos e ficava inibida quando Iulián chegava em casa e se aproximava dela.

Os filhos, aos poucos, foram se acostumando com esse namoro, tão esperado por eles. Eles amavam a moça como se fosse sua mãe. Não houve nenhuma objeção por parte deles, quando souberam da decisão do pai. Tia Olga ficaria tomando conta da casa, enquanto o casal iria à cidade para comunicar o noivado aos familiares de Catienka.

O sonho dos tios era levá-los para sua fazenda, já estavam velhos e cansados. Não tinham filhos, deixariam tudo para Iulián.

30

IAHGO

Com Alex no comando da fazenda, os mujiques nada tinham a reclamar. Recebiam salários dignos, os filhos frequentavam a escola. Somente Sergei persistia em seus antigos métodos, causando sofrimento às ocultas; ele e seus capangas ameaçavam o sossego da propriedade Norobod. Sergei não suportava mais ocultar suas terras roubadas e decidira abrir o jogo, sair das terras de Norobod e assumir as suas como legítimo dono e continuar lá seu império de crimes. Os mujiques continuavam trabalhando em terras que lhe pertenciam por lei, sem o saberem. Aos poucos, esta separação foi-se tornando visível, com Sergei reforçando as cercas de divisa, levando os melhores trabalhadores para lá e tornando-as cada vez mais férteis e ricas em plantações. Quando declarasse a separação, ele estaria com vasta plantação, gado vacum e um bom número de empregados. Era este o plano sórdido e bem elaborado de Sergei, que trazia junto a si uns dez homens armados e prontos a lutar a qualquer momento, se preciso fosse.

Alex de nada suspeitava, apesar de notar que uma parte de suas lavouras não estava produzindo a contento. Certo dia, ele decidiu ir pessoalmente verificar o que estava acontecendo. O moço idealista deixara de participar das reuniões de Kóstia, envolvido em dirigir e fazer produzir sua propriedade, nela implantando suas ideias e tornando a vida dos mujiques menos infeliz.

Era natural que os mujiques o amassem. Alguns conheciam suas ideias, e percebiam, claramente, que determinadas ordens que Sergei lhes dava não partiam do verdadeiro patrão. Os camponeses, percebendo algo errado no ar, começaram a levar a Alex suas observações, pautadas em acontecimentos que o moço, ocupado em outros afazeres, desconhecia. Acharam por dever informá-lo. Por que de um lado as terras produziam e de outro estavam ficando cada vez mais abandonadas? A vastidão das terras dificultava o acompanhamento de toda sua produção e Alex não era muito experiente, apesar da boa vontade. Sumarokov trabalhava fora das lavouras, mas há algum tempo, tinha detectado o erro e a má-fé de Sergei e esperava o momento certo para agir, ouvindo sempre as lamentações dos mujiques maltratados.

– Camarada Semión, não tenho tido notícias de Kóstia e suas reuniões, sabes alguma coisa? – perguntava-lhe Alex, porque os negócios do pai agora o afastavam totalmente dos amigos.

– Tenho-as tanto quanto tu, envolvido que estou com a escola. A propósito, meu amigo, necessito de mais uma pessoa para me auxiliar, porque o número de crianças aumentou bastante.

– Talvez, Sônia... possa ajudar-te, até que contrate um novo professor.

A ideia de ter Sônia por perto na escola, não o atraía, preferia os filhos de Sumarokov.

– Por que não convidas um dos filhos de Sumarokov? São inteligentes e criativos...

– Qual deles? Iulián, o mais velho?...

– Não. Iulián não. É o que mais tem dificuldade, talvez Pável... Nicolau é muito jovem – Semión colocou a mão sob o queixo e voltou-se animado para Alex: – Tive uma ideia. Por que não contratar os dois? Nicolau ficará comigo me assistindo e Pável assumirá a turma dos principiantes. Assim tudo se resolve.

Alex sorriu mediante a oportuna solução, desejando auxiliar Sumarokov e seus filhos.

– Pede aos dois para virem ao meu gabinete. Hoje mesmo os contratarei. Quanto a Kóstia, preciso que alguém vá até a cidade e saiba como andam as cooperativas, se mais fazendeiros se aliaram. Tu deverás ir, Semión, em quem mais podemos confiar?

– Está bem, camarada Iahgo... Ah! desculpe-me, esqueci – Iahgo era o nome adotado por Alex, para esconder sua verdadeira identidade – Alex, chamarei os meninos, para que lhes comunique tua decisão e, depois, instruirei Pável, para que as aulas não sofram interrupção.

– Cala-te, Semión, não cites jamais este nome aqui, as paredes têm ouvidos! – sussurrou Alex olhando para os lados.

– Esqueci-me, Alex, tens razão, desculpa-me, devemos tomar cuidado.

Semión saiu para a escola.

Instantes depois, Sumarokov entrou no gabinete.

– Senhor Alex, Catienka e eu decidimos nos casar e peço-te permissão para irmos à cidade falar com sua família e marcar a data do nosso casamento.

– Que esperto! – sorriu Alex – vá... vá... Sumarokov.

– Obrigado, senhor. Ficaremos apenas dois dias, é o suficiente.

– Irás à cidade?... Penso que tua ida me será muito favorável, preciso que procures alguém... um amigo e me tragas notícias.

Sumarokov pensou tratar-se de algum aristocrata e ficou esperando que o patrão lhe desse o endereço. Jamais havia imaginado que Alex pudesse ser, também, amigo do camarada Kóstia.

Iulián Sumarokov estava saindo, quando Alex ainda se lembrou:

– Sumarokov, tenho uma boa proposta a fazer a teus meninos. Antes quero que concordes.

– Vindo de tua parte, Sr. Alex, pode-se esperar o melhor.

– Preciso de monitores que substituam o professor Semión e o auxiliem... Estive pensando em teus filhos. Nicolau e Pável, ao invés de irem para os campos ou assumirem trabalhos pesados, poderão ser melhor aproveitados, são inteligentes e esforçados. Darão ótimos professores.

Imensamente feliz com a sorte que o destino abria a seus meninos, Sumarokov agradeceu a bondade daquele senhor e da ventura que tiveram indo parar naquela fazenda, tão amaldiçoada por todos, mas para ele e sua família, a cada dia, mais abençoada.

– Sr. Alex, não sei como te agradecer – conversavam agora no gabinete, enquanto Karine completava a arrumação diária e, sem perceberem que a moça ouvia a conversa, despreocupadamente continuaram: –Desde que teu pai me contratou para o serviço, prometi a mim mesmo que iria fazer o possível para corresponder à moradia, ao meu sustento e ao de minha família. Porém, confesso-te, que a fama de teu finado pai era terrível e vim preparado para o pior, mas aqui só tenho encontrado paz, e meus meninos, regalias como nunca tiveram. Só tenho que agradecer. Acabei notando que teu velho pai, apesar de ter sido um homem nervoso, não era tão mau como diziam. O mesmo não se pode dizer de Sergei, considerado por muitos o dono das terras – Sumarokov, sem o perceber, ingenuamente soltava a língua aos ouvidos intrigantes de Karine, que se fingia absorta no trabalho.

– Sabes mais alguma coisa sobre Sergei, Sumarokov, que por ventura, eu não saiba?

Iulián calou-se, havia sim, muitos comentários e ele não sabia se lhe competia falar. Procurou verificar se as portas do gabinete estavam fechadas e deu com os olhos verdes da serviçal. Fez um gesto significativo a Alex que, compreendendo a presença da moça, mudou logo de assunto:

– Bem, Sumarokov, vá à cidade tratar de teu casamento e antes que saias terei tempo para escrever a mensagem ao amigo a quem desejo que visites em nome de Iahgo, amigo meu.

– Iahgo?

– Sim, Iahgo, não quero que menciones meu nome, apenas o deste amigo.

– Está bem farei o que me pedires.

31

OS NOIVOS

Iulián Nikolai Sumarokov e sua namorada Catienka iam para a aldeia de N...

O outono aproximava-se e as folhas mortas ressequidas cobriam a paisagem de tons amarelos, alaranjados e avermelhados, formando belo contraste com o chão cor de chumbo e o céu azul pálido. Os enamorados olhavam as árvores, quando Iulián interrompeu o silêncio e perguntou à namorada:

– Como andam as pesquisas científicas de Dmitri? – uma vez que o mago Dmitri Nabor tinha inteira liberdade para entrevistar sua filha.

– Ele a entrevistou várias vezes, mas acredito que pouco conseguiu. Sempre que ele toca no assunto, ela se esquiva, dificultando a pesquisa. Tenho-os deixado a sós, mas ele está desanimado.

– Quais são os métodos que ele usa?

Catienka, que sempre acompanhava as sessões do mago, prestando atenção, respondeu-lhe:

– Ficam assentados frente à frente, ele a interroga, às vezes usa objetos, como papel para escrever, pedras...

– Mayra responde-lhe?

– Às vezes sim, outras, não... Ele a faz dormir... Acho que a hipnotiza...

– Preferiria que nada disso estivesse acontecendo, mas não posso recusar o pedido da Sra. Norobod e do Sr. Alex, parecem muito interessados em desvendarem o enigma do fantasma que tanto os aflige.

– Notaste, Iulián, que depois da chegada do mago, ele deu uma trégua?

– É mesmo, Catienka, o Espírito parece que se aquietou...

– Eu penso que ele gostava mesmo de atormentar o pai e já que ele morreu, não tem mais graça... Que achas?

– Há coisas que não se explicam... Vê, como se explica o fato de ele procurar justamente nossa Mayra? Isto quer dizer que não era só o pai que o fantasma vinha encontrar... – argumentou Iulián, convicto da ligação da filha com o Espírito da mãe consanguínea.

– Por que terá escolhido Mayra, uma menina tão boazinha?...

Iulián ardia de vontade de revelar à noiva o motivo que levou o fantasma a procurar Mayra. No entanto, havia jurado jamais revelar este fato a quem quer que fosse e, embora Catienka fosse tão especial... não, não falaria. Passou a mão sobre o velho e grosso casaco, depois a deslizou para a algibeira onde guardava o bilhete, a única prova que existia e que ele não tivera coragem de destruir. Parecia que aquela história ainda não havia terminado. Aquele segredo importante representava a verdade sobre a vida daquela menina que considerava como filha.

– Realmente não sei... – respondeu com um ar meio travesso – são coisas do destino que não se explicam.

– A Sra. Norobod visita-nos sempre e, a cada dia, mais se apega a Mayra. Acredita, Iulián, que às vezes chama-a de Sácha? Acho que a velha não anda muito bem do juízo. Pergunto-me se talvez o sofrimento não tenha afetado seu cérebro.

– Ela me parece bem, comparando-a a Norobod. O velho, sim, tinha um sério problema. Nunca assististe às últimas crises nervosas que sofreu? Vi, algumas vezes, seus ataques, fiquei horrorizado e compadecido. Nunca queiras ver, Catienka, como é terrível um acesso epiléptico.

A conversa ia animada entre os dois e, de vez em quando, paravam para os cavalos descansarem. Já estavam quase saindo da propriedade, quando foram interpelados por um homem mal-encarado, que vinha em direção oposta:

– Aqui é a fazenda Norobod?

Sumarokov examinou o homem e, a julgar por suas botas e casaco, parecia caminhar há dias. Era um andarilho moscovita que não pertencia àquelas paragens, seu cavalo estava cansado.

– É aqui mesmo, amigo – respondeu-lhe com seu vozeirão.

– Grato pela informação. Falta-me muito para chegar ao destino?

– Algumas horas mais e lá estarás. De onde vens e a quem procuras?

– Procuro alguém por nome Wladimir. Conheces?

– Ninguém, por este nome, nestas bandas. É algum mujique que trabalha na lavoura?

– Não. Ele não é mujique da terra.

– Conheço quase todos por aqui, mas Wladimir? Já ouvi este nome em algum lugar. Se não foi aqui, onde foi, Catienka?

– Não sei, nunca ouvi, não seria nas reuniões?

– É... é isto mesmo... – Iulián nada podia dizer, sem antes saber com quem estava falando – e perguntou, agora encarando o desconhecido:

– Por acaso, este Wladimir é cooperativista?

– É este mesmo! – exclamou o desconhecido, satisfeito.

– Porém, amigo, creio que está procurando no lugar errado, não há nenhum cooperativista por aqui com este nome.

– Não mesmo? Disseram-me que ele estava trabalhando na fazenda Norobod. Se é aqui, aqui devo encontrá-lo.

– Tempo perdido. Tens liberdade para ires em frente, mas te asseguro, conheço esta gente e não vi nenhuma pessoa com este nome. Acaso não te enganaram?

O homem fechou o semblante, pensativo.

– Como te chamas e de onde vens, companheiro?– interrogou Sumarokov, vendo que ele não desistia de sua procura.

– Karosky. Venho da cidade e tenho recado importante para Wladimir.

– Tu o conheces? Dize-me, como ele é?

– Já o vi, uma vez... mas não me esqueci de seu semblante, apesar de noite, à claridade da fogueira. Ainda é jovem, barba e bigodes tratados, magro e alto, expressa-se bem, cabelos e olhos pretos e quando fala tem a mania de torcer o bigode.

Quem seria aquele tipo?... Ele estava atrasando sua viagem, mas tinha pena do homem, havia andado tanto para nada encontrar. Iulián explicou:

– Está bem, por esta descrição... torna-se difícil... se queres, vai em frente. Gostaria de ajudar-te... Talvez ele esteja lá... não sei.

Catienka, grande observadora, chamou Iulián à parte:

– Não seria o professor a tal criatura? Ele tem a mania de torcer o bigode, quando fala...

– És muito observadora. Realmente, nunca havia percebido – e voltando-se para Karosky, argumentou: – Conheço alguém que se assemelha à tua descrição, porém seu nome é Semión, ele é professor, não cooperativista, nem é um mujique. Trata-se de homem culto.

– Semión?

– Sim, este é seu nome, talvez seja Wladimir Semión.

– Eu o procurarei. Tenho urgência em encontrá-lo. Grato.

– Não seja por isto. Adeus.

– Adeus.

O homem partiu a galope, deixando uma nuvem de poeira cinzenta no ar.

– Que pressa! – exclamou Catienka.

– Penso que o nome de Semión o instigou a partir depressa. Estranho!

– Vamos, Iulián, senão chegaremos muito tarde, já nos atrasamos demais!...

As coisas estavam ficando difíceis, naquele tempo de fome e de miséria. Todos queriam tirar proveito da situação e não se sabia em quem confiar. De um lado, havia os mujiques subjugados e do outro, os senhores cada vez mais exigentes. Agindo às ocultas, os cooperativistas eram orientados por um grupo de idealistas e, por outro lado, outros grupos se organizavam para combater as ideias cooperativistas, que poderiam atrapalhar seus interesses mesquinhos de enriquecimento ilícito, à custo da mão de obra servil. Este clima, propício às brigas nas tavernas, à destruição das lavouras, à queima de casas de madeira, ao esvaziamento de armazéns, aos roubos em pequenas propriedades, deixava o povo medroso e desassossegado. Ninguém confiava em ninguém. Todos viviam apavorados com a fome que assolava o país, aumentando o número de mortes, e a horrenda miséria de suas vidas. Na cidade, a situação ainda era pior. Os camponeses que lá se refugiavam, fugindo do regime escravo, não conseguiam trabalho, viviam nas ruas como escórias e tornavam-se assaltantes. Os velhos e as crianças eram os que mais sofriam com a profunda transição econômica e social da decadente Mãe Rússia.

Em cada canto havia motins armados, murmúrios e desconfiança. Era esse o clima desagradável e triste que a cidade oferecia a Iulián e Catienka, cuja ingênua felicidade não esperava encontrar tamanha desgraça. A aldeia onde morava a família de Catienka estava próxima; iriam lá, primeiro, e depois levariam a encomenda do Sr. Alex.

Catienka e Iulián foram recebidos com muita alegria por parte de Luísa, a irmã de Catienka, e de sua mãe. Na casa, moravam seu velho tio Bartolomeu e seus dois irmãos que se encontravam trabalhando em uma das fazendas, perto dali.

A mãe havia melhorado e a notícia do casamento trouxe-lhe muita alegria, pois ela confiava que, um dia, sua Catienka haveria de concretizar seu sonho. Valeu ter esperado tantos anos, agora sua filha estava feliz. Todos trataram Iulián como se ele já fosse um membro da família. O lar pobre, mas aconchegante, tinha espaço suficiente para os hóspedes. Felizes, marcaram a data do casamento, conversaram até tarde e, quando foram dormir, todos estavam cansados, mas radiantes com a novidade.

No dia seguinte, os noivos passariam pela cidade e depois regressariam à fazenda.

32

WLADIMIR ANTÓN BOROSKI É KÓSTIA

Antes de chegarem propriamente ao endereço que Alex lhes confiara, Iulián passou em uma loja para comprar alguns presentes para seus filhos e um casaco para a noiva. O endereço ficaria por último e de lá, finalmente, retornariam.

Catienka ajudou Iulián a escolher os presentes, mas ao saírem da loja, felizes e despreocupados, tiveram uma decepção, foram assaltados por dois homens, tão rapidamente que, assustados, não compreenderam de pronto o que estava lhes acontecendo. Iulián deixou a noiva e correu atrás dos ladrões, mas os espertalhões corriam muito e o jeito foi deixá-los, antes que algo pior lhe acontecesse. Queria retornar à casa imediatamente. Lá, pelo menos, era mais seguro. Sentiu pena de quem vivia na cidade, ou tinha suas fazendas ao redor. Horrorizado com o clima da cidade, falou à noiva:

– Vamo-nos, rápido, daqui.

Tomou-a pelo braço, apanhou a carroça e suspirou:

– Ainda bem que não nos roubaram os cavalos e a carroça.

– Vamo-nos, Iulián, poderia ser pior.

Iulián Sumarokov açoitou os cavalos, a noiva lembrou-o:

– Não irás entregar a encomenda do Sr. Alex?

– É mesmo! Fiquei tão apavorado com estes ladrões, já havia me esquecido. Onde mesmo é o endereço? – perguntou Sumarokov atrapalhado, porque era analfabeto.

Catienka tomou-lhe das mãos o envelope e leu.

– Temos que perguntar a alguém. Não sei por onde começar, houve muitas mudanças por aqui.

– Quem é este Iahgo, que está subscrito no envelope, Iulián?

– Não sei. O Sr. Alex pediu-me para não citar seu nome em hipótese alguma. Devemos nos calar quanto à procedência da encomenda, limitando-nos apenas a entregá-la ao portador. Se não o encontrarmos devo levá-la de volta.

– Está bem, manterei o sigilo.

Perguntando aqui e ali, demoraram, mas acabaram encontrando o tal endereço, pelo nome subscrito: Wladimir Antón Boroski.

Um rapaz simpático veio atendê-los. Quando souberam da parte de quem vinham, o próprio Wladimir Antón veio imediatamente ao encontro do casal.

Mais surpreso ficou Iulián, quando reconheceu naquele Antón, o antigo líder cooperativista. Vira-o algumas vezes atuando em reuniões de muita importância, só que ele atendia por Kóstia, o cooperativista.

– Camarada Kóstia? – perguntou, feliz com o reencontro.

– Sim, eu mesmo – respondeu-lhe animado. – Vens da parte de Iahgo? – perguntou, fazendo-os entrar, e tratando-os com grande educação, pois o vento da rua e o barulho impedia-os de conversar.

Sumarokov e a noiva entraram. A cooperativa era quente e ficaram felizes por descansarem um pouco do desagradável clima da rua.

– Kóstia... és tu Wladimir Antón?

– Sim... usamos o nome de guerra nas reuniões, camarada...

– Sumarokov – arrematou Iulián, ajudando sua memória.

– ... Sumarokov, é bom que nem todos saibam quem realmente somos... Em que propriedade trabalhas?

– Na fazenda Norobodvisky.

O sorriso do homem se desfez, fechou o semblante e perguntou:

– E... como andam as coisas na propriedade Norobodvisky? Já aderiram ao novo sistema?

– Sim. Caminha de forma controlada. O filho de Norobod tem

tido alguns pequenos problemas que nem chegaram a afetar o desenvolvimento do trabalho ... – explicou Iulián. – Desde a morte do pai, Norobod, muita coisa mudou para melhor.

Norobod e sua fama eram muito conhecidos entre os cooperativistas.

– Soube que o infeliz morreu de forma muito deprimente – e uma chispa de raiva brilhou no rosto do moço guerreiro contra o ex-senhor de terra e seu absurdo sistema feudal. – Ele era o nosso mais temido adversário. Foi uma sorte ter ocorrido uma morte natural, não sei como não o assassinaram. Ele era mau e impetrou muitas crueldades contra centenas de servos!

– No final, Kóstia, ele era apenas um velho doente e bêbado... Fazia pena ver seu estado – disse Sumarokov, que recebera do finado somente favores.

– Eu o conheci – disse, amargamente, o moço. – Soube de suas horríveis barbaridades contra famílias inteiras, dizimando-as nas próprias terras. Talvez não o tenhas conhecido bem. Quando moço, Norobod foi o demônio em pessoa.

Isto Sumarokov não podia contestar. Tratou de se despedir, porque tinha de regressar antes que escurecesse.

– Está entregue a encomenda por parte de Iahgo. Queres que lhe transmita algum recado, desejas responder-lhe, camarada Kóstia?

Os cooperativistas, liderados por Kóstia, usavam um lenço vermelho sob o gorro, e este lenço era utilizado para cobrirem o rosto caso tivessem que escondê-lo, pois alguns deles eram foragidos de terras e outros, filhos da aristocracia que não podiam ser identificados. Kóstia usava-o constantemente, porque era um foragido, também.

Sumarokov estivera em algumas reuniões, conhecia aquele lenço, porém não sabia que o emblema fora introduzido pelo camarada Iahgo, para que ninguém o reconhecesse. Iahgo, nas reuniões, fazia questão de não ser identificado, sendo ele filho do pior inimigo de suas ideias e que, muitos mujiques tinham vontade de exterminá-lo e a seus descendentes. Sumarokov lembrou-se que, certa vez, vira o lenço guardado em sua algibeira, por isto acreditava que ninguém ali sabia quem era de fato Iahgo. Os cooperativistas também desconheciam quem era o camarada Iahgo, nem mesmo Kóstia o sabia. Iulián Sumarokov constatava claramente, cheio de admiração, que Iahgo e Alex eram a mesma pessoa. Sentiu-se muito orgulhoso de seu novo patrão e tudo faria para ajudá-lo a permanecer incógnito. Essa revelação o aturdia! Como podia ele, tão rico, interessar-se por pobres mujiques! Aguardava ansioso a resposta de Kóstia, decidido a ocultar de todos sua grande descoberta.

Kóstia nunca poderia imaginar que a mensagem do camarada Iahgo fora enviada por Alex Norobod, o novo proprietário da fazenda Norobod, seu principal inimigo, onde ele e sua família outrora haviam trabalhado e tinham razão de sobra para guardarem tão amargo ressentimento.

Iahgo era muito respeitado e querido por todos. Embora raramente aparecesse em público, todos o conheciam através de suas ideias revolucionárias, traduzidas aos mujiques sob forma de panfletos. O próprio Kóstia vira-o apenas uma vez, à noite. Ambos mantinham assídua correspondência através de fiéis intermediários. Alex sempre encontrava um jeito de disfarçar sua verdadeira identidade. Kóstia trabalhava na linha de frente, traduzindo com fidelidade seu pensamento.

O objetivo da mensagem de Alex era, justamente, para marcar a data de decisiva reunião, presidida por ele e o camarada Wladimir. Iahgo queria o maior número possível de adeptos.

Enquanto Kóstia respondia à mensagem, Sumarokov e Catienka tratavam dos animais e comiam algumas códeas de pão, fortalecendo-se para a viagem de volta. Finalmente, Kóstia entregou-lhe a carta.

Sumarokov pegou a missiva, colocou-a no bolso, despediu-se e partiu rumo à fazenda.

O incidente do roubo deixou o casal aborrecido e desconfiado dos transeuntes da cidade. Gastaram os poucos copeques[1] que possuíam, com roupas, e, agora, nem dinheiro e nem presentes, voltavam para casa de mãos vazias.

Ao chegarem, a Sra. Norobod soube do fato e, compadecida, tratou de auxiliá-los com alguns metros de lã e meias.

A alegria de Alex ao ter em mãos a mensagem do camarada Kóstia foi maior que o imaginado. Os olhos do patrão brilhavam e

---

[1] Moeda russa que vale a centésima parte do rublo.

agradeceu a Sumarokov, mandando confeccionar botas novas para todos os membros da família.

– Perdemos por um lado, mas ganhamos pelo outro, e até foi melhor assim, minha querida... – dizia ele à noiva.

A noiva examinava as fazendas e as lãs com muita alegria. As botas, meias e tecidos eram superiores, em qualidade, aos que os dois haviam perdido.

– Tivemos sorte, Iulián, muita sorte mesmo.

Tia Olga, antes de partir, auxiliaria Catienka a trabalhar nas novas roupas, preparando-as para o inverno e, também, para as bodas.

Iulián e Catienka teriam que enfrentar um novo impasse, dar a resposta aos tios, antes de partirem. A decisão era muito difícil. Queriam aceitar a proposta, mas ela vinha justamente agora que estavam tão bem ali, tinham total apoio de seus patrões. Não queriam ser ingratos nem com um e nem com o outro.

– Compreendes, tio Nicolau, folgo-me muito com teu convite, gostaria imensamente de poder atender-te, mas prefiro ficar por meus meninos. Onde eles encontrariam escola tão adiantada, como a que o professor Semión dirige?

Os tios receberam a recusa muito contrariados. A decepção estava estampada em seus rostos, porque acreditavam que eles aceitariam essa oferta irrecusável. Agora começavam a achar seus sobrinhos muito amalucados.

Iulián reforçava seus argumentos, tentando explicar ao tio:

– Estás jovem, meu tio. Dá-me mais um tempo... Tenho que encaminhar meus meninos e Mayra. Acredito que agora acertei. Vê, tio, a oportunidade da escola. Eles nem parecem ser meus filhos!

Nicolau tinha que concordar com o sobrinho. Nunca os vira tão bem cuidados.

– Ficarei na expectativa de que venhas, algum dia, a mudar de ideia. Enquanto isto torço por ti, Iulián. Precisando do velho tio, lá estarei aguardando-te!

No dia seguinte, o casal partiu desolado, deixando a casa vazia, sem suas conversas alegres e casos intermináveis.

33

TRÊS HOMENS E UM IDEAL

Na fazenda, o clima de insatisfação de alguns empregados persistia num diz que diz, em surdina. Karine e Sergei, aliados em extirpar da fazenda a família Sumarokov, empenhavam-se em enredá-los contra os patrões. Felizmente, todas suas insinuações nesse sentido eram infrutíferas devido à simpatia que os senhores lhes votavam. No entanto, o casal desonesto arquitetava terrível plano contra os dois e que, segundo suas conjeturas, mais cedo ou mais tarde, daria certo.

Alex se ausentara da fazenda durante algumas semanas. A ninguém participara o real motivo dessa viagem, mas Iulián desconfiava que era algo relacionado com a mensagem que ele trouxera.

Para espanto de Iulián, o patrão outorgara-lhe alguns poderes sobre parte de suas terras, tornando-o responsável, em sua ausência, por dezenas de mujiques.

Sergei continuaria sendo o responsável por outro tanto. Despeitado, o feitor não concordou com a atitude de Alex, porém, nada argumentou e ninguém percebeu o olhar cínico que endereçou ao patrão e a Iulián, quando os viu pelas costas.

Antes de viajar, Alex trocou algumas impressões com Dmitri Nabor e Semión.

– Recebi carta do camarada Kóstia. As notícias são as piores possíveis, embora tenhamos conseguido importantes adesões. Por incrível que pareça, temos a adesão de inúmeros pequenos proprietários, aliás, são os que se encontram mais empenhados na cooperativa. Pretendo, Semión, quando regressar, implantar aqui nossas ideias. Será uma nova experiência que levará outros proprietários a mudarem sua visão em relação ao trabalhador da terra.

– Admiro-te, Alex... Embora com todo meu ideal... ainda

assim não teria coragem em abdicar de meus bens, se os tivesse, em favor da causa – Semión, sem bens, nada tinha a abdicar, mas Alex sim, pois era um dos maiores proprietários da região.

Nabor, que acompanhava o diálogo, lançou um olhar brejeiro para Alex e virou-se para Semión, desejando esclarecê-lo:

– Como não, camarada? Tu, também, abdicas de outros bens. Abdicas de teus conhecimentos em favor dos ignorantes, bens do Espírito, muito mais importantes, bens imperecíveis que nem a traça e nem a ferrugem roubam – argumentou Dmitri Nabor. – Jesus foi o maior revolucionário que a história registrou e estas ideias estão contidas no Novo Testamento.

Os dois eram um tanto céticos, mas convinham que o mestre Nabor tinha razão e, quando argumentava sobre as coisas do Espírito, levava sempre vantagem.

– Como vão tuas pesquisas, Dmitri, junto à menina? – indagou Alex.

– Progredindo... progredindo...

O mago parecia não querer, naquele momento, falar a respeito, talvez porque não possuísse ainda dados suficientes e não tivesse colocado suas observações em prática.

Semión interferiu:

– Mago, a menina Mayra tem progredido, na escola, de forma surpreendente, supera todos os alunos de sua idade, devora os livros e pouco fala. Está entrando naquela fase encantadora da adolescência. Suas maneiras delicadas e finas possuem tanta nobreza, que nem parece ser filha de mujiques. Eu afirmaria tratar-se de uma criança superdotada.

– Concordo contigo, Semión. Tenho-a acompanhado de perto, possui maturidade suficiente para compreender o que se passa com ela. Suas visões têm-me despertado novos raciocínios. Mayra só falta adivinhar determinadas coisas, é como se ela se adiantasse ao meu pensamento e concluísse o que a minha razão propõe. Tenho o maior interesse em continuar esta pesquisa.

– Quanto à aparição do Espírito de minha irmã, tens chegado a alguma conclusão, Dmitri?

– Sim, Alex, porém, ainda é cedo para o veredicto. Estamos apalpando as areias movediças de sua mente, devido à constituição física da menina e à febre que a assalta todas as vezes em que o Espírito a visita.

– Estou muito interessado em que concluas logo tua pesquisa, trata-se de algo muito íntimo e doloroso para mim, compreendes, Dmitri?... Eu não estava aqui, infelizmente, quando tudo aconteceu... até hoje nada soube sobre o desaparecimento de minha sobrinha que, segundo contam, foi tragada na noite de seu nascimento. Paira uma dúvida, em minha mente. Disseram-me que ela morreu ao nascer, porém, cá comigo, tenho minhas incertezas, depois de tanto tempo... acredito que somente teus métodos poderão nos trazer alguma luz.

Os três amigos saboreavam delicioso vinho, antes de se recolherem. Era noite e Alex sairia bem cedo ao encontro do camarada Kóstia.

* * *

Nas primeiras décadas do século dezenove, uma avalanche de Espíritos descia à Terra com a missão específica de levar à humanidade o despertar do mundo espiritual, o desabrochar das relações extrasensoriais, levando pesquisadores a estudarem os chamados fenômenos medianímicos corroborando mundialmente com o grande trabalho de Allan Kardec, o codificador da Nova Doutrina, o Espiritismo.

Na Rússia, a transição da situação econômica contribuía para o surgimento de impostores e reformadores do pensamento. Os intelectuais exerciam grande influência sobre as massas, surgindo, neste período, escritores que louvavam as dores dos russos, na tentativa de despertar neles a necessidade da mudança.

As revoluções internas fomentadas pelo pensamento abolicionista, neste período, mais pareciam uma caldeira fervente de água que sopitava, atingindo todas as camadas sociais.

* * *

Alex encontrava-se ausente da propriedade e, dias depois, o professor Semión seguiu em seu encalço. Conforme haviam previamente combinado, realizariam a importante reunião com os cooperativistas.

Aproveitando este período de ausência, Sergei, insatisfeito com tudo e com todos, decidiu concretizar de uma vez por todas seu plano macabro; tomar posse definitivamente da propriedade que havia surrupiado dos Norobod.

Aliciara dezenas de homens que, ansiosos por mudanças ou levados pelo mau caráter e pelo ódio cultivado dos senhores latifundiários, tomariam as terras à força das armas, se preciso fosse.

Iulián Sumarokov, que ficara com alguns empregados na lavoura, não desconfiou da armadilha tecida e, julgando trabalhar em terras do patrão, acabou entrando no covil de ladrões que apoiavam Sergei.

– Arrumemos esta cerca e delimitemos de uma vez a área! – ordenou o feitor, decididamente.

Os homens reforçavam a cerca. Para Sumarokov, tudo aquilo constituía novidade. Aqueles homens insurretos não lhe obedeciam e causavam-lhe sérias dificuldades.

À tarde, o valoroso mujique reuniu alguns homens de sua confiança e conseguiu o reforço necessário para continuarem o trabalho designado pelo patrão e não o que Sergei os estava obrigando.

– Recebi ordens diretas do Sr. Alex Norobod para não nos desviarmos do trabalho nas lavouras da divisa. Desconheço o motivo pelo qual as plantações deste lado estão abandonadas – reclamava Sumarokov, contrariado.

– Estão abandonadas há vários meses, Sumarokov – explicou um dos mujiques.

– E qual o motivo? – indagou Iulián.

– Sergei – disse outro mujique.

– Ele está fazendo essa divisão há muito tempo, alegando que é daquele lado a melhor terra a ser cultivada – explicou um trabalhador, apontando a área.

– O Sr. Alex conhece essa separação? – indagou Sumarokov, preocupado.

– Alguns dias atrás, ele passou por aqui, mas Sergei acabou levando-o para o outro lado. Não sabemos se ele viu tudo... – o mujique olhou expressivamente Sumarokov, – Desconfio que

Sergei o está enganando para que não saiba a verdade que, deste lado, as plantações e a terra estão arruinadas.

Os homens, que não simpatizavam com o feitor e desconfiavam de uma tramoia, começaram a conversar entre si, cada um relembrando alguns fatos.

O vozerio atrapalhava o entendimento. Sumarokov chamou-lhes a atenção:

– Escutem, camaradas, precisamos saber o que realmente está acontecendo. Onde estão os outros homens?

Ninguém sabia do paradeiro dos outros.

– Devem estar na lavoura do outro lado – aventurou alguém.

– Como? Se a ordem era trabalhar este pedaço de chão! – exclamou Iulián Sumarokov, sem compreender por que suas ordens não eram atendidas. Alex havia dito, perante todos os outros, que o obedecessem em sua ausência.

Irritado com a situação, Sumarokov decidiu:

– Vamos. Vamos todos lá, algo de errado está acontecendo... Tal atitude está atrasando nosso serviço!...

Acompanhado dos homens, Sumarokov adentrou pela cerca muito bem construída, andou alguns metros, e viu um punhado de homens mal-encarados guardando a área.

– Alto lá! – gritou o da dianteira.

Sumarokov reconheceu nele um dos empregados e, sem ligar para ele, continuou. Estava cego de raiva pela desobediência, mas os camponeses que ali se encontravam foram instruídos pelo feitor para atacar qualquer pessoa que entrasse no campo. Os homens de Sergei eram muitos, estavam armados e os renderam facilmente, levando-os dali.

Nestas condições, andaram a solavancos até chegarem a um acampamento. Sumarokov e seus homens ainda tentaram se soltar, mas foram bastante maltratados com bastonadas e cordas.

Foram todos amordaçados e amarrados a postes fincados no chão. Quando chegaram, viram outros homens, igualmente rendidos.

Era a força bruta, a tomada brutal de terras.

Só agora, Iulián compreendia o real motivo de sua aversão ao feitor. Realmente, ele era um sujeito asqueroso e frio.

A situação deles não era nada boa. O plano, tão bem traçado e estudado, era totalmente favorável à posição do feitor. Uma terça parte dos pobres mujiques subjugados pensava que ele era realmente o dono das terras. Os mais inteligentes, que conheciam sua condição de feitor, nunca se deixaram envolver por suas ideias, apesar de serem afastados dos outros, para melhor continuarem enganados. Agora o feitor contava com mais este trunfo.

Era o fim do reinado Norobodvisk.

34

A TOCAIA

No sobrado, ficaram o mago Nabor, que de nada desconfiava, mergulhado em suas pesquisas, a Sra. Norobod, Sônia, alguns servos da casa e empregados que cuidavam das criações e dos arredores da mansão.

Perto dali, na isbá do cercado, Catienka aguardava Iulián Sumarokov, ansiosamente. Seu coração estava amargurado com a demora. O dia estava escurecendo e nada de os homens regressarem da faina, nem ele e nem os outros, nenhum sinal.

O que lhes acontecera? Perguntava-se a todo instante.

Inquieta, foi à mansão.

– Sra. Norobod, aconteceu alguma coisa aos empregados?

– Não que eu saiba. Por que perguntas, Catienka?

– A noite não tarda. Iulián e os outros não voltaram...Já deveriam ter regressado.

– Os meninos também foram?

– Não. Estão fazendo companhia ao mago Nabor.

– Não tens por que te preocupares, então.

– Vou até lá... vou procurar saber dos outros se os viram voltando... – disse Catienka apressadamente, antes que a luz do dia se fosse de vez.

Olhou o caminho que os empregados costumavam transitar e nada viu.

A escola ficava a alguns metros dali, o mago e os meninos estavam saindo.

– Pável, sabes de teu pai?

– Não, Catienka. Aconteceu alguma coisa?

– Estou preocupada, até agora nem ele e nem os outros chegaram.

– Estranho! – respondeu Iulián, o filho, aproximando-se dela.

– Talvez tenham se atrasado... – reclamou Nicolau.

– Está quase escuro – argumentou Catienka, olhando o horizonte.

– Tens razão, Catienka – disse Pável. – Vai, Iulián, tu conheces o local em que ele foi trabalhar, precisamos verificar se nada lhes aconteceu.

– Sozinho? – assustou-se o primogênito.

– Quem poderia ir contigo? – perguntou Catienka olhando em redor.

– Por que não o acompanhas, Pável? – argumentou Nicolau.

Nabor e Mayra, vendo-os concentrados, com o semblante preocupado, aproximaram-se e Nabor perguntou:

– O que sucede?

Pável dava explicações ao mago, enquanto Iulián buscava os cavalos.

A conversa da meninada, que havia saído da escola foi sumindo, dando lugar ao silêncio. Cada um retornava à sua casa. Tudo ali estava muito quieto. Realmente, alguma coisa havia acontecido. Uma mulher ou outra, acompanhada de uma criança, surgia, perguntando a Catienka sobre os companheiros.

Catienka não sabia lhes responder. A aflição foi tomando conta de sua alma, suas mãos tremiam e suavam.

O crepúsculo vermelho ameaçava findar, tinham que ir rápido. Ela mesma estava com vontade de montar e se certificar dos fatos.

– Fique, Catienka. Nós vamos ver o que aconteceu – disse Iulián.

– Cuidado, rapazes, escurecendo não continuem. Voltem! – ordenou a moça.

Se escurecesse, de nada adiantaria insistirem, os rapazes não poderiam embrenhar-se no mato. Não eram acostumados e desconheciam os perigos. Depois de algum tempo, Iulián e Pável retornaram pesarosos para suas casas.

Catienka correu quando ouviu o tropel dos cavalos, mas os dois jovens regressavam sem notícias. A escuridão os impedira de avançar mais.

– Sergei também não voltou? – indagou a moça.

– Nenhum sinal, nem barulho. Ninguém voltou. Está tudo muito silencioso... – disse Iulián, que acompanhara algumas vezes o pai e estava mais informado dos costumes.

O jeito era esperarem. Catienka não conseguia se acalmar, estava trêmula à beira do fogão, tentando aquecer as mãos.

Passaram a noite na maior expectativa e, antes que o dia clareasse, todos estavam de pé. A estufa aquecia a casa e o samovar mantinha a temperatura ideal.

Aos primeiros raios da aurora, Catienka correu à mansão Norobod. Tudo quieto. Aguardou, do lado de fora, os empregados da casa acordarem, para que alguns homens fossem atrás dos outros desaparecidos. Aquilo nunca havia acontecido.

A Sra. Norobod costumava acordar cedo, não tardaria em aparecer. Ela poderia ordenar a alguém que fosse procurá-los.

O barulho de pessoas se levantando animou Catienka que, disposta, não hesitaria em montar e ir, ela mesma, atrás de seu homem. Ela esperava encontrar uma solução para o problema da noite.

– A Sra. Norobod já se levantou?

– Sim – respondeu a aia – ela está descendo, parece que não dormiu nada bem.

– Onde está Karine? – perguntou a Sra. Norobod, entrando na sala.

– Não vi Karine, desde ontem – respondeu a moça.

– Ninguém a viu?

– Vou procurá-la – disse a criada, saindo para o interior da mansão. – Talvez ainda esteja dormindo.

As duas mulheres olharam para fora da casa e viram algumas mulheres que se aproximavam, interrogando por seus maridos. Uns foram acordando os outros e logo estavam reunidos, dando falta de muitos empregados que trabalhavam com Sergei e com Sumarokov.

O mais estranho era que algumas isbás estavam completamente vazias.

Enquanto reunidos, ouviram um barulho, um tropel de cavalo e todos correram esperançosos. Era um dos mujiques que havia conseguido fugir à cilada armada por Sergei contra Sumarokov e seus comandados.

– Sra. Norobod, Sra. Norobod, valha-me Deus!

O homem estava pálido e Catienka reconheceu nele o desconhecido que cruzara seu caminho, quando ela e Iulián foram à cidade.

– Eu conheço este homem – disse a Sra. Norobod. – Sim. É Karosky. Ele foi recentemente contratado por meu filho, está trabalhando na lavoura com Sergei – enquanto o homem descia do cavalo e tomava fôlego para lhes contar o ocorrido.

Foi assim que souberam de toda a tramoia de Sergei contra os Norobod. Ele fazia parte dos homens que se aliavam a Sergei instruídos para tomar a propriedade, mediante promessas do feitor. No princípio, Karosky ignorava a maldade do feitor e tomara, inocentemente, o seu partido. Quando notou algo errado, ficou de tocaia para ver até onde iria o feitor com suas ideias. Era novato na propriedade e desconhecia seus antecedentes. Soube do plano diabólico, por mero acaso, porque muitos outros homens ingênuos trabalhavam contra o patrão e desconheciam a verdadeira atuação e a intenção do cruel Sergei, julgando que o Sr. Alex estivesse a par de tudo.

Enquanto Karosky contava, a Sra. Norobod ia ficando lívida de raiva. Seu rosto expressava toda a sua contrariedade contra aquele sórdido empregado que tinha ares de senhor e subjugara o finado Norobod. Então era isto. Ele sempre trabalhou contra eles!

– Onde estão Sumarokov e os outros? – perguntou a mulher, nervosa.

– Todos foram presos, poucos conseguiram fugir. Os que fugiram devem estar escondidos ainda, receosos de serem presos.

– Como fugiste? – indagou Catienka, muito preocupada.

– Eles pensam que eu estou do lado deles. Quando percebi a armadilha contra Sumarokov, fingi estar apoiando a captura e, com meu passe livre, consegui fugir. Penso que ninguém me viu. Ainda não sabem que vim avisá-los. O Sr. Alex não merece o que está acontecendo.

– Mas o que aconteceu aos outros?

– Estão amordaçados no pátio, nas tendas, que foram armadas há dias para a concretização do plano maldito. É preciso avisar o Sr. Alex, urgente.

Karosky se dispôs a ir até o fim para ajudar aquela gente que, agora, iria realmente necessitar de muitos braços leais e fortes para vencer a dura briga armada em seus próprios territórios.

– Meu Deus! – murmurou a Sra. Norobod. – Como poderei avisar meu filho? Não sei, exatamente, onde ele se encontra!!!

O Mago Nabor, que acompanhava o impasse, acudiu:

– Eu sei onde encontrá-lo.

Todos voltaram-se para o mago. Ele falava tão calmamente, como se nada estivesse acontecendo e seu modo tranquilo acabou por sossegá-los. Felizmente, alguém ali, de cabeça fria, ainda conseguia raciocinar por eles.

– Oh! Graças a Deus! – exclamou alguém.

– Irás chamá-lo, mago Nabor? – perguntou a Sra. Norobod, apoiando-se naquela esperança.

– Sim, imediatamente. Preparem-me uma tróica.

– Irei contigo, senhor. É perigoso nova cilada, os homens de Sergei estão armados – ofereceu-se Karosky.

Nabor, dado à meditação, agora se tornava um herói para aquelas mulheres, que depositavam nele toda a sua esperança.

Aguardavam a viatura e, enquanto isso, Karosky era crivado de perguntas pela Sra. Norobod e pelas mulheres, que queriam saber de seus maridos. Souberam então, que Karine era uma grande aliada de Sergei. Muitos mujiques estavam aliados ao feitor, inocentemente, e outros se encontravam acampados com suas mulheres e filhos, conscientemente aderidos a seu tenebroso plano.

Dmitri Nabor e Karosky partiram assim que a tróica ficou pronta.

Muitos olhos ansiosos acompanharam a tróica até ela desaparecer na curva da estrada. Aos que ficaram, só restava a esperança de um desfecho feliz, sem nenhuma tragédia.

Pelas descrições de Karosky, não lhes seria conveniente passarem pela estrada principal que, sem dúvida, deveria estar interditada. Seguiriam por um atalho que desviava do acampamento onde estavam os prisioneiros.

Por precaução, a Sra. Norobod pediu que um de seus empregados seguisse a tróica, à distância, receosa de que não pudessem alcançar a cidade. Que fossem seguidos e, depois, o informante deveria regressar imediatamente para lhe confirmar a notícia de que eles, realmente, haviam saído da propriedade.

Aqueles momentos de expectativa foram terríveis! Até a desmiolada Sônia que, aparentemente, parecia não se ligar a nada, mostrava-se preocupada com o destino dos trabalhadores. Algumas crianças compareceram à escola. Nicolau e Pável as aguardavam, também com ar preocupado. O clima estava pesado, porque a maioria tinha seus pais e irmãos também presos.

Catienka e Mayra entraram na sala de aula e a presença de ambas aliviou a tensão entre os alunos e os dois jovens professores.

– Viemos convidá-los para orarmos – disse Catienka. A moça, apreensiva, não conseguia fazer nada dentro de casa e foi buscar alívio junto aos filhos de Iulián. – Orando, poderemos nos acalmar. Deus ouvirá o nosso pedido e, com certeza, nada de mal lhes acontecerá.

Todos concordaram.

Ajoelharam-se sobre o assoalho de madeira, como era costume na igreja, e acompanharam Catienka. A voz da moça estava trêmula, causando muita emoção em todos. Ao final, rezou muitas vezes o Pai Nosso, benzendo-se como ordenava o ritual das missas russas e, depois, espargiu incenso pela escola. Aquele cerimonial pareceu unir e acalmar os alunos e os filhos de Sumarokov.

Ao espargir o incenso, Catienka percebeu a ausência de

Kréstian, mas não se preocupou porque pensou que ele tivesse ido ao banheiro.

Nova preocupação a aguardava. Antes do fim do cerimonial, Mayra teve uma crise nervosa e começou a falar coisas sem nexo, mas com grande significado para os que acompanhavam sua vida e suas significativas crises.

– Fogo, fogo! Não deixem queimá-lo! Acudam... eu imploro, misericórdia!

Sobreveio a febre nervosa e Mayra foi levada para a isbá, imediatamente. Os alunos não compreenderam nada do que estava acontecendo e Nicolau interveio:

– Não riam, por favor! Estamos passando por um momento difícil, não sabemos o que está sucedendo aos nossos pais. Façam silêncio! Voltemos às tarefas de ontem.

O jovem Nicolau, que possuía grande domínio sobre os outros, foi prontamente obedecido e a aula voltou ao normal.

A Sra. Norobod soube que Mayra tinha tido nova crise e exigiu que ela fosse levada para sua residência, onde teria mais conforto.

Apesar dos rogos de Catienka, venceu a vontade da senhora do lugar e a menina foi transferida para a mansão.

– Ademais, Catienka, não sabemos o que se passa na cabeça destes homens e de Sergei e, se por ventura, assaltarem sua isbá, à noite? É melhor que todos se transfiram para cá, até que Alex regresse.

Assim, todos foram para a mansão Norobod.

As mãos de Mayra suavam, sua cabeça estava empastada de suor e seu corpinho estremecia. Catienka não mais a deixou. Não perdia de vista um gesto ou palavra da menina.

– *Papacha*... Kréstian... não deixem... não deixem! – a menina gritava banhada em suor e ardendo em febre delirante.

– Onde está Kréstian? – pensou Catienka, lembrando-se de que notou a ausência do rapazinho na escola. – Eu não vi Kréstian! Meu Deus, aonde ele foi?

– Kréstian, Kréstian... – gritava a menina se debatendo, parecia que seu Espírito assistia a uma tragédia.

A pobre noiva não sabia o que fazer, o mago havia partido em busca de Alex, Sumarokov preso, agora Kréstian, e os delírios, como contê-los?

Catienka chamou um dos pagens da casa e lhe pediu:

– Corre! Vai até a escola e verifica se Kréstian lá se encontra. Encontrando-o chama-o, por favor. Que ele venha até nós.

O pagem saiu, retornando logo em seguida com a notícia de que Kréstian não se encontrava lá.

– Deus! Raptaram-no, também!? – exclamou ansiosa.

A alucinação de Mayra era uma vidência, o irmão talvez estivesse correndo perigo de vida. Catienka agora não sabia de mais nada. A dramática situação obrigava-a a procurar soluções rápidas, mas ela não estava conseguindo se acalmar para coordenar seus pensamentos.

Enxugava a testa de Mayra com um pano úmido e prestava atenção em seus lamentos, talvez a menina acrescentasse alguma coisa importante.

– Vês Kréstian?

– Sim. Vejo.

Às perguntas da moça, a jovem respondia naturalmente, permanecendo de olhos fechados, como se estivesse em transe mediúnico. O modo que ela usava para lhe fazer perguntas deixava-a mais calma, porque Catienka estava conversando diretamente com o Espírito que dela se assenhoreava. Sentindo-se identificado, o Espírito tornava-se dócil, falando com calma, porque alguém ali o havia finalmente percebido. Recebia a importância e a atenção devidas.

Catienka via, claramente, a entidade postada ao lado de Mayra, e o rosto da menina tornara-se sereno.

– Obrigada, meu Deus, o Senhor ouviu minhas preces – agradecia em voz alta, enquanto uma voz a intuía:

– Conversa com esta entidade, como se estivesse falando com alguém muito querido e a quem devesses esclarecer.

Obediente, a moça começou a formular perguntas, intuída por aquela voz generosa que parecia também acalmar sua mente:

– Quem és tu?

– Sácha – respondeu o Espírito, através de Mayra.

– Sácha?

– Sim, a filha de Norobod.

– Não morreste?

– Morrer é uma palavra por demais pesada para nós e significa o fim. Antes, diria, mudei de plano e de habitação.

– O que desejas que eu faça?

– Obrigada por me compreenderes. És boa, tens um grande coração. Tua presença é pacífica.

Catienka conversava com a entidade naturalmente, intuída pela voz.

– Esforço-me apenas. Queres algo de mim?

– Sim. Acalma-te, teu esposo e os outros serão soltos. Não temas.

– E Kréstian? Onde está?

– Kréstian seguiu a cavalo os outros, foi às escondidas. É um guerreiro valente. Deixem-no. Ele voltará.

As palavras da entidade, que saiam da boca de Mayra, traziam paz e esclarecimento à moça. Encorajada, ainda perguntou:

– Por que Mayra sofre tais ataques?

– O mago que a assiste complementará seus estudos e encontrará a chave do enigma, oportunamente.

– O que tens a ver com Mayra?

O Espírito sorriu melancólico e respondeu:

– Logo também o saberás. Tenho que ir. Esperam-me. Ela ficará boa. Paz!

– Não te vás ainda, desejo saber apenas uma coisa.

– Sê breve.

Catienka abriu a boca, mas o tempo do Espírito se esgotara e, antes que ela falasse, ela explicou:

– Não, não... não posso mais responder-te.. Ora por mim, ora por todos. Voltarei com a permissão de Deus.

– Adeus! – disse Catienka, ajoelhando-se no chão e rezando com toda a fé de sua nobre alma.

Mayra dormia em paz e sua respiração estava normal, o suor desaparecera.

Grande paz envolveu a alma de Catienka. Esquecera-se da tribulação, era como se nada estivesse acontecendo. Ela falara com um Espírito, não sentira medo e Mayra fora a intermediária. Agora estava em paz. Animada, começou a limpar o quarto.

O mais importante é que Mayra estava dormindo, mansamente, como se nada houvesse acontecido.

35

KRÉSTIAN NIKOLAI

Ninguém sabia do paradeiro de Kréstian e começaram a procurá-lo por todos os lados. Ninguém o vira.

Estavam todos reunidos na mansão Norobod e o novo fato aumentava a intimidade entre a Sra. Norobod e os demais moradores. Esse momento único de provação coletiva os congregou em uma só família.

Catienka auxiliava na lida da cozinha, quando a Sra. Norobod surgiu, desejando saber notícias de Mayra. A moça lhe contou o singular fato que envolvia o Espírito de Sácha.

– Conversaste com minha Sácha! – exclamava, sem compreender. – Como foi isto?

– Naturalmente, como se estivesse falando contigo.

– Como sabias de suas respostas?

– Através da voz de Mayra. Ela me respondia como se fosse a outra.

– Espantoso!

– Ela prometeu voltar em outra oportunidade – dizia alegremente a moça, tranquilizando o coração da saudosa mãe.

– Farei tudo para que isto aconteça... Mayra dorme ainda?

– Sim. E como dormiu bem, depois que o Espírito se foi!

– Louvado seja o Cristo Jesus! Estou ansiosa para vê-la.

– Ninguém viu Kréstian, Sra. Norobod. Não temos a menor ideia de onde ele possa estar.

– Coloquei alguém à sua procura e estamos verificando os cavalos, as renas, os cachorros...

– Ele sempre foi um menino decidido. Nada me espanta que tenha saído às escondidas atrás do pai, acompanhando os últimos homens que foram para os campos – Catienka dizia convicta, mas com o coração opresso. Kréstian era o mais jovem de todos e o mais corajoso. – O Espírito de Sácha afirmou que não precisávamos nos preocupar e que os homens seriam soltos. Kréstian foi atrás do pai, a cavalo e, mais tarde, voltaria.

– O que mais disse, Catienka?

– Não pôde dizer mais nada, seu tempo estava vencido, segundo ela, mas prometeu voltar.

A Sra. Norobod suspirava de emoção, e duas lágrimas quentes desceram sobre sua face pálida. Ela também estava feliz e, apesar de sua crença, não duvidava que sua menina estivesse sempre com eles. Enfim, concordava com a comunicação dos Espíritos entre os homens, apesar de o pope não aceitar. Tratando-se de Sácha, sua adorada filhinha, nada disto agora tinha importância, o pope que ficasse com seus preconceitos.

Mayra acordou tarde e bastante alegre, nada sabendo do que lhe acontecera. Sendo ela médium inconsciente e sonâmbula, ao acordar tinha apenas a sensação feliz de haver prestado socorro a alguém.

A expectativa das mulheres, porém, era muito grande. Entregavam-se ao trabalho, tentando se manter ocupadas, desejando esquecer o perigo que ameaçava seus companheiros. Conheciam de sobra a maldade do feitor e dele esperavam o pior. Muitos já haviam sofrido suas crueldades.

36

OS COOPERATIVISTAS

A tróica, atrelada aos melhores cavalos, era veloz. Nabor e Karosky não demoraram muito para encontrarem os cooperativistas reunidos. O salão estava cheio e a reunião animada, todos empolgados com os discursos e o resultado da adesão em massa. Neste clima festivo, Nabor foi o primeiro a entrar e pediu que chamassem o camarada Iahgo, que o atendeu rapidamente.

– Que fazes aqui, Dmitri? Aconteceu-te algo?

– O pior.

– O pior?

– Sim. Uma revolução dentro de tua propriedade – e ante a expressão atônita de Alex, Dmitri foi explicando: – Muitos empregados desapareceram e aqui está Karosky, o recém-contratado, que descobriu a trama de Sergei.

– Onde estão Sumarokov e Sergei? – indagou Alex, olhando para Karosky.

– Sumarokov e os demais caíram na armadilha bem tecida por Sergei, pois a revolução começou com o desmembramento das terras. Sergei e seus homens os renderam e os prenderam num acampamento improvisado. É preciso que tu voltes, Alex, e os ajudes...

– Cala-te... Não me reveles! – sussurrou.

– Perdão, Iahgo – justificou-se Karosky – esqueci-me, apesar de ter sido alertado por Nabor.

Felizmente, ninguém ali havia percebido.

– Como soubeste de tudo isto? Como te livraste? – quis saber Iahgo.

Enquanto Karosky informava detalhes da situação, afastados num canto do salão, a atenção de todos estava voltada para Kóstia, que pronunciava inflamado discurso. Iahgo notou a atenção dos mujiques, mas precisava avisá-lo de sua ausência.

– Esperem aqui, preciso avisá-los – assim dizendo, Iahgo afastou-se e acenou para Kóstia.

Instantes depois, Kóstia descia do palco a seu encontro, passando o comando da reunião para Semión.

– O que se passa, camarada Iahgo? – perguntou, aproximando-se.

– Uma insurreição em terras não muito distantes. Preciso ausentar-me, trata-se de amigos envolvidos – disse Alex, ocultando-lhe a verdadeira identidade.

– Precisarás de homens que te ajudem, camarada Iahgo?

– Sim, precisarei, Kóstia. A reunião nunca esteve tão brilhante e, com tantas adesões, acredito no total êxito de nosso plano.

– Ele já deu certo, camarada Iahgo. Onde mesmo é a tomada desta terra?

– Na fazenda Norobodvisky – respondeu Alex, como se o caso não fosse com ele.

– Como? Na fazenda Norobod! Eu sabia que mais cedo ou mais tarde isto aconteceria. Folga-me tal notícia.

Alex nada argumentou e Kóstia perguntou-lhe:

– Quem irá?.

– Eu irei! – respondeu prontamente Alex.

– Como?! Tu não deves ir, és mais importante aqui. Ainda não te pronunciaste! Aguardam-te ansiosos.

Sem saber como se justificar, Alex explicou:

– Tenho vários amigos envolvidos nesta briga, Kóstia. É a mim que buscam, não quero que te preocupes e, além do mais, nada poderá interromper a nossa reunião.

– Não irás só, leva contigo alguns de nossos homens já habituados a este trabalho – e sem que o amigo pudesse responder, Kóstia olhou para os lados. – Ah! vejamos quem poderá ir – e de um salto, lépido como uma lebre, embrenhou-se no meio dos cooperativistas, antes que Alex pudesse interferir.

Poucos instantes durou a espera e Kóstia regressou do salão, acompanhado de vinte homens.

– É suficiente, camarada Iahgo, ou precisas de mais outro tanto? – disse Kóstia, animado com um largo sorriso estampado no rosto e os olhos brilhantes, apresentando-lhe os homens.

Alex olhou significativamente para Karosky, que interveio, grato pelo socorro:

– Creio ser o bastante, porque uma vez libertados os presos, tornar-nos-emos a maioria, pois não acredito na simpatia de Sergei.

Ouvindo tal nome, Kóstia virou-se rapidamente, seus olhos negros brilhavam ainda mais, agora com um lampejo diferente.

– O que dizes, camarada? Tal cobra ainda exala veneno? – perguntou o moço, em voz alta e clara.

Os outros entreolharam-se curiosos.

– Sim. Tal cobra ainda exala veneno – respondeu Iahgo, compreendendo a pergunta do camarada e a quem ele se referia.

– Camaradas, volto em um só instante – tornou Kóstia, saindo. Assim era ele, imprevisível, rápido, ligeiro como uma flecha. Pernas longas, deu um salto, alcançou o palanque, interrompeu o discurso de Semión e falou aos camaradas, confiante em sua autoridade:

– Regozijemo-nos, camaradas, filhos da Mãe Rússia, lutemos pela nossa liberdade, mesmo que ela custe o nosso sacrifício. Ouçam, camaradas, embora torne-se vermelho o nosso solo, é com este sangue que regaremos e adubaremos a terra que dará o alimento aos nossos filhos, a liberdade aos cativos! O grito de guerra está dado! A terra é de todos! Salve a Rússia! – enquanto o aplaudiam, Kóstia voltou-se triunfante para Semión que, perplexo, não sabia o que estava acontecendo com ele:

– Camarada Semión, ausentar-me-ei com o camarada Iahgo. Terás que ficar no comando da reunião, para que nossos aliados não percam a fé em nosso plano. Tenho de ir. É um acerto antigo de contas – e mediante o olhar inquiridor de Semión, o valente Kóstia continuou: – Não tenho tempo para maiores explicações. Confio na tua atuação. Não digas que saí, por enquanto. Adeus!

Iahgo, que acompanhara suas palavras, interveio:

– Não te afastes da reunião, Kóstia, peço-te! Nossos homens não entenderão a tua ausência. Não podemos deixar Semión sozinho, alguém tem que estar com ele!

– Iahgo tem razão, Kóstia.... – disse Semión. – A reunião não se prolongará por muito tempo. É preciso que tu estejas aqui para acertarmos os detalhes da próxima assembleia. É justamente depois dos discursos que surgem as melhores chances de congregarmos os ideais; é quando nascem os maiores interessados e aparecem os novos líderes.

Um tanto contrariado, mas concordando com os amigos, Kóstia cedeu:

– Está bem! Atenderei a teu pedido, Semión... Mas logo termine a reunião, seguirei em teu encalço, Iahgo. Prendam o desgraçado, nada façam enquanto eu não chegar. Lembra-te, Iahgo, trata-se de um acerto de contas muito antigo. Não perderei jamais tal oportunidade. Ficarei por todos nós. Dois homens serão o suficiente para que eu chegue até lá, deixa-me, porém, uma pista. Por que, Iahgo, por que tu não me esperas?...

– Eu?

– Sim. Conheces o caminho, aliás, nada tens a ver com estas terras. Estes Norobodvsky são antiga briga minha!

Alex Norobod, não podendo se justificar, calou-se.

Kóstia tanto insistiu, que Iahgo decidiu ficar até o final da reunião para depois seguirem juntos a viagem. Chamando Karosky e Dmitri Nabor, Iahgo orientou-os na frente de Kóstia:

– Vão à frente com a maioria dos homens e desfaçam a emboscada. Se encontrarem resistência, anunciem aos prisioneiros que estou indo.

Assim fora melhor, porque a reunião estava a todo vapor e Semión retornou ao caloroso discurso interrompido. Assim que Kóstia e Semión saíram, Iahgo chamou Dmitri a um canto.

– Dmitri, fica em meu lugar, dá-me cobertura e eu sairei às escondidas – aconselhou Alex ao mago que, apesar de solidário com os amigos, parecia pouco entusiasmado com a guerra. O mago, vendo o ânimo dos camponeses e dos líderes, perguntou cheio de brios, não desejando ficar de fora:

– Estás a menosprezar minha atuação?

– Não, Dmitri Nabor. Não se trata disto. Talvez fosses mais

útil aqui com Semión – explicou Alex, percebendo sua contrariedade. – Está bem! Então vai, seguirei atrás com Kóstia.

– Não temo o perigo, camarada Iahgo.

Neste momento, Karosky entrou na conversa, animado:

– Vamos!

Kóstia, o valente líder, despediu-se deles, acenando, e os homens responderam em coro, levantando o pulso:

– Pela Mãe Rússia!

Dmitri Nabor e Karosky partiram, acompanhados de um grupo de homens fortes e decididos, depois de deixarem o roteiro para que Alex e Kóstia os seguissem.

37

LIBERTOS E CATIVOS

A fazenda Norobod era tão extensa, que somente um trabalhador acostumado àquela região andaria ali sem se perder e Karosky conhecera bem aquele pedaço, acompanhando Sergei na preparação do acampamento.

Depois de exaustiva cavalgada, Karosky diminuiu a marcha e avisou:

– Estamos nos aproximando. Fiquemos atentos.

No meio da grande floresta havia um clarão, ainda demoraria algumas horas para escurecer. Aguardariam o anoitecer, o escuro facilitaria o ataque ao acampamento. Era o momento ideal, todos começariam a relaxar e a beber para enfrentarem a longa noite.

O grupo divisou as fogueiras, acomodou os cavalos e decidiu surpreendê-los, atacando-os quando já estivessem bêbados. Era preciso, contudo, avisar Sumarokov, para que ficasse atento e alertasse os companheiros, avisando que o socorro havia chegado.

Havia mulheres no acampamento e alguns homens estavam com elas nas tendas. Isto os favorecia muito, pois uma vez distraídos com suas mulheres, e bêbados, eles se tornariam presas fáceis.

Karosky foi à frente. Simulando naturalidade, calmamente assentou-se junto aos homens de Sergei, como se fosse um deles. Na confusão, ninguém notara sua ausência e, discretamente, aproximou-se de Sumarokov, amarrado a um poste.

– Camarada, fica atento, viemos libertá-los. Disfarça-te, porque vou soltar tuas amarras – sussurrou Karosky.

Ao contato do afiado punhal, as cordas se partiram.

– Não deixes perceber que estás solto. Farei o mesmo aos outros. Ao soltar o último, corram. Libertem os cavalos.

Sumarokov sorriu e ficou quieto. Assim, Karosky libertou todos os prisioneiros.

– Feito. Graças a Deus! – exclamou contente o empregado.

Esta façanha não demorou nada. O desejo de escaparem aumentava a força dos homens de Sumarokov, embora enfraquecidos pelos maus tratos. Um guerreiro, porém, luta até a última gota sem esmorecer. Este era o lema deles.

Sergei e Karine encontravam-se dormindo numa das tendas. Haviam bebido muito e quando perceberam que haviam sido traídos, Sergei saiu da tenda calçando as botas, mas os cavalos soltos e instigados, fugiram rapidamente acompanhando o tropel dos outros. Muitos empregados, que compreenderam a atitude infiel de Sergei, medrosos, abandonaram os fugitivos e outros os acompanharam. E, no acampamento, restaram apenas os mais fiéis aliados de Sergei que, na verdade, não chegavam a uma dezena de homens. Desapontado com a fuga, Sergei olhou a seu redor. Seu plano, tecido há vários anos, fracassara, porém, as terras lhe pertenciam por direito. Ainda restava-lhe esta alternativa, mas ele receava que, realmente, pudesse tê-las, um dia, em seu poder.

Enquanto isto, os libertos cantavam felizes, regressando aos seus lares, e outros tantos amarravam Sergei e os companheiros nos postes.

Dmitri Nabor, intimamente, rejubilava-se com o sucesso daquela emboscada que, para ele, constituía uma grande façanha e aventura. Ele era um homem dado às letras e à meditação e não entendia o motivo de estar vivendo entre rudes camponeses. Felizmente, não foi necessária sua participação na briga, já que a montaria, naquelas condições, era-lhe muito penosa. A alegria dos mujiques, entretanto, o contagiava e, com eles, entoou um hino exaltando a bravura do guerreiro russo.

Neste clima de intensa alegria e festa, um grupo acompanhou Sumarokov até a sede da fazenda, desejosos de reverem e tranquilizarem suas esposas.

Ao se aproximarem, as mulheres e os filhos, vendo os cavaleiros, saíram às portas, ansiosos. Felizmente, tudo terminara.

Catienka recebeu Sumarokov com grande alegria, mas sua felicidade demorou pouco ao perceber a ausência de Kréstian, pois acreditava que o jovem retornaria com o pai.

Ninguém sabia do paradeiro dele.

Onde estaria Kréstian, então?

A nova preocupação afastava a alegria da família, que passara a procurar o rapaz. Era impossível encontrá-lo naquela hora da noite.

Depois da inútil busca, Iulián, agora dentro de casa, conversava com Catienka. O assunto era sobre Mayra e suas comunicações com o Além.

– Ela disse com tanta convicção, Iulián, que passei a acreditar em sua profecia. Afirmou que vocês voltariam – e Sumarokov olhou-a espantado. – Não te preocupes, ela disse que Kréstian também voltará.

– Como pode ela saber? – perguntou-lhe mais aliviado.

– Um Espírito fala pela sua boca, que acredito seja o fantasma da fazenda – Catienka falava naturalmente, já estava se acostumando com a ideia daquele Espírito. – O mais interessante, é que Mayra não o teme.

– Verdade? Ela não chora, quando ele aparece?

– Não. Está bem mais calma. Principalmente depois que passei a conversar com o Espírito.

– O Espírito te responde?

– Sim. Ele me responde.

– Já falaste ao mago Nabor?

– Ainda não, mas pretendo.

– Confias realmente que Kréstian voltará?

– Poderemos perguntar-lhe novamente, se quiseres – disse Catienka, convicta de que bastava ela querer e o Espírito lá estaria.

– Isto não a prejudica? – quis saber o pai.

– Nada. Queres participar da conversa? – a moça estava entusiasmada, mas Sumarokov encontrava-se muito cansado para tentar alguma evocação.

– Estou preocupado com Kréstian... Não seria melhor tentar dormir um pouco para amanhã, antes do amanhecer irmos em seu encalço?...

Neste exato momento, Mayra, que se encontrava dormindo,

sentou-se no leito e depois levantou-se. Olhos abertos, vermelhos e arregalados, seu aspecto não era nada bom. A mocinha estava em transe mediúnico, através do sonambulismo natural. Vendo-a assim, já acostumados ao fenômeno, os dois ficaram atentos.

Mayra postou-se em frente ao pai, totalmente inconsciente e falou:

– Kréstian não chegou ao acampamento, desviou-se por um atalho, teme a noite e se encontra bem escondido, numa cabana abandonada. Não temam. Nenhum perigo o ameaça. Brevemente ele poderá sair de seu esconderijo e, liberto, voltará para casa.

– Como o afirmas com tanta segurança? – indagou Iulián, percebendo claramente que falava com uma entidade espiritual e não com sua filhinha.

– Lá estive e vim acalmar-te.

– Esta cabana a que te referes é longe daqui?

– Não muito. Tu a conheces.

– Está bem, existem muitas cabanas abandonadas, eu procurarei. Agradeço-te o interesse. Porém, quem és tu? Dize-me teu nome.

– Chamo-me Sácha!

Antes que o pai pudesse dizer mais alguma coisa, somente teve tempo de amparar a jovem, que desfaleceu nos braços de Catienka. Os dois, apreensivos, colocaram-na imediatamente no leito, branca e fria como o mármore.

O casal entreolhou-se espantado, nada comentando na presença da adormecida. Ambos voltaram à cozinha e comentaram admirados:

– Fantástico, Catienka, desde quando isto está acontecendo?

– Desde o dia em que tu partiste.

– É sempre o mesmo Espírito, refiro-me a Sácha, filha de Norobod, que se comunica?

– Ultimamente, ela tem vindo sempre.

– Aguardemos o amanhecer. Irei à procura de Kréstian. Acredito que ele esteja em um lugar que eu conheço e de onde sairá ileso.

Antes dos primeiros clarões da aurora, Iulián e alguns homens montaram os cavalos e embrenharam-se pelo mato, à procura de Kréstian. Não o encontrando, decidiram dirigir-se ao acampamento, onde deixaram Sergei amarrado, e, quando estavam próximo do local, ouviram um tropel de animais que vinha em sua direção. Eram Iahgo, Kóstia e dois homens que haviam se extraviado e, não conseguindo encontrar o acampamento, pernoitaram na floresta. Folgaram quando viram Sumarokov liberto. Tinham o aspecto cansado da noite mal dormida e fria. Iahgo usava o costumeiro lenço vermelho, mas Iulián logo adivinhou ser seu patrão.

– Camarada Sumarokov! – gritou.

– Alto lá!– respondeu o mujique.

– Soltaram-te? – indagou Alex, que não sabia ao certo do ocorrido.

– Sim. Camaradas, fomos soltos por Karosky – disse Sumarokov.

– Ótimo! E o que fazem? Não voltaram para casa? – indagou o patrão.

– Sim, mas os outros continuam vigiando os presos.

– No acampamento? Leva-nos até eles.

– Voltávamos para lá, para trazermos os presos, mas antes, nesta manhã, buscamos encontrar meu Kréstian, que desapareceu.

– Estás a brincar! Ele desapareceu? – perguntou Alex.

– Sim. Notaram a ausência dele ontem à noite. Agora estamos indo para o acampamento. Temo que Sergei consiga fugir, preciso me certificar. Depois voltaremos a procurá-lo. Deve estar escondido em alguma cabana próxima daqui.

– O que te faz pensar que o rapaz esteja escondido?

Era difícil explicar-lhe ali, a orientação do fantasma. Todos iriam considerá-lo louco. Limitou-se a dizer:

– É pura intuição.

Alex deu uma risada e exclamou:

– Vamos, camaradas, ao encontro do inimigo!

No acampamento, os poucos homens que lá se encontravam

estavam apavorados, porque alguns haviam fugido para a cidade e outros voltaram à fazenda, para suas casas. Encontraram Sergei e Karine, que não sabiam explicar-se ao patrão.

– Prenda-os! – ordenou Alex, cheio de raiva. Seu sangue fervia nas veias. Tinha vontade de matar aquele asqueroso indivíduo, mas se conteve.

O feitor e os demais foram amarrados violentamente aos mesmos postes que antes serviram de tortura para os pobres camponeses e, agora, eram eles que prestariam suas contas.

– Onde está Kréstian? – perguntou-lhe Sumarokov, ansioso.

Insolentemente, Sergei respondeu-lhe:

– Procura-o.

Não suportando a insolência, Sumarokov voou em seu pescoço.

– O que fizeste a meu filho, verme?

Sergei deu uma cuspida no chão, sem responder à pergunta, aumentando sua agonia. O feitor jogava sua última cartada.

– Soltem-nos, senão jamais terás teu filho de volta.

As pernas de Sumarokov bambearam. Sua raiva porém o mantinha firme. Entre acreditar no Espírito e na maldade daquele homem, ele preferiu enfrentá-lo.

– O que fizeste a meu filho, pobre diabo! Não vês que não tens escapatória?

– Experimenta tocar-me num fio de cabelo e jamais saberás onde se encontra ele.

Sumarokov olhou para Iahgo pedindo-lhe auxílio. Ambos afastaram-se e Kóstia os acompanhou, dizendo:

– Camaradas, perante o impasse, deixem-me tomando conta do infame e dos outros, enquanto procuram pelo garoto. Tenho contas a acertar com ele. Há muito espero tal oportunidade – Kóstia estava exaltado com a sua própria necessidade de torturar aquele homem a quem votava tremendo ódio.

– Então, seja feita a tua vontade, camarada, ele é todo teu – disse Iahgo e, voltando-se para Sumarokov: – Procuremos o jovem.

Começaram a busca pelos arredores e todos os cantos num raio de dois quilômetros.

38

KÓSTIA E IAHGO

Kóstia usava o lenço vermelho, símbolo da revolução e Sergei não o havia reconhecido, mas Kóstia agia como se o conhecesse de longa data. Aquele estranho, que agora surgia interferindo no acerto de contas, intrigava-o, e sua presença causava-lhe grande mal-estar.

– Temos um velho acerto de contas! – exclamou Kóstia, chegando mais perto do prisioneiro.

– Não te conheço e nem sei do que falas!

– Mas eu te conheço, verme imundo! – disse ameaçador Kóstia, diante da insolência do condenado.

Sergei buscava na memória a lembrança daquele homem, porém, inúmeras pessoas já haviam passado por suas mãos. Uma vaga reminiscência daquela voz começou a surgir em sua mente:

– Não, não pode ser, aquele mujique morreu queimado!...

– Fogo! – disse Kóstia ameaçador, aproximando-lhe uma tocha de fogo ao rosto.

O feitor afastou o rosto. Kóstia cinicamente o torturava passando-a de um canto a outro, quase queimando-lhe o nariz.

– Fogo! Fogo! – repetia intimidando-o. – Isto vai refrescar tua memória. Teu mundo de crimes finalmente acabou, Sergei. Nunca mais farás vítimas. Nunca mais terás poderes para separar aqueles que se amam, porque tu não sabes o que é sofrer. A morte, para ti, é bálsamo, mesmo que ela te mergulhe para sempre no inferno!

Os outros, que acompanhavam a cena, não entendiam o motivo de tão grande ódio. Estavam a ponto de interferir, embora muitos tivessem sido vítimas das maldades praticadas por Sergei, e agora era chegado o momento da vingança. A atitude de Kóstia os surpreendia, nunca viram tamanho ódio estampado no rosto de um homem.

A tortura de Kóstia prosseguiu ainda por alguns instantes.

Os homens retornaram sem nada haverem encontrado e, após minuciosa busca, nenhum sinal do filho de Sumarokov.

Sergei deu um sorriso triunfante. Tinha um trunfo ainda na mão.

Karine, que acompanhava a cena, analisava sua situação e a daquele homem brutal e sem escrúpulos a quem ela se entregara de corpo e alma, julgando que seu plano maquiavélico pudesse dar certo. Via, com amargura e desprezo, desmoronar seu sonho de riqueza e poder. Encontrava-se semi-liberta, uma vez que as atenções concentravam-se em Sergei, o autor daquela situação, o único que deveria ser condenado.

Os pobres mujiques, analfabetos, iludidos e enganados, estavam indiferentes a eles; tanto fazia, o fim daquele celerado, já que o destino lhes reservava apenas o trabalho. No momento, desejavam somente um bom patrão.

Sumarokov voltou-se para os prisioneiros:

– A liberdade a quem disser onde está meu filho!

O silêncio foi geral.

Ninguém sabia onde estava o jovem.

– Não o vimos, senhor – um mujique respondeu, timidamente.

Dmitri, que permanecia a um canto observando toda a cena e sua dramaticidade, raciocinava friamente e depois interferiu, com seu modo circunspecto e olhos penetrantes de hipnotizador.

– Tenho uma ideia.

Todos se viraram para o mago.

– Voltemos à fazenda, submetamos todos a julgamento. Talvez Kréstian já esteja lá são e salvo.

– Meu filho está aqui – afirmou Iulián, com segurança.

– Como o podes afirmar, Sumarokov? – perguntou-lhe Dmitri Nabor.

– O motivo é de foro íntimo, não mo peças para explicar-te, agora. Meu filho está neste acampamento, talvez escondido numa cabana aqui perto – insistiu o pai.

– Bem, neste caso, continuemos a busca – e voltando-se para Sumarokov: – Como afirmas com tanta segurança? Não estás perdendo a chance de encontrá-lo em outro lugar? – depois, abaixando o tom de voz, Dmitri pegou-o pelo braço e afastou-se alguns metros – Dize-me, Sumarokov, tua atitude me espanta. Como tens tanta certeza? Foi Mayra e suas adivinhações?

– Sim.

– Ela não poderá ter errado? – perguntou Nabor.

– Não foi ela que me disse, mas o fantasma de Sácha.

– Sácha!!!??? – exclamou Nabor.

A este nome uma corrente elétrica chispou no ar e todos viram, assustados, o fantasma. A aparição do fantasma aterrava os mujiques supersticiosos. O que estava fazendo aquele fantasma ali? Vinha para amedrontá-los?

Os mujiques, supersticiosos, afastaram-se medrosos, fugindo pelo mato. Ninguém conseguiu segurá-los.

– É o fantasma!

Os que ficaram, apavorados, benziam-se fazendo o sinal da cruz e rezavam alto. O pânico tomou conta de libertos e prisioneiros. O imprevisto tumultuou a ação de alguns e impediu o raciocínio. Passado o primeiro impacto, os mais lúcidos e acostumados com o fenômeno foram adquirindo novamente o domínio da situação. Neste ínterim, aproveitando a confusão, Karine subtraiu-se aos olhares e escondeu-se medrosa.

– Não temam. Este fantasma não irá prejudicar ninguém – disse Sumarokov. – Sabemos de quem se trata e ele é inofensivo.

Mas Kóstia estava totalmente fora de si, uma grande aflição tomava conta dele, inexplicável dor o perturbava, momentaneamente, como se tivesse ficado eletrizado. Fechou os olhos, tonto e arrepiado. Nunca sentira sensação igual em toda a sua vida.

O que se passava ali, afinal de contas? Pareciam todos irmanados no mesmo drama.

Nabor recuperou o domínio da situação e, antes que acontecesse o pior, falou calmamente:

– Retornemos à busca, como afirma Sumarokov. Kréstian deve estar escondido... – e antes que completasse seu pensamento, Kóstia reagiu, vigoroso:

– Se dentro de dez minutos não disserem onde está o garoto, atearemos fogo! – ameaçou Kóstia, recuperando-se daquele inexplicável torpor.

Kóstia insistiu ameaçador, contando de um a dez, de trás para frente.

– Dez... nove.. . oito... – olhava a todos um por um.

Ninguém se mexia.

– Vamos! – dizia segurando o archote incandescente – sete... seis... cinco...

Os olhos de todos brilhavam como a tocha.

– Ele não fará isto! – Alex não queria intervir na decisão do guerreiro com o risco de lhe tirar a autoridade, mas saltou na frente – Espera, camarada, tenho uma ideia.

A atenção de todos voltou-se para Alex Norobod.

– Ouçam-me, filhos da Mãe Rússia, o mujique que desejar se redimir com o dono da terra, terá tempo para tal, bastando que se levante e passe para este local – disse Alex apontando à sua direita. – Garanto a todos que, em nome da nossa Aliança, do nosso movimento renovador, ninguém sairá daqui perdendo, mas aquele que não quiser se redimir, receberá o mesmo castigo que Sergei merece!

Reconhecendo a voz de seu senhor, os mujiques, espantados, levantaram-se e foram passando para o lado oposto, silenciosos, mas conscientes. Sergei olhou à sua volta, ninguém havia permanecido a seu lado, nem mesmo Karine, que ele julgava sua fiel companheira.

– E, então? Camarada Kóstia... – argumentou Alex, triunfante. – Não há necessidade de danificar mais... Creio que o problema está resolvido. Façamos justiça ao rebelde.

Aliviados pelo impasse do momento e a decisão tomada de uma forma menos drástica. Kóstia olhou o feitor com ar ameaçador e pediu:

– Deixem-no comigo, a sós, um instante. Tenho antiga conta a acertar. Afastem-se. Peço-lhes.

Kóstia continuava com o archote na mão, seu corpo todo ardia no desejo de se atirar sobre aquele verme imundo, incendiá-lo, ninguém ousou interrompê-lo. Ele deveria ter suas razões.

Afastaram-se todos.

– Não te lembras de mim, verme imundo! Mas eu, jamais te esqueci e vou refrescar tua memória – aproximou-se mais, ameaçador.

Sergei, por mais que recorresse à memória, não se recordava dele, porque seu rosto estava coberto com um lenço e era-lhe impossível, naquele momento, reconhecer uma de suas vítimas. Suas torpezas foram tantas que se perderam em sua memória de assassino. Ele era apenas uma, dentre tantas mortes que fizera ao longo de sua vida.

O feitor calava-se, buscando reconhecê-lo e seu silêncio deixava Kóstia mais irritado.

– Não te recordas? Avivarei tua memória... – disse, baixando o tom de voz e descobrindo o rosto. – Mira.... mira... agora! – seus olhos eram duas grandes tochas a vibrar de ódio e surda revolta.

Sergei, assustado, olhava-o, forçando sua memória. Ele, realmente, não lhe parecia estranho, mas por que não se lembrava dos detalhes? Aqueles olhos... Onde mesmo os vira?

– Eu fui um garoto indefeso em tuas mãos, canalha! Julgas que morri?

No entanto, Sergei ainda encontrava dificuldade em identificá-lo, mas sua lembrança apontava-lhe uma cena distante, que ele se recusava a crer. Balbuciou espantado:

– Por acaso és o jovem que... Não. Não pode ser... Ele morreu queimado... Virou cinzas... Eu vi, com estes olhos, seu fim – balbuciava o feitor, agora se recordando daquela voz e dos olhos, porque o rosto barbado estava irreconhecível. Era um homem feito, amadurecido pelo tempo.

– Estás vendo? Tu te recordas, agora, do que fizeste?!

Sergei julgava estar diante de um fantasma, outro fantasma... Terrível medo angustiava sua alma. Não havia, ali, ninguém que pudesse acudi-lo nessa situação, e nem mesmo podia fugir. O jeito era enfrentar aquele homem, fantasma vivo ou morto, que vinha acertar contas.

Respondeu assustado e trêmulo:

– Não morreste, Wladimir Antón Boroski?

Ao ouvir seu verdadeiro nome, Kóstia sorriu sarcástico:

– Julgavas-me morto! Miserável!... Não morri... não sossegarei enquanto não acertar as contas... contigo... causador de minha infelicidade!

– Quem, então, foi queimado vivo? – indagou o feitor, relembrando a trágica cena, em que ele mesmo ateou fogo àquele homem ensanguentado, irreconhecível, que estrebuchava jogado a seus pés.

– Consegui fugir! – gritou triunfante, Kóstia. – Teus homens, medrosos de ti e do verme Norobod, ameaçados e, vendo-me escapar, pegaram um pobre coitado, que nada tinha com a história e o desfiguraram para ser apresentado ao infame em meu lugar. Norobod queria morte e teve a morte. Só que eu estou aqui para fazer justiça!

– Todos acreditaram-te morto, até ela! – Sergei fazia alusão à jovem que, desesperada, assistira à incineração de seu amado, e que alguns mujiques ainda guardavam na lembrança. Algo inacreditável aconteceu. Como se o céu se rebelasse, um súbito mal-estar tomou conta de toda aquela gente, como um veneno pestilento que se joga no ar.

– É ela!!! – gritou alguém, apavorado, cuja percepção mediúnica detectou o fantasma.

Àquela referência, por entre eles passou uma chispa incandescente tão rápida que, por um momento, ninguém se mexeu. Algo sobrenatural e incontrolável acontecia.

Iahgo, o primeiro a reagir, aproximou-se para ver o que estava acontecendo.

– Sácha! – gritou o feitor, rouco e alucinado, vendo claramente o fantasma à sua frente. E junto da imagem, ele via claramente a cena da morte de seu namorado, causando-lhe pânico.

– Estás vivo! – gritou Sergei – pressentindo seu fim. – Não me mates! – gritou medrosamente, implorando clemência a Kóstia. O verdugo se transformava em presa submissa.

Ouvindo o nome da irmã, Alex juntou-se a eles, correndo o risco de ser reconhecido pelo feitor e por Kóstia, porém, naquele momento, nada mais importava.

– O que se passa, Kóstia? – indagou Alex, sentindo-se muito estranho, arrepiado e apreensivo.

– Um dia contar-te-ei, camarada Iahgo. Tenho contas, muitas contas a acertar com este verme, e não terminarei enquanto não sorver a última gota desta amargura que me invade e me queima.... Deixa-nos a sós, Iahgo, peço-te.

Antes que Alex pudesse interferir, um vento gélido passou entre os dois homens, causando-lhes arrepio.

O Espírito de Sácha estava por demais ansioso para abandoná-los. Tornou-se visível para o feitor, que, num último esforço, desejava desvendar o mistério que a envolvia e o nascimento de sua filha.

Vendo-a, Sergei perdeu o juízo e começou a gritar, olhos esbugalhados, mãos crispadas, querendo se defender. A cena era patética.

– Tirem-na, tirem-na, por misericórdia! Eu não suporto! – gritava gesticulando.

– De quem ele está falando? – indagou Kóstia, que nada compreendia, porque não enxergava o Espírito. Mesmo assim, ele se comprazia com o desespero do feitor, como se ele fosse a própria Sácha. – Seja lá o que for, terás, bandido, o que mereces! – e com uma bastonada violenta feriu-lhe a face que, logo, ficou toda ensanguentada.

Nabor aproximou-se, desejando ser útil, mas seus poderes hipnóticos não resolviam aquele caso, seus conhecimentos sobre a vida espiritual eram primários. Sua capacidade de magnetizador não era suficiente para liberar o Espírito sofrido e necessitado de Sácha, que voltava para acertar suas últimas esperanças e ela desejava, como Wladimir, sorver a última gota daquele amargo cálice de ódio e revolta. Seu Espírito necessitava de paz e não sossegaria enquanto sua família não descobrisse sua filhinha.

– Eu sei – disse Iahgo, melancolicamente, referindo-se ao fantasma da irmã. – Ela voltou.

– Ela quem? – indagou Kóstia inquieto, sentindo-se também, cheio de amargura, como se revivesse os últimos momentos, que lhe queimavam a alma como uma chama eterna.

– Minha pobre irmã... – respondeu Alex, esquecendo-se de sua condição, para derramar a dor que lhe invadia o ser.

– Tua irmã?!– agora era Kóstia que não compreendia o que se passava com o camarada Iahgo. Não conhecia bem o guerreiro a quem tanto admirava e que agora se lhe apresentava naquele triste estado. Lágrimas escorriam pela sua face e ele nem sequer as escondia. Que amargura era aquela que acometia a alma do guerreiro? Todos estavam comovidos e muito ansiosos. Aquela energia invisível os envolvia e os irmanava na mesma tragédia.

– Alex Norobod é meu nome verdadeiro.

Kóstia olhou-o demoradamente, porque não chegara a conhecer pessoalmente o irmão de Sácha, a quem ela admirava e se referia com grande alegria. A surpresa o impedia de raciocinar e, obedecendo ao irresistível impulso fraterno, abraçou-o como se a própria Sácha lhes pedisse carinhosamente: – Unam-se!

– És Alex, o filho de Norobod, irmão da minha desventurada Sácha? – a surpresa era muito grande, Iahgo, seu nobre camarada, era Alex Norobod. Sua interrogação ficou suspensa no ar, porque o silêncio foi cortado por um grito alucinante, que causou arrepios e grande mal-estar:

– Socorro, misericórdia, tirem-na daqui, não suporto mais! – gritava o prisioneiro, enlouquecido de remorso, a se debater com o fantasma.

– Não. Não mereces clemência pelo que fizeste. Não sairás daqui nem morto, nem vivo, enquanto não disseres toda a verdade... Onde está minha filha? – perguntou Kóstia, transtornado de ódio.

A esta pergunta Sácha se manifestou novamente. Seu Espírito ansiava por elucidar o equívoco.

– Não sei – respondeu a Kóstia. Enquanto isso, o Espírito se postava entre os dois, visível apenas a Sergei. O feitor dobrou as pernas e, dependurado com os braços amarrados, disse baixando o tom de voz: – Perdão! – implorou ao Espírito.

O rosto do malvado estava desfigurado e seus olhos não conseguiam se fixar em nada, dançando nas órbitas. Os fantasmas de seus crimes rondavam por ali pedindo-lhe contas e ele, desvairado, passava a dizer coisas sem nexo, perturbando todo o grupo. Depois começou a gritar por clemência, sem saber a quem se dirigia, se aos vivos ou aos mortos. Não suportava mais a pressão em seu cérebro e seus gritos se perdiam no espaço amedrontadores, como os negros pássaros que voavam por ali. Se estivesse solto, com certeza, teria se embrenhado no mato ou ateado fogo ao próprio corpo para aliviar seu remorso.

Um tanto atrapalhados com o novo fato, todos permaneciam atentos aos movimentos uns dos outros, como se estivessem lidando com forças invisíveis e ninguém ousava articular palavra. Kóstia, saindo daquele torpor, com a alma opressa, travava dentro de si uma enorme batalha. Desejava matá-lo a sangue frio, derrotar para sempre o responsável por sua desventura, a única testemunha viva da perda de seu rebento. Dominado por uma vontade superior, encontrou coragem para dizer:

– Nada farei, verme imundo...ainda não, ... enquanto não me disseres o que foi feito da minha filha... nem que tenhamos os dois de percorrer o mundo, dele não partirás, jamais, sem que antes me digas.

Os negros olhos de Kóstia brilhavam tanto quanto as tochas de fogo. O Espírito de Sácha, ainda assim não sossegava. Parecia atuar sobre seu amado, dando-lhe forças para continuar, pois ela viera para o ajuste de contas e todos deveriam saber do paradeiro de sua filhinha. Seu Espírito inspirava Kóstia que, sem saber, acalmara-se subitamente.

Precisava ganhar tempo. As emoções perturbavam-lhe o raciocínio; à benéfica intervenção, pediu, agora mais controlado:

– Levemos os prisioneiros de volta à fazenda. Lá acertaremos as contas. Se derramarmos o sangue do bandido, a verdade não será esclarecida. Ele me deve uma resposta. Apuraremos os fatos e saberei como avivar-lhe a memória! Iahgo, partamos. Concordas, camarada? – perguntou-lhe sem rancor na voz.

Alex Norobod concordou rapidamente, desejando acabar logo com a dolorosa questão:

– Assim será melhor, saiamos deste maldito lugar.

Sumarokov, que participava da cena, aguardando o seu desfecho, decidiu ficar por ali e continuar procurando seu filho.

– Kréstian ainda não foi encontrado – alegou o pai, preocupado. Sua alma também estava opressa. A aparição do fantasma de Sácha causava-lhe temor, porque agora não duvidava mais da força daquele Espírito, que do túmulo regressava e unia a todos, exigindo o acerto de contas e esclarecendo os fatos. Logo saberiam que Mayra era uma Norobod.

Iulián Sumarokov, acatando a decisão dos companheiros,

aproximou-se do prisioneiro e, numa última tentativa para conhecer o paradeiro de Kréstian, propôs-lhe o seguinte:

– Teus sofrimentos serão amenizados se nos disseres onde está meu filho.

Sergei, na verdade, não sabia de seu paradeiro, mas usou da preocupação de Sumarokov e, para ganhar tempo, querendo aumentar a sua expectativa de pai e ao mesmo tempo encontrar um álibi para se amparar e quiçá fugir, falou insolentemente:

– Nem a morte me fará contar-te. Ele está preso, em lugar que somente eu conheço. Matando-me, teu filho morrerá de fome e frio. Eis minha vingança!

Punhos fechados, Sumarokov avançou para ele, esbofeteando-o.

– Acalma-te, Sumarokov, – pediu Alex – não temas, nós o encontraremos, vasculharemos toda a área, pedaço a pedaço – e voltando-se para os homens que ficaram de guarda, ordenou: – Vamos! Vasculhemos as redondezas, que nenhuma toca fique sem ser visitada, até encontrarmos o jovem!

Rapidamente, os homens se espalharam, acostumados com a floresta, cada um por um lado, instigados pelo senhor, à procura de Kréstian. Queriam fazer tudo para agradá-lo, porque muitos deles haviam trabalhado contra ele e agora desejavam se redimir.

Enquanto procuravam o jovem, Kóstia e Alex vigiavam o preso.

Sumarokov, desconfiado de que Sergei estivesse mentindo para ganhar tempo, tinha a vaga intuição de que seu filho não havia alcançado o acampamento e que ele poderia estar se valendo desse ardil para enganá-los. Arrependia-se de ter-lhe perguntado sobre o filho. Uma serpente seria menos traiçoeira e decidiu ficar por ali, vigiando-o.

Os dois camaradas, Kóstia e Iahgo, ainda estavam sob o impacto da recente descoberta e conversavam distraídos, pois a identidade de Alex Norobod não fora suficiente para destruir a simpatia mútua. O fato de Iahgo ser irmão de Sácha formava um novo laço, sentiam-se como dois irmãos consanguíneos e que, pela força do destino, tudo o que mais desejavam saber era sobre o paradeiro do rebento de Sácha.

Sergei, enquanto isso, aproveitou a distração dos dois e, rasteiramente, como uma serpente, conseguiu soltar-se; as cordas mal amarradas facilitavam e, com movimentos rápidos e silenciosos, ele estava pronto para saltar rumo à floresta. Sumarokov, dando pelo feito, inesperadamente, agarrou-o pelas costas; os dois travaram uma luta, corpo a corpo, silenciosa, quando Sergei, valendo-se de afiado punhal oculto por dentro da bota, enfiou-o na coxa de Sumarokov que, ante o impacto da dor, soltou um grito abafado. Sergei aproveitou o descuido e, como uma lebre, sem deixar rastro, sumiu pela folhagem.

– Peguem-no! – gritou Kóstia, correndo atrás.

Era tarde demais, o mau feitor havia desaparecido.

Os três homens, desapontados com sua negligência, não sabiam o que dizer, enquanto Sumarokov mancava da perna ferida, tentando estancar o sangue com um lenço, quando ouviram um choro. Voltaram-se os três para a mesma direção e viram uma mulher saindo de seu esconderijo. Era Karine, a amante de Sergei que, apavorada com a fuga do amante, rendeu-se medrosamente, antes que fosse descoberta, ou pior, receava ficar sozinha na mata; sabiamente optou por se entregar, pois aqueles homens, pelo menos, eram seus conhecidos.

– Não me faças mal, Sr. Alex. Rendo-me – pediu entre as lágrimas abundantes. Todos conheciam sua infidelidade e, com tal atitude desejava alcançar beneplácito de seu senhor.

39

DEPOIMENTO DE KARINE

Nem tudo estava perdido, Karine poderia ser-lhes útil, pensava Kóstia: a amante de Sergei, que rogava clemência, deveria estar a par de tudo na noite do nascimento de sua filha. Talvez ali estivesse a resposta que tanto almejava.

Enquanto isso, alguns homens retornavam da mata com as mãos vazias, nada haviam encontrado, nenhuma pista de Kréstian.

Eles mal chegavam e recebiam ordem para procurarem Sergei, que não devia estar longe.

– Esta mulher deve estar a par das falcatruas de seu amante! – gritou um dos homens que chegava.

Karine, perdida, sem ninguém para auxiliá-la, espírito astuto e mesquinho, tentou esquivar-se, desejando salvar sua pele; jamais iria contar ter sido ela a espiã do palácio, levando para o amante as conversas que ouvia atrás das portas.

– Pedes clemência, Karine. Dar-te-ei, porém, com uma única condição, que me digas a verdade, toda a verdade sobre a noite do nascimento de minha sobrinha, enfim, seu paradeiro. Nada me escondas! – disse Alex, complacente, desejando resolver logo a dolorosa questão.

A intrigante Karine não teve outra alternativa, senão narrar o que sabia.

– Não mintas e nem omitas, quero a verdade, somente a verdade – exigiu o patrão, lendo em seus olhos verdes a sua infidelidade.

– Está bem, dir-te-ei tudo o que sei, adianto, porém, que não vai além do que já sabes, Sr. Alex – disse Karine, compreendendo a seriedade do momento, que não comportava suas mentiras. Temia as futuras dificuldades, pois sentia que o amante nunca mais voltaria ali; tratou logo de narrar tudo o que sabia e com isto

salvar a própria pele. Começou a narrar com voz rouca e trêmula:
– Na madrugada da tragédia, o plano era matar a filha de Sácha, assim que viesse à luz, ordem que o Sr. Norobod havia dado a Sergei, que se tivesse tido a chance a teria cumprido na totalidade. Alguma coisa, no entanto, fugiu ao seu controle, naquele dia, porque antes de executar o malvado plano, Nastássia, a ama de Sácha, soube da severa ordem e, apavorada com a notícia contou o plano para a jovem, antes que lhe fosse tirado o bebê. Tinham que agir rápido, e ela decidiu, a pedido de Sácha, salvar a criança a qualquer custo, empenhando a própria vida. Tudo arrumaram tão rapidamente que, quando deram por falta da criança, a ama já ia longe. O alvoroço foi grande. Ninguém soube ao certo como ela conseguiu sozinha tal façanha, burlando a severa vigilância. A fuga foi descoberta. Norobod colocou alguns homens ao encalço de Nastássia que, com certeza, não poderia estar longe. A moça foi pega, mas em seus braços estava apenas o simulacro de um bebê, uma trouxa de panos os enganou. Cego de raiva por causa disso, Sr. Norobod mandou executá-la barbaramente, após cruel interrogatório. Foi apenas mais uma vítima das maldades de Norobod e Sergei. A criança havia desaparecido e a valente ama preferiu a morte a contar a quem havia entregue o bebê. Assim, ninguém , na fazenda, soube o que lhe aconteceu e muitos diziam que ela havia nascido morta. Desconfio que alguém mais esperto a surrupiou naquela noite e tratou de se calar para sempre. É tudo o que sei. Acredito que ninguém mais poderá dizer-te algo além disto.

A narrativa deixou-os perplexos. Alex não conseguia acreditar na maldade de seu pai, que o deixava angustiado e envergonhado perante Kóstia.

O valente revolucionário tinha tanto ódio guardado, que se calou, respeitando a dor de Alex, compreendendo as divergências do caráter de pai e filho.

O vazio, porém, continuava. Quanta dor se escondia nos olhos de Kóstia! Sumarokov, que ouvia atentamente a história, também conhecia um pedaço, tirando suas conclusões, mas nada podia dizer. Deduziu que aquele bilhete, o qual conservava em seu peito, na algibeira, talvez fosse de Nastássia. Quem, por ventura, poderia afirmar que sua menina fosse a inocente criança? O fato único da semelhança não era o suficiente para afirmarem que fossem mãe e filha. Ele se calava, prestando muita atenção, disposto a conservar o seu segredo, guardando a promessa junto ao leito da esposa moribunda.

40

SÁCHA NÃO DESCANSA

No entanto, não era isto o que desejava o Espírito de Sácha. Ela não descansaria , enquanto a verdade não fosse apurada, seu Espírito não encontraria a paz. Precisava acalmar-se e retornar aos planos siderais de sua evolução, junto àqueles que a tutelavam e desejavam ardentemente o seu erguimento.

A centelha indestrutível de que o Espírito é feito deveria cumprir sua missão e cujo fim se aproximava para seu júbilo. Sua filhinha, bela e inocente, teria ainda que descobrir sua verdadeira origem, apesar do temor daquele que a adorava, disposto a morrer com o juramento que fizera à adorada esposa agonizante. Sumarokov desejava ardentemente esquecer que Mayra não lhe pertencia por direito. Somente ele, dentre os vivos, conhecia a verdade e a poderia testemunhar, desfazendo o mal-entendido.

O espectro iluminou a sua passagem, provocando arrepios no organismo de Sumarokov que, fechando os olhos, calou-se, temeroso.

Uma vez solta, Karine olhava a seu redor, procurando amparo. Seus olhos maliciosos, agora suplicavam:

– Não me abandones, rogo-te, Sr. Alex. Admite-me novamente ao serviço, não tenho para onde ir – humilhava-se, genuflexa. – Prometo-te minha fidelidade e pagar-te-ei, com meu trabalho, o teto e o pão – implorava Karine que, vendo-se abandonada, naquele momento adotava a atitude mais inteligente. Atriz exímia, suas lágrimas pareciam sinceras. Cumprindo o trato, devido à narrativa, Alex ofereceu-lhe montaria. Ela retornaria à fazenda, talvez lhe fosse útil conservá-la. Todos os empregados que ficaram estavam igualmente arrependidos e, espontaneamente, desculpavam-se com o senhor das terras, prometendo-lhe total fidelidade.

Aproveitando aquele momento de adesões e decisões, Alex falou alto:

– Camaradas, o que sucedeu nestes dias, não se repetirá, pelo menos em minhas terras, porque aqui haverá igualdade de direitos ao trabalhador e remuneração digna ao esforço de cada um. A servidão acabou! Estais libertos para decidir seu destino. Aqui, ninguém deve sentir pejo em expressar os verdadeiros anseios. Há muito esperava por este ajuste de contas, pelo visto, Sumarokov e Karosky deram testemunho de sua fidelidade à causa – voltando-se para os dois mujiques, estendeu o braço em sua direção e declarou: – Eu os nomeio novos gerentes, a quem todos devem prestar obediência e respeito. Todos terão casas próprias e, doravante, comprarão o alimento com o esforço do próprio trabalho e a produção de cada um será dignamente paga conforme o rendimento. Os filhos frequentarão a escola, nenhum filho de mujique, em minhas terras, deixará o estudo para acompanhar os pais ao trabalho. Cuidarei para que os analfabetos se instruam. Nossa Rússia necessita de homens cultos e laboriosos. Comecemos a plantar aqui, um novo tempo de honestidade e trabalho, esquecendo os crimes perpetrados nesta propriedade. Mudemos nosso destino e o solo da Mãe Rússia, a quem tanto amamos, haverá de ser abençoado, afastando a fome e a miséria que o inverno da insurreição ameaça. Vamos, camaradas! Todos, adiante!

Palmas calorosas e gritos envolveram o pequeno grupo e, cantando, retornaram aos lares, como se tivessem vencido o monstro da infâmia.

Pareciam haver se esquecido do jovem Kréstian, porque os mujiques voltaram da busca de mãos vazias.

Sumarokov decidira ir mais além, apesar da perna machucada. Envolveu o ferimento com um lenço manchado de sangue que encontrara e, depois, embrenhou-se pela floresta, enquanto os outros regressavam, cavalgou até os campos de lavoura que se perdiam de vista. Talvez seu filho estivesse perdido. Depois de cavalgar alguns minutos, sentiu que uma força sobrenatural o levava em outra direção. Após mais de uma hora, encontrou-se perto da choupana onde, numa madrugada gélida encontrara um bebê a tiritar de frio. A isbá abandonada estava um pouco mais acabada, sendo lentamente destruída pelo tempo, no meio do matagal que antecedia às plantações de girassol que se perdiam na encosta. Algo que lhe escapava aos sentidos o levara até lá. Curioso, aproximou-se. O silêncio era total. Ouvia-se somente o trotar do animal que sulcava a terra coberta de cinzas e ramos secos. Aquele lugar parecia mal-assombrado, ninguém gostava de se aproximar dele, por isso era pouco frequentado.

Desceu do cavalo e entrou. Algumas madeiras haviam caído, o teto estava prestes a desabar, servia apenas como morada de animais peçonhentos. O grabato onde encontrara Mayra ainda estava lá, sinal de que ninguém mais havia estado ali. O lugar causava mal-estar e medo. Um barulho seco vindo do interior da cabana assustou Sumarokov, que não sabia se recuava ou avançava. Ficou paralisado, aguardando. O barulho continuou, embora timidamente, como se algum animal estivesse preso e querendo se soltar. O homem, decidido a ver o que acontecia, ouviu um gemido vindo do interior. Que felicidade! Era Kréstian, tentando se desvencilhar das teias de aranha. O rapazelho, vendo o pai, gritou emocionado e aliviado:

– *Papacha, papacha!*

– Kréstian, meu filho, como vieste parar aqui? –Sumarokov auxiliou-o a se desembaraçar das teias de aranha que se grudaram no seu casaco de pele. –Vem, filho, saiamos desse lugar sombrio – disse arrastando-o. Olhou para os lados e nada viu.

– Onde está teu cavalo, Kréstian?

– Nem queiras imaginar, pai, roubaram-me.

– Como, roubaram-te?

– O paspalho do Sergei. Deixei-o ali, felizmente, ele não me viu. Escondi-me enquanto ele fugia, parecia um louco.

Só em pensar no que poderia ter acontecido a Kréstian, se Sergei o tivesse visto, Sumarokov respirou aliviado. Que se danasse o cavalo! O importante era seu filho estar são e salvo.

Aliviado, o pai falou:

– Deixa-o seguir seu destino, porque os próprios demônios que ele conquistou com seus crimes, tomarão conta dele – Sumarokov olhou ao redor e completou: – Felizmente ele não te viu, vamo-nos daqui, filho. Este lugar me traz muitas recordações. O importante é que te encontrei, Catienka deve estar muito preocupada.

Pai e filho montaram o mesmo animal e Kréstian perguntou:

– Por que, meu pai, este lugar te trás muitas recordações?

Sumarokov, desviando o assunto, sorriu, olhando antes a cabana, ninho de bichos peçonhentos e corvos, para depois responder-lhe:

– São coisas do destino, como eu haver te encontrado aqui, hoje. Forças, Kréstian, que somente o tempo e a vida poderão nos responder. Vamo-nos!

Kréstian, sem compreender a alusão do pai, olhou a velha choupana. Parecia que ali estava toda a sua felicidade, seu couro cabeludo arrepiou inteiro.

– Ah! que sensação mais estranha! Vê, *papacha,* como estou arrepiado inteiro? Este lugar também me trás muitas recordações, apesar de nunca ter estado aqui antes. Estranho! Vim parar aqui, guiado por uma luz, agora percebo que era noite e, sem aquela luz, jamais chegaria aqui... neste abrigo.

– São coisas, Kréstian, que não se explicam, mas acontecem. Voltemos logo.

Ambos saíram, imediatamente, com o único desejo de acalmar os que ficaram na expectativa da busca. Como deveriam estar ansiosas e apreensivas, Mayra e Catienka. Felizmente, tudo terminara bem.

41

NA ISBÁ DO CERCADO

Na fazenda, quando Kréstian e Iulián chegaram, a alegria foi geral. Mayra, emocionada, foi recebê-los. Tão grande era a sua vontade de abraçá-los que ia à frente de todos, seguida por Catienka, igualmente feliz. A garota não viu uma pedra, nela tropeçou, caiu e machucou-se. Todos correram para acudi-la.

A atenção e o interesse que a menina-moça despertava aumentava o ciúme de Sácha, a filha de Sônia, que sempre se sentia preterida. Temperamento impulsivo como o da mãe, Sácha mordeu os lábios de raiva e seu rosto ficou sombrio. Sônia, que conhecia a filha, disse-lhe:

– É sempre assim, Sácha, as atenções se voltam para esta pirralha pobretona que, cheia de dengo, vai tomando nosso lugar. Tua avó bem que poderia compreender que não pode esquecer a própria neta para dar carinho a uma filha de empregados!

As palavras da mãe, de certa forma, consolavam a mocinha enciumada, mas não conseguiam aplacar sua raiva e seu despeito. Aquela garota estava sempre atravessando o seu caminho. Olhou para os lados e viu Nicolau, que não compartilhava tanto das atenções dispensadas a Mayra. Num canto, observava a cena com um sorriso enigmático.

– Tua irmã sempre rouba a melhor cena, não achas? – insinuou Sácha, maliciosamente.

– Não entendo do que estás falando, Sácha, explica-te melhor – disfarçou Nicolau.

– Não te faças de ingênuo, Nicolau. Tua irmãzinha é muito cheia de dengo! Um simples tropeção provocou um tumulto à sua volta, ninguém mais percebe ninguém, somente ela tem a atenção da vovó e de todos!

– Ah!... – respondeu Nicolau, sem lhe dar razão. A mocinha chegou-se mais perto dele e sussurrou:

– Esse negócio de ver Espíritos, acho muita cretinice por parte dela. Achas mesmo que tudo seja verdade?

Os olhos negros de Nicolau brilharam faceiros. Olhou a companheira, erguendo uma das sobrancelhas espessas que sombreavam seu olhar, tornando-o mais bonito. A boca vermelha contraiu-se e, demonstrando certa contrariedade, pois não gostava de entrar em detalhes sobre as comunicações dos Espíritos que vinham rondando Mayra, respondeu firme com uma nova pergunta:

– Qual é tua intenção em levantar questão que só compete a meus pais, ao professor Dmitri, que está pesquisando minha irmã e os fenômenos que lhe acodem... que tens com isto, Sácha?

Sem ocultar sua contrariedade, não conseguindo que a conversa tomasse o rumo desejado, Sácha mudou de técnica, sentindo que Nicolau tomava a defesa da irmã.

– Não, não fiques sentido, Nicolau, estava apenas duvidando de certos fatos. Não se deve acreditar em coisas que não se vê, e apenas ela vê. Ela pode estar mentindo, inventando, sei lá o quê... considero isto uma grande farsa, um meio de chamar a atenção e ela consegue porque todos se derretem por causa disso, até meu pai... – disse, não conseguindo disfarçar sua inveja.

Nicolau não se sentia disposto a atacar a irmã, que nunca o ofendera. Entre os dois sempre houvera dificuldades no relacionamento, diferenças que com a idade e a compreensão iam, aos poucos, se desfazendo. O rapaz tinha opinião formada sobre o assunto e desejava, secretamente, compreender melhor o que se passava com a irmã, e assim, melhorar o seu relacionamento com ela.

– Desculpa-me, Sácha, vou ver se precisam de minha ajuda – dizendo isto, deixou a jovem e correu para o grupo que acudia a irmã. O olhar de Sácha expressava grande decepção e, dentro dela, gritava: –Essa garota se intromete demais em meu mundo!

Sumarokov levava Mayra nos braços para o interior da isbá. Não era nada grave, mas era necessário estancar urgentemente o sangue que jorrava abundante de seu joelho. Kréstian corria pressuroso ao lado do pai, nem chegara a abraçar a irmã.

Depois de acomodá-la no leito, Catienka trouxe uma bacia

com água e sal e começou a passar delicadamente um pano embebido na salmoura no ferimento até cessar o sangramento.

– Oh! papai, tirei a alegria de tua chegada. Estávamos tão ansiosos!

– Felizmente, meu amor, tudo terminou bem, aqui estamos todos juntos, graças a Deus e ao valente Karosky – e Sumarokov passou a narrar detalhes da captura, até a libertação.

– Quero que me contes tudo, Kréstian, porque nos deste muitas preocupações. Nunca rezei tanto em minha vida por alguém... – sorrindo, brincou Mayra, mostrando seus dentes alvos. – Estás a me dever esta!

Neste momento, uma visita inesperada entrava em casa de Iulián Sumarokov. Era Kóstia, que chegava juntamente com Alex Norobod, atraídos pelo incidente.

Kóstia olhou em derredor. A isbá havia sofrido muitas modificações. Era naquela casinha que ele e Sácha se encontravam, escondidos dos olhos alheios.

Acomodados em cadeiras confortáveis, os dois homens queriam falar com Sumarokov e desejavam saber se a filha precisava de novos cuidados.

Kóstia ainda não tinha avistado a filha do amigo.

– Sejam bem-vindos, camaradas! – exclamou satisfeito Iulián. – Quanta honra tenho em recebê-los em minha pobre isbá!

Os visitantes nem sequer deram atenção às suas modestas palavras, abraçando-o comovidos.

– Precisamos comemorar a libertação, nossas duas vitórias! – disse Alex. – Como está Mayra? Não chegamos em tempo para socorrê-la, mas mamãe deve estar vindo com sua farmácia ambulante. Aguardem! – troçou, brincalhão.

A pequena sala estava cheia, quando a Sra. Norobod entrou, trazendo uma cesta de medicamentos na mão.

À entrada da mulher, Alex mal a viu e começou a sorrir, completando sua observação jocosa: – Eu não disse?

– Disseste o quê, meu filho? – perguntou a Sra. Norobod sem compreender.

Pegando a cesta das mãos da mãe, Alex retrucou: – Que

virias com esta cesta cheia de medicamentos! Aliás, que dão para um batalhão!

Sem se importar com a brincadeira do filho, a Sra. Norobod entrou logo no quarto para ver Mayra.

Kóstia também, levado por um impulso, acompanhou-a, desejando ajudar.

A menina estava deitada, seus cabelos louros como o trigo espalhados sobre o travesseiro. A pouca luz do quarto realçava sua tez clara e seus olhos azuis irradiavam intensa luminosidade.

Kóstia olhou-a por um instante, prendeu a respiração e, quando conseguiu voltar de sua surpresa, deu um sussurro abafado:

– Meu Deus! Sácha!

Maquinalmente, a velha Norobod voltou-se para ele, examinando-o de alto a baixo, parecendo reconhecê-lo, porém, não se recordava de onde. – O que dizes? – indagou, espantada.

Kóstia começou a chorar.

– É o retrato vivo de minha Sácha!

A Sra. Norobod também estava emocionada, porque percebia essa grande semelhança, e foi justamente por isso que se afeiçoou tanto à menina.

E agora, aquele estranho vinha, mais uma vez, confirmar a grande semelhança. A presença daquela menina viera preencher o vazio de sua vida, alegrar-lhe a existência e diminuir a saudade de sua querida Sácha.

– Tua Sácha?! – perguntou, assustada, a Kóstia.

– Não te recordas de mim, Sra. Norobod? Pudera, faz tantos anos que tudo aconteceu...

Espantada, a Sra. Norobod aguardou que continuasse a falar, tentando reconhecê-lo, mas nada lhe vinha à memória. Naquele momento, Kóstia ou Wladimir estava demasiado emocionado e engasgado para conseguir se expressar. Catienka assistia à cena sem nada compreender. Mayra, igualmente surpresa, os acompanhava em silêncio e Catienka, respeitosa, a seu lado, também esperava o desfecho daquele assunto.

– Todos julgaram-me morto. Sou Wladimir Antón Boroski, o namorado de tua filha!

A Sra. Norobod desfaleceu ante o impacto da notícia, sendo amparada por Wladimir. O quarto era pequeno e abafado. Com o auxílio de Catienka, ela foi levada para a sala e sentaram-na em uma cadeira.

Alex correu para eles, querendo socorrer a mãe, mas ela já estava se recuperando do desmaio, enquanto Sumarokov colocara um ramo cheiroso em suas narinas. Aos poucos, foi despertando e logo estava melhor. Catienka deu-lhe uma ânfora com álcool misturado a algumas ervas medicinais para que ela cheirasse.

A mulher, aspirando a mistura cheirosa, olhava para os lados à procura de Kóstia.

– Vem aqui, meu filho. Vem, Wladimir – chamou-o, estendendo-lhe a mão. Kóstia segurou sua mão, ajoelhou-se sobre o tapete, sob os olhos de Alex, que já sabia da história, aguardando o momento oportuno para falar com a mãe, mas os acontecimentos precipitaram a novidade.

Sumarokov a tudo assistia, muito desconfiado.

– Julgava-te morto, incinerado... – dizia a Sra. Norobod. – Como foi que tudo aconteceu, como te salvaste?

42

DEPOIMENTO DE WLADIMIR

Kóstia, incentivado por todos, começou a narrar o fato.

A Sra. Norobod queria fazer a grande pergunta, mas faltou-lhe coragem. Seus lábios tremiam, cheios de emoção. Ela queria saber notícias da criança. Talvez fosse ele o vulto que ajudara Nastássia a fugir naquela noite, e a criança estivesse com ele, escondida, uma vez que se encontrava vivo, pela misericórdia divina.

Catienka voltou do quarto, postou-se junto a Sumarokov e ouviu um pedaço da narrativa que já conhecia em parte, mas aquele novo personagem vinha alterar muita coisa. A moça achava estranha a semelhança entre Mayra e a morta, a ponto de o rapaz imaginar que ela fosse a própria noiva. Havia algo ali errado, muito errado, mas naquele momento sua cabeça rodava e não conseguia chegar a nenhuma conclusão.

– Quem ficou com o bebê? – perguntou Catienka, cheia de curiosidade, antecipando as palavras da Sra. Norobod.

A pergunta ficou sem resposta. Kóstia continuou a narrativa, como se estivesse revivendo as cenas cruéis, com os olhos cheios de amargura e de ódio, porque nenhum dos dois culpados ali se encontrava. Em respeito à velha Norobod, ele não quis destilar mais seu antigo rancor contra a pessoa de seu marido:

– Não podia, de modo nenhum, aproximar-me da mansão, com o risco de ser capturado e morto. Nosso plano de fuga não tinha sido descoberto. Alguém estava a nos espionar, desconfiei que alguém mais astuto ainda pudesse estar vigiando Sácha. Dentro do palácio deveria haver um espião. Tentei arrumar uma saída, arquitetando novo plano, Nastássia era o nosso único meio de comunicação e havíamos combinado que, após o nascimento de nosso filho, fugiríamos os três para bem longe e levaríamos a ama conosco. Nastássia confortava-a, sem lhe contar que eu estava vivo, deixando a novidade para a etapa final do plano. A fiel Nastássia dizia-me que até as paredes do castelo tinham ouvidos, todo cuidado era pouco. Nossa estratégia tinha tudo para dar certo, uma vez que estavam desarmados quanto a mim; todos julgavam-me morto. Eu sofria muito, ocultando de Sácha a verdade. Não podíamos contar-lhe o nosso segredo, para não atrapalhar o nosso projeto de fuga. Ela sofria muito com a minha morte e a alegria de minha vida poderia pôr tudo a perder. Nastássia, valentemente, conseguia burlar a vigilância e visitar-me no esconderijo. A pobre mulher pedia-me entre lágrimas: – Deixa-me contar à nossa Sácha que estás vivo, isto amenizará o seu sofrimento. Respondia-lhe: – Ainda não, Nastássia, não podemos correr o risco. Pura como é, Sácha não saberia fingir. É melhor que me continue julgando morto. No dia seguinte, Nastássia, entre lágrimas, visitou-me em meu esconderijo e contou-me, horrorizada, que a última ordem seria assassinar meu filho no nascedouro... O ódio me enfureceu de tal forma, que se pudesse, naquele momento, entraria a qualquer custo no palácio e de lá retiraria Sácha antes que meu filho viesse à luz. Tal estado de alma quase me traiu. A boa Nastássia , no entanto, não podia abandoná-la à sua dor, estava muito deprimida e, para ajudá-la, quando se viram a sós, contou-lhe que eu estava vivo e expôs-lhe o nosso plano para lhe dar forças; subtrairíamos a criança, primeiro, depois a buscaríamos. O nosso medo então, era a captura do bebê ao nascer. Sácha ficou tão feliz com a notícia de minha falsa morte, que suas forças aumentaram, queria lutar e trazer ao mundo nosso filho. Mandava-me palavras de amor, através de Nastássia, e a esperança do reencontro nos dava vida e forças para superarmos a saudade e sobrevivermos. Na noite do nascimento, inesperadamente aconteceu um problema, embora atento a todos os movimentos, o horário me era apropriado, a escuridão favorecia o nosso plano.

Nastássia e eu havíamos combinado um sinal, na hora em que a criança nascesse. Aos primeiros sintomas do parto, eu já estaria por ali. Assim que nasceu, ela entregou-me minha filha pela janela do quarto e simulou uma trouxa, como se fosse o bebê, no caso de alguém mais entrar no quarto. Sácha estava tão fraca que nem notou minha presença na janela. Quando alguém, do lado de fora, percebeu minha presença, deu alarme e me seguiu. Com aquele bebê nos braços, minhas pernas pareciam ter adquirido asas, corri celeremente, não enxergava nada à minha frente. Depois de correr bastante, detive-me na parede de uma choça abandonada. Suspirei aliviado, pelo menos encontrara um teto. Tive receio de que estivessem me seguindo e coloquei minha filhinha sobre um grabato. Realmente, alguém estava me seguindo, ouvi o barulho de uma carroça. Tentei desviar meu perseguidor para que não apanhasse minha filhinha, e corri, fazendo barulho, atraindo sua atenção para o meu lado, afastando-o da cabana. Quando me despistasse dele, voltaria e pegaria meu bebê, julgando que mais ninguém poderia encontrá-lo naquela cabana erma. Assim, logo que consegui despistar meu perseguidor e quando tudo se acalmou, voltei silenciosamente atrás de minha filha. Demorei muito a encontrar a cabana e, quando lá cheguei, já era quase dia. Minha decepção foi grande; minha filha não estava lá. Havia escrito um bilhete, caso algo acontecesse e eu não pudesse ficar com ela. Agora, era inútil o pedaço de papel, embolei-o e deixei-o sobre o grabato. Desesperado, voltei à fazenda, arriscando minha própria vida e achei, no caminho, o cadáver de Nastássia e, junto, a trouxa totalmente desfeita. Grande temor apossou-se de minh'alma. Onde estaria minha filha? Procurei-a por todos os lados, ocultamente. Rondei o palácio para saber notícias de minha Sácha. Ocultava-me de todos, porque fora dada ordem para me executar. Soube que Sácha também havia morrido. Escondido, assisti ao seu funeral. Um amigo, que sabia de tudo, informou-me que na fazenda não havia nenhuma criança. Procurei minha filha por todos os cantos possíveis, ninguém dava notícia. O desespero tomou conta de mim e, cego de dor, abandonei este maldito lugar. Nunca mais soube do paradeiro de minha filha. Parecia que a terra a tragara. Depois soube por um mujique que quem me perseguia na noite fatídica, era Nastássia. A ama havia fugido numa carroça para me avisar que fora descoberto e despistar alguém que, por ventura, me pudesse seguir. A trouxa que encontrei junto a seu corpo era o simulacro do plano da valorosa ama de Sácha, que pagara com a própria vida a da minha filha. Só Deus e Sácha poderão saber onde está!

O silêncio era geral. Todos estavam muito emocionados para dizer alguma coisa.

Wladimir terminara a narrativa com a voz embargada pela emoção e pelas lágrimas. A Sra. Norobod também chorava.

Iulián Sumarokov, trêmulo e calado, num canto, escutava a narrativa de Wladimir. Agora ele confirmava os fatos.

Instintivamente, Sumarokov levou a destra ao peito, onde trazia guardado o bilhete. Não se sentia encorajado a se desfazer dele. Tivera ímpetos de queimá-lo, e nem ele mesmo sabia o motivo que o levava a guardar uma prova que, agora, já não tinha mais sentido, porque tinha certeza de que sua Mayra era a mesma neta de Norobod.

Finda a história, um barulho vindo do interior chamou-lhes a atenção; era Mayra, que se levantara, abrira a porta, rangendo-a levemente e entrara na sala calmamente. Todos os olhares estavam voltados para ela. Olhou atentamente Kóstia, aquele homem que estivera em seu quarto, chamara-a de Sácha, e, logo depois, a Sra. Norobod sentira-se mal. O que afinal estava acontecendo?

Mayra era o retrato vivo de sua mãe e Kóstia não conseguia desviar os seus olhos dela. Sentia uma súbita ternura por ela, uma paz tão grande que, instintivamente, levantou-se e se aproximou dela, muito emocionado:

– Como é bonita tua filha, Sumarokov! – exclamou, virando-se para o pai, que não sabia o que dizer.

Mayra sorriu envergonhada, também simpatizando com o desconhecido. Seu coração batia descompassado e ela procurava ficar calma.

– Obrigada, senhor... – respondeu timidamente, ao galanteio, vencendo a emoção.

– Wladimir... – disse, completando sua frase, julgando-se por um instante estar à frente de sua amada. – Tive outrora uma namorada, cujo nome era Sácha, e deveria ter a mesma idade tua. E como te pareces com ela! Estás melhor? Teu machucado ainda dói?

– A dor já passou, Sr. Wladimir – respondeu, modestamente.

Kóstia, encorajado, voltando-se para Sumarokov, pediu:

– Permites-me visitar-te mais vezes?

– Claro, claro, camarada, volta outras vezes – Iulián respondeu-lhe um tanto contrariado, percebendo o visível interesse do amigo e a grande admiração que ele despertara em sua filha. Preocupado com o desenrolar dos acontecimentos, tentou desviar o assunto, olhou para a noiva, indagando:

– Catienka, temos chá suficiente para todos?

– Sim, Iulián – respondeu, precisa.

Inclinando a cabeça para Mayra, pediu-lhe que auxiliasse Catienka.

– Vem, Mayra, ajuda-me a servi-lo.

– Com licença, senhor – graciosamente, Mayra fez uma vênia para Wladimir e acompanhou Catienka até o fogão onde estava fervendo a água.

43

O CAMARADA KÓSTIA ENAMORA-SE

Kóstia, encantado com a moça, acompanhou-a com o olhar e ninguém duvidou de seu entusiasmo.

As duas saíram e o assunto na sala versou sobre os últimos acontecimentos, a reunião na cidade, o grande êxito alcançado junto aos trabalhadores. Kóstia, porém, estava totalmente alheio, o olhar vago e sem brilho. Animou-se somente quando as duas mulheres trouxeram o samovar fumegante e o colocaram sobre a mesa.

Enquanto as duas serviam o chá, todos notaram os olhares incandescentes que Kóstia endereçava à bela jovem. Ela, também, sentia-se atraída por ele, lançava-lhe olhares ora tímidos, ora um pouco mais audaciosos. Aquele homem maduro despertava nela um sentimento estranho e comovente. Seu coraçãozinho parecia saltar no peito. Afinal ele era amigo de seu pai, mas parecia ser bem mais jovem do que ele; era um belo homem.

A noite terminou alegremente. Kóstia ia dormir em casa de Alex. Ele, o antigo empregado, perseguido até a morte, agora entrava na mansão a convite do dono. Ironia do destino, pensava Kóstia, ainda com o coração cheio de amargura pelas antigas e dolorosas recordações. Aquela jovem, cujo olhar inocente o alegrara, parecia um sol clareando seu caminho. Até então, vivera só com as lembranças de sua meiga e doce Sácha. O destino caprichoso lhe colocava à frente alguém tão parecido com sua amada! Parecia viver um sonho! Talvez ela tivesse a mesma idade de sua filha, se hoje estivesse viva.

Grande solidão o invadiu, quando entrou no solar dos Norobodivisky. Estava em casa de sua amada, respirando o mesmo ar que ela respirara. Tantas recordações tiraram-lhe o sono. Tinha a impressão de que Sácha estava com ele a noite inteira e ele mal conseguia esperar o dia amanhecer para rever aquela bela criaturinha que tanto o emocionara.

Mayra, igualmente, naquela noite, não conseguiu conciliar o sono. Nunca experimentara sensação igual em toda a sua vida. Era como se já o conhecesse. A figura do belo homem de olhos negros não lhe saía do pensamento. Seu olhar penetrante parecia persegui-la por toda parte. Os olhos azuis da jovem brilhavam na escuridão. Os longos cílios piscavam lentamente como se estivesse vendo várias figuras, e assim ficou até tarde, conseguindo dormir apenas pela madrugada.

No dia seguinte, levantou-se abatida. Sua perna ainda doía e a violenta queda provocara-lhe dores nas costas.

Quando Kréstian dirigiu-se cedo para a cozinha, Catienka há muito estava acordada, pois Sumarokov tinha que se reunir com Alex e alguns mujiques para decidirem importantes mudanças no trabalho. O jovem encontrou Catienka colocando sobre a mesa delicioso pão de centeio e chá quente.

– Bom dia, Catienka! – cumprimentou, alegre.

– Bom dia, Kréstian!

– Onde está papai?

– Teu pai foi à mansão, tem muitas coisas a acertar. O Sr. Alex nomeou-o gerente de algumas lavouras e devem estar, agora, reunidos.

– Felizmente, o pesadelo terminou... – disse Kréstian, assentando-se num banco. – Ah! Catienka, precisavas assistir à fuga de Sergei... Aquele danado quase me encontrou, mas estava tão apavorado que acabou levando o meu cavalo. Por um momento, pensei que me pegasse... Nunca passei noite igual... Foi horrível. Felizmente, papai me encontrou.

O rapazinho estava terminando de contar sua façanha, quando Mayra entrou mancando, cumprimentou-os sorridente e ouviu a última frase.

– Kréstian, conta-me como foi tudo isto... – pediu-lhe que repetisse a aventura. – Desculpa-me, ontem o ambiente estava muito tumultuado, não te pude ouvir, como foi que te encontraram?

Kréstian passou a narrar, em detalhes, a aventura que

vivera desde que fugira atrás do pai, e as duas mulheres o ouviam atentamente.

– Onde fica a tal cabana? – queria saber Mayra, interessando-se.

– É um lugar abandonado, fica perto dos trigais, vais gostar, Mayra, lá existe grande quantidade de azuis-dos-bosques[1]... Lembras-te de quando as colhíamos para enfeitar teus cabelos?

– Como não? É minha flor preferida. Leva-me ao campo, Kréstian, quando minha perna estiver boa – pediu a jovem. – Quero apanhar algumas flores... – virando-se graciosamente para Catienka: –Temos algumas jarras sobre o armário que precisam ser enfeitadas...

Os três continuaram a conversar animadamente, saboreando o delicioso pão de centeio, que molhavam em uma espécie de mingau, enquanto tomavam chá quente. Logo entraram os outros irmãos, já atrasados para a escola. A mesa ficou cheia de juventude risonha. Os irmãos riam e comiam à vontade. De repente, a cozinha esvaziou.

Pável, que ficou por último, perguntou:

– Não irás?

– Não irei, Pável, não me sinto bem... – justificava-se Mayra que, indisposta, ainda mancava.

– Que pena! Logo hoje que o professor Semión retornará? – retrucou Pável, esforçando-se para que a irmã fosse com ele.

– Sim. Estou muito indisposta – disse-lhe, acenando com a mão.

Pável seguiu atrás dos irmãos.

Catienka, preocupada, voltou-se para Mayra:

– Deixa-me ver teu ferimento?

Ela ergueu a saia, o machucado não sangrava, mas estava inchado e vermelho.

– Vou colocar uma compressa, Mayra, aguarda-me!

Com a perna estendida sobre a almofada, a mocinha olhava

---

[1] Delicadas flores que nascem nos campos de centeio. (N. do autor espiritual)

o ferimento, mas seu pensamento estava no simpático amigo de seu pai que ela conhecera na noite anterior. Quando a moça voltou com alguns panos, perguntou, tentando disfarçar seu interesse:

– Catienka, já conhecias Wladimir?

– Sim. Teu pai e eu o visitamos uma vez, só que ele se apresentou com o nome de guerra, Kóstia. Não conhecíamos seu verdadeiro nome, mas Kóstia e Wladimir são a mesma pessoa – respondeu Catienka. Observando o seu interesse e, para incentivá-la, perguntou-lhe: – É um belo homem, não achas?

Mayra corou. Era muito sincera em suas observações e, indiferente ao que Catienka pudesse pensar, confirmou:

– É verdade, é um belo homem!...

– Estás te tornando uma mulher... – sorriu a noiva de Sumarokov, enquanto colocava água fervente nos panos, olhando-a de soslaio.

E mudando totalmente o rumo da conversa, Mayra, ainda com olhar contemplativo para a janela, de onde se avistava a escola, fez uma carinha triste.

– O que é agora? – perguntou Catienka, vendo-a com o semblante assim.

– Apenas gostaria de saber, Catienka, por que Nicolau não liga para mim. Ele nem sequer se interessa pela minha saúde, trata-me como se eu não existisse.

– É tua impressão, Mayra, Nicolau é um tanto calado, talvez seja por isto.

– Se o observares bem, Catienka, verás que tenho razão. Ele mal me cumprimenta e sinto que até se esquiva de mim.

Catienka, que nada havia observado de estranho no comportamento de Nicolau, ainda retrucou para a enteada:

– Estás sendo injusta. Ele te adora e fala sempre muito bem de ti, referindo-se a ti com muito respeito e consideração. Eu mesma sou prova disto.

– Nunca reparaste, Catienka, que quando nos encontramos a sós, minha presença o incomoda?

– Ainda continuo pensando que estás mimada e exagerando, querendo que todos te dêem atenção. És a única irmã, portanto, a única e mais querida – assim falando, passou os dedos pelos longos cabelos louros da menina, dando-lhe algumas palmadinhas na cabeça e depois, retirando as compressas, convidou-a: – Vamos descascar lentilhas?

Tudo mudava agora na fazenda Norobodwisky, sem a presença do antigo feitor, causador de tantos infortúnios e tragédias. Alex estava exultante e sua alegria contagiava os demais. Wladimir Boroski deveria regressar a S. Petersburgo para dar continuidade ao trabalho. Qualquer desleixo seria fatal e seus planos poderiam fracassar. Viajaria logo que Sémion regressasse.

Muito impressionado com a filha de Sumarokov, Kóstia olhava-o com novo interesse, já o admirava pela dedicação que demonstrava à causa e, agora, com o objetivo de se aproximar de sua bela filha. Infelizmente o dever o chamava. Queria ficar e conhecer melhor a bela Mayra, mas acalentava a firme decisão de voltar outras vezes à fazenda. Demonstrando preocupação com o estado de saúde da filha de Sumarokov, perguntou-lhe:

– Como está tua filha, camarada?

Contrariado, observando tanto interesse, respondeu-lhe lacônico:

– Está passando bem. Quando vim para cá, ela ainda estava deitada...

– És um homem feliz, Sumarokov, com tal anjo em casa... Quantos anos tem tua filha? – insistiu o amigo.

Mais lacônico ainda, Iulián Sumarokov respondeu:

– Quinze.

– Sabia, Sumarokov – disse Wladimir, sem se incomodar com a breve resposta – que se minha filha estivesse viva, deveria ter mais ou menos a idade da tua?

A esta observação, Sumarokov estremeceu, tentando fugir ao seu olhar. Sentiu-se aliviado quando Karosky se aproximou deles, para argumentar:

– Camaradas, temos longos dias de trabalho pela frente, para reparamos os estragos que Sergei, voluntariamente, causou em vários pedaços de terra... – referia-se à gleba que Alex dividira e lhe cabia tratar. – Este é o quinhão que me sobrou. Tens mais sorte, Sumarokov, ficaste com as terras cuidadas e férteis.

– Camarada, minha responsabilidade se torna igual à tua, pois devo tratar de melhorá-las mais, para que continuem sustentando a parte afetada. É de lá que virá o lucro a que nosso patrão se referiu – dizendo isto, Sumarokov aproveitou para sair.

– Espera, camarada Sumarokov, permites que visite tua filha para me despedir? – voltou Kóstia insistente.

– Fica à vontade, camarada Kóstia – retrucou – talvez ela esteja agora na escola, seria bom verificar primeiro, para que não te atrases – respondeu referindo-se à viagem.

Karosky e Kóstia ficaram ainda conversando, mas o segundo nem prestava atenção ao que falava, deixou-o no meio do assunto e foi para a escola, na esperança de rever a jovem.

Semión, vendo o amigo chegar, julgou que ele a estivesse visitando e começou a falar de seu novo projeto com os alunos, apresentando-lhe com orgulho os filhos de Sumarokov que, graças à rica inteligência, o substituíram durante sua ausência.

– Graças a Nicolau e Pável, poderei ausentar-me quantas vezes for necessário e participar mais de nossas reuniões. Aqui, Kóstia, formaremos a nova mentalidade russa – Semión olhou a classe, entusiasmado com seus alunos. Mas, Mayra não se encontrava ali, e Kóstia ficou decepcionado e ansioso por revê-la, antes de partir.

Aproximou-se de Nicolau e perguntou, tentando demonstrar naturalidade:

– Tua irmã ainda sente dores e, por isso, não veio?

– Sim... Este foi o motivo pelo qual faltou às aulas – respondeu Nicolau, examinando-o, desconfiado de suas intenções. Não conseguia esconder e nem entender a antipatia momentânea que sentia por esse homem.

Kréstian, assentado perto deles, também não concordava com o súbito interesse do homem e, enciumado, arrematou com o intuito de afastá-lo da irmã:

– Mayra está bem, apenas pediu para descansar, portanto não há motivo para te preocupares.

Wladimir Antón percebeu o tom de voz do rapaz e sorriu um tanto sem graça. Semión, que ouvia o diálogo interferiu:

– Ela pode dar-se o luxo de faltar quantas vezes quiser... Seus conhecimentos ultrapassam à maioria da sala.

– Não digas, camarada Semión, é tão inteligente assim? – voltou-se admirado Wladimir.

– É a aluna mais brilhante da sala! – respondeu Semión.

– Bem, estou regressando, Semión, vim despedir-me, aguardo-te brevemente em Petersburgo.

– Até... camarada!

– Até lá, camarada! – ambos despediram-se beijando-se, e Kóstia, após saudar os alunos com um aceno, deixou a sala, dirigindo-se para a isbá do cercado com o coração batendo mais forte do que o costume.

Ao atravessar o caminho de girassóis, Wladimir parecia reviver seus últimos e encantadores encontros com Sácha; quantas vezes atravessou aquele caminho em busca de sua amada, de seus beijos e abraços. Seus encontros escondidos transformavam a abandonada isbá num castelo de sonhos. Era como se estivesse revivendo aqueles momentos fortes e ricos que jamais se apagariam de sua memória, enquanto vida tivesse.

Seu coração batia mais acelerado ao se aproximar da pequena casa.

Catienka estava do lado de fora, estendendo algumas roupas, quando o viu. Envergonhada, começou a enxugar as mãos no avental e aguardou que ele se aproximasse.

– Bom dia, como vais? – cumprimentou-a Wladimir, sorridente.

– Estou bem, e tu, senhor? – respondeu, estendendo-lhe a mão.

– Estou bem – disse apertando a pequena mão. – Como está Mayra? Soube que não foi à escola...

– Sim... ainda sente fortes dores, está mancando e continua repousando no quarto... – explicou Catienka, sem saber se o convidava para entrar, ou se o despachava dali mesmo.

– Gostaria de me despedir dela, Catienka. Não sei quando regressarei, e esta tal menina me impressionou muito. Ela é o retrato vivo de alguém que me foi extremamente importante... e se me permites, gostaria de vê-la – confessou-lhe Wladimir, abrindo-se com a singela rapariga, que lhe parecia confiável.

– Um momento, senhor, irei avisá-la – compreendia o

interesse do rapaz, que lhe conquistara a simpatia e, também, a de Mayra.

Catienka desapareceu na porta e Waldimir ficou observando as mudanças que Sumarokov havia feito, mas o caminho por onde sua amada transitava para encontrá-lo ainda era o mesmo, salpicado de flores. Quantas recordações felizes, e quantas outras tão dolorosas! Tudo passara. Novo ânimo tomava conta dele. Pensou que jamais se interessaria por outra mulher e, de repente, aquela meiga criatura despertou-lhe sentimentos tão vivos, que ele mesmo se encontrava surpreso.

Catienka entrou no quarto, ansiosa para avisá-la:

– Mayra, Mayra, o senhor Wladimir está aí fora, querendo ver-te. Faço-o entrar?

Assustada, Mayra ergueu-se no leito, não sabia o que fazer, mas o inocente interesse e a curiosidade natural da idade venceram.

– Sim, Catienka, faze-o entrar, deixa que me penteie primeiro, ajuda-me, por favor, olha como estou trêmula!

A grande amiga, que ela conhecia como se fosse sua mãe, riase de sua insegurança.

– Acalma-te, Mayra, ele vem apenas se despedir.

– Então que nos apressemos!

As duas apresentaram-se na porta e Wladimir aproximou-se, mais admirado ainda da semelhança da jovem com sua Sácha. Agora, observando-a melhor em pé constatava que a jovem tinha as mesmas características de Sacha, a mesma estatura, o tom rosado da pele, a cor dos cabelos, o modo inteligente de olhar, o sorriso sincero nos lábios vermelhos, como se fosse uma fada.

– Olá, Mayra! Acordei-te? – desculpou-se, emocionado.

– Não, senhor... – respondeu, timidamente, apoiando-se no braço de Catienka, sentindo dificuldades em ficar de pé.

– Entra, senhor Wladimir... assentemo-nos – convidou Catienka.

– Gostaria de entrar sim, porém, tenho que ir, vim apenas despedir-me.

– Por que te vais tão rápido? – aventurou Mayra.

– Voltarei muito mais breve do que supões – insinuou Wladimir quase que confidencialmente, estabelecendo entre eles um sutil acordo – então espero que possamos conversar com mais calma, gostaria imensamente de conhecer-te melhor.

Mayra não sabia o que responder, suas pernas estavam trêmulas, as mãos geladas e estava mais pálida do que o habitual.

Emocionada, respondeu:

– Volta quantas vezes quiseres... meu pai e eu teremos muito prazer em receber-te em nossa humilde isbá.

Antes que alguém mais os visse, Wladimir despediu-se das duas e, quando tocou a delicada mão da jovem, apertou-a suavemente. Mayra ruborizou-se, visivelmente, e sua cor não voltou ao normal enquanto ele não desapareceu na curva do caminho, com um último aceno de mão.

Catienka, sorrindo, colocou sua mão sobre o coração da mocinha, depois que o rapaz desapareceu.

– Mayra! Parece que irás desmaiar – e conduziu-a para o interior da casa. – Senta-te, pobre criança!

– Sim, Catienka, nunca senti emoção igual em toda a minha vida, sinto-me desfalecer... Não sei avaliar o que se passa comigo...

– Eu sei... Mayra....conheço tais sintomas.

– Quais sintomas, Catienka?

– Deves estar apaixonada!

– Eu? Não, isto não... é algo diferente, eu não sei o que é estar apaixonada, pois se paixão for isto, estarei perdida! – disse Mayra, colocando a mãozinha sobre o coração, enquanto duas lágrimas rolaram por suas faces. – Preciso chorar, parece-me que se não o fizer, eu morro, Catienka – e a jovem soluçou assim durante alguns minutos, sob forte impacto emocional.

Catienka, acostumada com a enteada, deixou-a desabafar enquanto cuidava de sua lida, calmamente, como se nada estivesse acontecendo.

– Isto passa, minha Mayra, isto passa! – repetia lavando a louça.

44

AZUIS-DOS-BOSQUES

Um mês havia se passado, desde os episódios que envolveram o povo. Na fazenda Norobod, a vida voltava ao normal. Os trabalhadores, mais felizes, trabalhavam na faina, entusiasmados, a alegria reinava entre todos

Mayra e Kréstian, numa bela tarde de domingo, foram dar um passeio pelo bosque. O dia estava ensolarado e convidativo.

– Hoje, Mayra, levar-te-ei à cabana abandonada, onde apanhei tuas flores prediletas – dizia Kréstian, puxando-a pela mão.

– Não corras, Kréstian, assim não consigo acompanhar-te!

Os dois jovens corriam rápidos, ele ia à frente, puxando-a e voltando-se para ela de vez em quando, preocupado com sua dificuldade para correr.

– Estamos nos aproximando.

Mais alguns passos e avistaram a velha choupana, o telhado quase desabando e algumas paredes destruídas pela ação do tempo. O mato havia crescido ao redor da cabana, dificultando-lhes a entrada.

– Foi aqui que me escondi. Vem ver o local – e puxou-a para o interior.

– Espera, Kréstian, não posso mais avançar – falou Mayra, parando próximo ao grabato. – Há alguma coisa muito estranha neste exato lugar – ela passou a mão pelo grabato e logo a retirou, sentindo que estava coberto de pó. Seu corpo tremia, estava muito emocionada.

– O que está acontecendo, mana?!. É apenas uma velha choupana... Voltemos – convidou, preocupado, conhecendo a sensibilidade da irmã. Se algo lhe acontecesse, estavam muito longe de casa.

– Não, Kréstian, espera. Preciso ficar um pouco aqui.

– A cabana está imunda, nem ao menos podemos nos assentar! – reclamou Kréstian desconcertado – Não queres apanhar as flores? – convidou, tentando tirá-la dali, antes que ela começasse a se impressionar.

Mayra, contudo, parecia não querer mesmo se afastar dali, e ele viu-se obrigado a esperar que ela se decidisse. A irmã parecia uma mula quando queria alguma coisa.

– Kréstian, este lugar não me é estranho! – exclamou após meditar alguns instantes de olhos fechados, parecendo rever alguma lembrança. Depois, abriu os olhos e começou a examinar os detalhes da velha casa. – Agora me lembro, por isso peço-te que tenhas paciência comigo. Sonhei várias vezes com este lugar. Ele me é familiar.

– Talvez estejas certa, ou quem sabe terás passado por aqui em outra ocasião – sugeriu Kréstian tentando não impressioná-la, demonstrando calma.

– Ora, Kréstian, tu conheces muito bem minha vida e sabes que nunca estive aqui antes. E tu? Não se trata da segunda vez que aqui vens?

– Está bem, Mayra, acredito em teus sonhos. Sonhaste, e daí?

– Sim, sonhei... o sonho nos leva a lugares desconhecidos, ou quem sabe já vividos, nesta ou em outras vidas, como num livro que estou lendo, que me foi emprestado pelo mago Nabor. Para que saibas que eu não estou mentindo, para afirmar que aqui estive ou visitei-o em sonho... digo-te, logo atrás desta casa, existe um poço e ele está vazio.

Mayra falou com tanta convicção que Kréstian deu a volta, imediatamente, pela casa para confirmar sua descrição. No terreno arenoso e sujo, as plantas haviam crescido e escondiam o poço que era raso e seco, mas lá estava ele. Voltando-se de sua surpresa, aproximou-se da irmã, examinando-a detidamente.

– Como sabes? – perguntou impressionado. Mayra, realmente, tinha alguns poderes extrasensoriais. Ninguém poderia saber da existência daquele poço que estava totalmente coberto pela folhagem.

Kréstian, habitualmente tão valente e destemido, agora sentia-se amedrontado, desejando voltar logo para a casa.

– Vamos, Mayra?

– Vamos – disse segurando a mão que ele lhe estendia.

Lá fora a lavoura de trigo se perdia de vista, as espigas amarelavam alegrando a paisagem, contrastando com o azul do céu. No chão estendiam-se as delicadas flores, que balançavam à brisa fresca.

Mayra foi enchendo a cesta de flores. Kréstian também apanhava braçadas de azuis-dos-bosques e logo a cesta estava abarrotada até a alça.

– Ainda queres mais flores? – perguntou Kréstian com as mãos cheias delas.

– Ora, Kréstian, basta! Não vês que não cabem mais?!

O rapaz, sem se importar, despejou-lhe as flores nos cabelos, propositadamente, e gracejou: – Agora, quem chegar primeiro em casa ganha um beijo!

Kréstian foi à frente, enquanto Mayra correu para alcançá-lo, gritando:

– Espera, Kréstian!

Mas Kréstian ia longe, quase desaparecendo de sua vista.

O irmão aproveitou sua dificuldade para andar e se escondeu para surpreendê-la, dando azo à sua farra. A jovem olhava para os lados e não o via. Kréstian sempre fora assim, brincalhão e bem humorado. Dos irmãos, era o que mais tinha afinidade com ela. A diferença de idade entre os dois era menos de um ano. Cresceram como se fossem gêmeos, usando as mesmas botas e casacos, dividindo os mesmos brinquedos. Ambos cresceram sem mãe, e a mãe que conheciam era Catienka, que só faltava adivinhar os seus mínimos desejos, amando-os como se fossem seus próprios filhos.

Quando Mayra, cansada de correr atrás do irmão, parou um pouco para descansar, Kréstian a surpreendeu pelas costas, silenciosamente, segurando-a pelos ombros.

– Oh! Kréstian! Matas-me de susto! Quase todas as flores ficaram no caminho... És culpado!

– Estás muito mole, princesa, queres que te leve nos braços?

– Sim, terás que me carregar, como castigo – e estendeu-lhe os braços.

– Perfeitamente, princesa, serei sempre o teu criado, um pedido teu para mim, pobre mortal, é uma ordem.

Mayra, empinando o nariz, deixou-se levar em seus braços, castigando-o. Kréstian estava tão alto e forte, que poderia carregar a pequena Mayra até sua casa, sem se cansar.

Andaram alguns metros e ela, julgando que estava sendo um fardo demasiado pesado para ele, pediu-lhe:

– Já basta, teu castigo foi cumprido, agora solta-me!

– Não, não te soltarei, agora levar-te-ei até o fim.

– Solta-me, Kréstian, –insistiu – estás a me apertar.

Kréstian afrouxou os braços e Mayra desceu, deixando cair a cesta de azuis-dos-bosques.

– Oh!

– Eu as apanharei – disse Kréstian, abaixando-se e recolhendo as flores.

Voltaram para casa conversando animadamente, mas cansados da longa caminhada.

O entardecer coloria a paisagem de vermelho tornando-a deslumbrante. Olharam, emudecidos, o espetáculo. Quantas vezes já haviam admirado o crepúsculo juntos, mas nunca ele estivera tão belo como naquele dia.

Assim que avistaram a casa, Mayra deixou-o e correu, entrando em casa, atrás de Catienka e de algumas jarras para colocar as flores, antes que murchassem.

45

NICOLAU NIKOLAI SUMAROKOV

Nicolau estava assentado, as pernas estendidas, lendo um livro, quando a irmã entrou e quase tropeçou nele.

– Preciso de algumas jarras!

Nicolau olhou-a sem nada dizer.

– Onde está Catienka?

O rapaz respondeu-lhe sem tirar os olhos do livro:

– Quase me atropelas, Mayra, que modos de entrar são estes? – reclamou mal humorado.

Na verdade, o irmão sempre a tratava com certa reserva e, ultimamente, andava mais esquivo ainda, tão diferente de Kréstian, que só faltava adivinhar-lhe os pensamentos, sempre gentil e carinhoso. A frieza de Nicolau deixava-a triste. Ela pensava que ele não gostava dela, por seus modos secos com que a tratava. Ela, por sua vez, respondia-lhe com total indiferença, mas muito magoada.

A mocinha arrastou um banco para perto do armário, tentando alcançar duas jarras que, esquecidas, estavam demasiado altas para ela.

Nicolau percebeu sua dificuldade em alcançar os objetos, ficou observando-a, sem interferir; Catienka as havia colocado em lugar muito alto. A irmã tentou se equilibrar sobre o banco, que balançou, ameaçando cair. Pressentindo um desastre iminente, decidiu abandonar a leitura e auxiliá-la, antes que ela quebrasse as jarras de porcelana que pertenceram à sua mãe, como presente de casamento, motivo pelo qual Catienka as conservava tão bem guardadas.

Mayra, em cima do banco, estendera o braço para apanhar as jarras, quando se desequilibrou. Felizmente, Nicolau a acudiu a tempo de evitar um desastre.

– Cuidado, Mayra! – disse, segurando-a firmemente.

– Graças a Deus, estavas aqui! – exclamou, firmando-se em seu ombro com uma das mãos, enquanto lhe entregava a jarra com a outra.

– Esta ainda durará alguns anos mais! – resmungou, segurando o delicado vaso na mão e depositando-o sobre a mesa. Depois, Nicolau pediu-lhe:

– Desce, eu apanho a outra, antes que a deixes cair.

Mayra já ia descendo, quando o tamborete virou e ela caiu nos braços do irmão, que a enlaçou decidido, evitando a queda. Era a primeira vez em que os dois ficavam tão próximos. Nunca seus corpos estiveram tão unidos. O irmão sempre a evitava, nunca se lembrava de um carinho dele. Quando seu rosto roçou o dele, olharam-se espantados. Nicolau parecia ver a irmã com outros olhos. Nunca a sentira tão bela, seus cabelos macios, sedosos como cetim e louros como os trigais maduros, seus olhos azuis pareciam mais claros, sua pele como um veludo, sua boca delicada e rosada lembrava um coração. Aquela linda moça era sua única irmã. Certamente, um dia, encontraria alguém para namorar e ser feliz. Àquele pensamento, seu semblante se entristeceu.

Ainda abraçados, ele foi o primeiro a quebrar o silêncio:

– Vou pegar a outra – disse, enquanto ela, também emocionada, se refazia do abraço, seus olhos brilhavam de felicidade, enchendo-se de lágrimas.

As duas jarras agora estavam sobre a mesa. Mayra pegou uma vasilha cheia de água e colocou a água dentro das duas jarras, até derramar. Distraída, observava o irmão que voltava à leitura. Mas quem disse que o jovem prestava atenção no livro? As letras dançavam sob seus olhos e, se lhe perguntassem o que estava lendo, com certeza, não saberia responder. Seu pensamento estava muito confuso e agitado. Tinha a sensação de que uma fogueira havia se acendido dentro dele. Sentiu-se aliviado quando entraram Catienka e Kréstian, sorrindo e falando alto.

– Menina dos cabelos louros, estás me devendo algo? – perguntou Kréstian. à irmã.

– Eu?!

– Tu mesmo. Esqueceste que fizemos uma promessa, quero o meu beijo!

– Eu cheguei primeiro, tu é que me deves um beijo! – disse-lhe apresentando a face rosada e sorridente.

Kréstian então deu-lhe descontraidamente um beijo estalado.

– Estou a pagar o meu castigo. Quero mais outros castigos assim...

– Chega, Kréstian, deixa de ser beijoqueiro, fizeste de propósito, isto não vale, ficaste para trás porque quiseste...

Nicolau levantou-se inesperadamente, e saiu dando com os ombros, como se a alegria dos irmãos o incomodasse.

– O que deu nele? – perguntou Kréstian.

– Deixa-o, Nicolau tem mais no que pensar... Desde criança, nunca participou das brincadeiras... – respondeu Catienka, que os observava enquanto colocava água para ferver.

– Ele é um chato, isto sim, nunca participa de nada – retrucou Kréstian para Mayra.

46

AS BODAS

O rigoroso inverno transformava a paisagem numa grande placa branca de gelo, a neve cobria o horizonte. Tudo se recolhia, pessoas, animais e aves, o rio transmudara-se numa ponte suspensa de gelo. A vida corria lenta, mas para os pobres mujiques as coisas continuavam tão rigorosas quanto o inverno. Sumarokov havia saído cedo de trenó à procura de lenha, acompanhado de Iulián, deslizando pela neve. De repente, os cães começaram a ladrar nervosos.

– Pai, ouve, logo ali, parece um gemido – chamou percebendo um barulho.

Ambos desceram do trenó e, patinando na neve, conseguiram chegar até os gemidos.

– É uma marta!

– Está presa, cuidado, pai!

Iulián procurou no trenó, uma corda e, com ela, amarrou a boca do animal.

– Isto nos garantirá mais uma semana de carne – animou-se Iulián Sumarokov, vendo na caça o sustento da família e, dispostos, amarraram o animal junto com a lenha.

A alegria foi geral quando os dois chegaram. Trataram logo de comemorar a caça.

– Toque algo, Mayra, estou saudoso de ouvir-te –pediu o pai, acendendo o enorme charuto.

Mayra foi ao quarto, trouxe a balalaica e tocou para o pai e os irmãos uma bela canção popular. Os sons alegravam a pobre cabana e a melodia alcançava outras casas ali por perto, para alegria de seus moradores. Alguns vizinhos mais chegados começaram a se aproximar e logo a isbá do cercado ficou cheia de crianças e adultos. Todos se reuniram ao redor da grande estufa acesa, enquanto o velho samovar de cobre esquentava a água para o chá. Catienka preparava delicioso *kvass*.

A música enchia a casa de ingênua e suave alegria. Os pobres mujiques nada podiam fazer durante o rigoroso inverno, senão aguardar a neve derreter.

***

Quando surgiam alguns raios de sol, todos saíam das casas, reuniam-se e cantavam músicas populares, epopeias de soldados em que a alma eslava derramava seu romantismo e aspirações. Os que sabiam tocar instrumentos se reuniam e logo começava a dança; os moços vestiam roupas coloridas, as moças soltavam os cabelos e ensaiavam a polca, comemorando a chegada da primavera.

A neve começava a derreter, anunciando o final do inverno; no chão, a vegetação despontava; tenros brotos surgiam, timidamente, após longa hibernação e coloriam de verde a paisagem. Foi neste encantador clima de festa e alegria, que Kóstia chegou na Fazenda Norobod e encontrou a família Sumarokov preparando-se para a caça e as bodas.

Era o dia destinado à caça de javalis, martas, cervos e outros animais que, inocentemente saíam de suas tocas em busca de alimento. Pela manhã, as mulheres tiravam as roupas de festa dos baús, saíam de suas casas com enormes vasilhas e limpavam as moradias, para logo mais festejarem a entrada da primavera. Em meio dessa azáfama, na casa de Iulián Sumarokov havia outro motivo mais atraente, era o dia de suas bodas.

Catienka levantara-se cedo, sua família não tardaria a chegar e algumas vizinhas amigas vieram, oferecendo-se para ajudá-la no ritual que precedia as bodas. O primeiro deles recomendava que a noiva devia tomar um banho perfumado com ervas, da cabeça aos pés, vestindo em seguida uma túnica de lã branca e assentar-se do lado de fora da casa, de frente para o sol e deixar-se pentear por uma virgem que rezava, sob os raios solares. Diziam os antigos que esses preparativos traziam sorte à noiva, garantindo-lhe fortuna e beleza. A moça escolhida foi Mayra. Depois de penteada e perfumada, a noiva deveria tomar um caldo quente de ervilhas para garantir-lhe saúde e grande prole. Os homens não podiam participar desses rituais. O noivo ficava distante da noiva porque, se a visse, corria o risco de ver o casamento adiado para a próxima primavera.

O noivo saiu bem cedo, acompanhado dos filhos e dos vizinhos. Retornariam mais tarde. Depois do preparativo da noiva, o noivo deveria ser banhado e perfumado por seus amigos. Os homens preparariam a lenha para a fogueira, escolheriam a melhor carne da caça, que assariam nas brasas. O noivo comeria o primeiro pedaço, enquanto era saudado pelos demais. A festa das bodas de Iulián prometia começar antes do Sol se pôr e só terminaria ao alvorecer.

Todo início de primavera era como se a vida também começasse, mas para os noivos, na vida de casados havia pouca diferença. A única mudança era a ampliação da casa, com a construção de um novo quarto destinado ao casal. Iulián construíra o quarto muito rapidamente para que, no dia das bodas, estivesse pronto. Ninguém podia entrar na alcova nupcial a não ser os noivos, assim mesmo, só depois do casamento.

Alex ofertara aos noivos rico tonel de vinho, e a Sra. Norobod oferecera-lhes alguns casacos de pele, gorros, tapetes e outros utensílios domésticos. Catienka sentia-se gratificada, após longa e dedicada espera. Finalmente, seus anseios seriam concretizados aos olhos de todos, anseios que ela e Sumarokov já viviam às ocultas. A moça trabalhadora olhava os preparativos como se estivesse sendo preparado o casamento de outra pessoa, mas sentia-se muito feliz, aguardando a chegada de sua família.

Kóstia, ansioso por ver Mayra, passara o dia todo esperando uma brecha para visitá-la. Sabendo que na casa dos noivos o movimento era grande e a moça corria de um lado a outro na alegre azáfama, decidiu encontrá-la somente durante a festa. Sua ansiedade o levara várias vezes a se aproximar da isbá e, quando Alex regressou da caça, encontrou o amigo mergulhado na leitura de um jornal. A casa estava silenciosa, a maioria dos empregados auxiliava na preparação da festa do casamento.

Os homens trabalhavam na construção de um palanque destinado aos músicos. Em frente erguia-se um grande arco com ramos e flores reservado aos noivos. Ao lado, outro lugar especial destinado ao pope.

À tarde, seria realizada a cerimônia do casamento, com o pedido formal de Sumarokov à família da moça, a entrega das alianças e a bênção do pope. Depois os noivos dançariam com os convidados, dando início ao baile e à oferta de bebidas e comidas.

O noivo beberia com os amigos antes de desaparecer com a noiva para o quarto e, quando a noiva estivesse adormecida, ele retornaria à festa e beberia com os amigos até o final.

Mayra ia de um lado a outro, dançando com os irmãos. Somente Nicolau se esquivou e, por mais que ela tentasse, não conseguiu tirá-lo de seu canto.

– Nicolau, não queres dançar com tua irmã? – perguntou o pai, vendo seu esforço. – Danças com Catienka, que Mayra e eu faremos novo par – Catienka puxou-o pelo braço, sem dar-lhe tempo de se esquivar e o arrastou para o meio da festa.

Todos dançavam animados, e os noivos saíram do salão de dança, deixando os dois irmãos frente a frente, marcando a polca. Nicolau, sisudo, não podia se esquivar e atrapalhar a dança. A irmã, linda, animada e faceira, dançando com entusiasmo. Era, sem dúvida, a moça mais bonita do lugar. Por um instante esqueceu-se de que ela era sua única irmã, enlaçou-a fortemente e dançaram nova música. Por capricho do destino, o violinista mudou o ritmo, tocando suave melodia que permitia maior proximidade aos casais.

– Não sabia que dançavas tão bem, Nicolau.

Ouvindo a voz da irmã, o rapaz assustou-se com sua aproximação e largou-a, sem dar-lhe explicação.

– O que deu em ti, Nicolau, volta! A dança não terminou.

Nicolau deu-lhe as costas e, vermelho, desapareceu.

– Queres que eu a termine? – perguntou Kóstia, que observava a cena, aguardando um momento oportuno para se aproximar. O providencial afastamento de Nicolau ofereceu-lhe o ensejo de dançar com Mayra.

Sem dar tempo de responder, Mayra já estava em seus braços, bailando.

– Como estás, senhor Wladimir? – perguntou, feliz e emocionada com o reencontro.

– Teu irmão te abandonou na melhor parte.

– Nicolau, às vezes, é muito estranho, não é muito dado à festas, danças...

– Se eu tivesse uma irmã tão graciosa, dançaria com ela a noite toda – Kóstia tinha a impressão que bailava com a própria

Sácha. Aquela menina despertava-lhe uma infinidade de sentimentos, que nem ele mesmo conseguia definir. Sentia uma grande vontade de protegê-la, estar com ela para sempre, beijá-la, abraçá-la fortemente. Controlava-se, porque a ética não lho permitia. Devia se aproximar devagar, apalpando o terreno, para depois pedi-la em namoro ao pai e ao dono da propriedade.

Kóstia, durante toda a noite, ficou perto de Mayra, enquanto Nicolau os observava de longe, com cara de poucos amigos. Sácha, a filha de Alex, em vão tentou animá-lo. Como a mocinha estava, há muito, interessada nele, não arredou pé durante toda a noite. Nicolau já havia bebido muito e nem se importava com os arroubos da mocinha que, coquete como a mãe, não perdia oportunidade. Aliás, todos já haviam comido e bebido em excesso.

– Nicolau, não dançaste comigo? – insistia Sácha faceira, quando um bando de dançarinos os levou para o meio do terreiro.

– Venham!

Todos marcavam a polca, muito animados. Os que já estavam bêbados caíam e eram retirados. Começou a dança dos cossacos, uma verdadeira maratona em que o mais forte, o que aguentasse dobrar as pernas, beberia o resto da vodca[1]. Era o instante do russo mostrar sua valentia , talento e força nas pernas.

Um a um foram caindo, enquanto os demais batiam palmas, ficando Kóstia e Nicolau. Ambos estavam completamente bêbados, mas nenhum deles cedia, bebendo e dançando, com a figura de Mayra rodando à frente. Ela mesma estava ficando tonta com a algazarra. As palmas e a música não paravam. A festa chegava ao fim e os noivos se retiraram, definitivamente. A mocinha também havia bebido um pouco de vinho, sua cabeça girava e, sem o apoio de Kréstian, ela teria caído.

– Acho que me excedi, Kréstian.

– Estou aqui. Quem vencerá? – perguntou Kréstian, abraçando-a.

– Nicolau.

– Vejamos, queres fazer uma aposta? Aposto em Kóstia.

– Eu, em Nicolau. O que perdes desta vez?

– Irás com o vencedor ao campo de azuis-dos-bosques.

Aguardente russa, de cereais. (N. da E.)

– Está bem. Mas é preciso avisá-los de que estão sob aposta – e empurrou o irmão: – Vai, Kréstian!

Kréstian aproximou-se de ambos:

– Esperem, Mayra e eu apostamos – ambos o olharam sem entender, tão bêbados e cansados estavam. – O vencedor terá que ir com ela até o campo de azuis-dos-bosques!

– Está bem! Eu irei! – gritou Kóstia, animado em vencer.

– Se tu perderes? – perguntou Nicolau.

– Irei eu – respondeu o irmão.

Kóstia, interessado no passeio com a bela jovem, dava tudo para permanecer em pé e, mais acostumado à bebida, levava vantagem sobre o jovem.

Porém, o vigor de Nicolau sobrepujava. Entre eles havia uma diferença de dezessete anos! O irmão, enciumado pela atenção que aquele homem mais velho dispensava à sua irmã, lutava pela vitória. A luta entre ambos tornou-se ferrenha, entre um cair e levantar, suas pernas já não sustinham o corpo, até que venceu o mais velho e experiente. Nicolau não pôde com o veterano, caiu desmaiado e foi carregado, quase em coma, para o interior da isbá. Mayra, não desejando acordar Catienka, pegou um pano e começou a colocar compressas de água quente na testa de Nicolau para animá-lo. O dia já estava clareando e os outros irmãos não voltavam, deviam estar namorando em algum canto. Ela e Kréstian suspiraram aliviados, quando Nicolau começou a se esquentar. Deram-lhe um pouco de chá quente sem mel e ficaram em vigília até o dia amanhecer. Kóstia também havia se excedido e fora carregado por alguns homens sóbrios que ajudavam os outros.

***

Kóstia, decidido a cortejar a filha de Iulián Sumarokov, começou a se interessar vivamente por tudo quanto se relacionava a ela e à sua família.

A promessa feita à moça, na festa do casamento de seu pai, iria se cumprir dois dias após. Ele esperava, ansiosamente, o dia de irem ao bosque.

Finalmente, chegou o tão esperado momento. Sairiam cedo e regressariam para o almoço.

Nicolau, contrariado, demonstrou sua preocupação ao pai:

– Pai, não seria exagero, deixares Mayra ir só ao campo com um desconhecido?

– Onde estás com o juízo, Nicolau? – virou-se Sumarokov, surpreso com sua infundada preocupação. – Kóstia é um homem educado e respeitador. Além do mais, tem idade suficiente para ser seu pai. Com o que te preocupas? – perguntou, observando a ruga que se formara na testa do moço.

– Pelo menos, pai, chama alguém mais para acompanhá-los! – exclamou, decidido a proteger a irmã.

Sumarokov enxergava em Mayra apenas uma criança, ignorando que sua filha se tornara uma bela e sedutora mulher, capaz de despertar sentimentos de amor nos homens. Em sua ingênua confiança, o pai não percebia o perigo que a malícia do filho previa. Kóstia, o grande e solitário amigo, ainda se conservava jovem e belo, apesar da idade. Sumarokov não imaginava que ele pudesse despertar em sua filha outro tipo de interesse. Nicolau, no entanto, advertira-o do perigo com seus cuidados excessivos de irmão. Ele, que sempre se manteve arredio da irmã, agora arvorava-se em censor de suas amizades e conduta.

Iulián Sumarokov olhou-o, admirado, Nicolau também era um homem feito, talvez tivesse razão. Pensativo, considerou a opinião do filho e, finalmente, concordou:

– Deves ter tuas razões, filho. Não é bom que Mayra vá ao campo colher flores só, com um homem. Afinal, ela já é uma moça.

Essa decisão deixou Nicolau mais aliviado, como se aquele inocente passeio pudesse colocar a vida de sua irmã em perigo.

– Se estás tão preocupado, meu filho, acompanha-os, então...

– Eu?!

– Sim, quem mais se encontra assim tão preocupado e cheio de cuidados com as companhias de tua irmã? – disse Sumarokov, brincalhão.

– Pede a Kréstian, meu pai –alegou, esquivando-se – que ele vá, pois conhece bem o caminho que leva às flores de que nossa irmã gosta.

– Chama então Kréstian, dize-lhe que estou lhe pedindo para acompanhá-los – ordenou solícito.

Logo em seguida, Nicolau saiu e Kréstian entrou, atendendo ao pedido.

– Acompanha tua irmã, não a deixes só. És responsável pelo passeio que ela e Kóstia programaram.

– Está bem, pai, irei com todo prazer, pretendia mesmo acompanhá-los. Gostaria de retornar àquele estranho lugar... Lembras-te, onde me encontraste após a emboscada? Pois bem, tal lugar me causou estranha impressão e, em Mayra, muito mais – Kréstian recordava-se da cabana abandonada, em ruínas, perto do trigal.

– Aquela cabana? Voltaste lá?

– Sim, é lá que se encontra o campo de flores. Olha, papai, parece um lugar mal assombrado, adoro tais emoções!... Foi lá que Mayra começou a ficar estranha, e tivemos que regressar logo.

Interessado em saber o que ocorrera na choupana, sabendo que a menina costumava ter visões de Espíritos e descrevê-los, Sumarokov, intrigado, perguntou:

– Ela disse algo em especial?

– Sim, disse alguma coisa, como se já a tivesse visitado em outra época. Sabia da existência de um poço oculto atrás da cabana. Mayra tem esta percepção e parece que, lá, essa faculdade se desenvolveu ainda mais. Pretendo saber se ela sabe mais alguma coisa sobre aquele sítio. É esta curiosidade que me anima a voltar.

– Não vás perturbar tua irmã!

Sumarokov achava impossível que alguém pudesse, um dia, descobrir seu segredo, e tentou esquecer o fato. Nicolau, que acompanhava interessado o diálogo, interferiu:

– Fica muito longe daqui, este lugar?

– Não tanto, cerca de duas verstas – respondeu Kréstian.

– Conta-me, Kréstian, o que realmente aconteceu? – pediu Nicolau, agora muito interessado.

– Mayra e eu estávamos atraídos para o tal lugar, como se alguma coisa nos convidasse a entrar. O mais interessante é que ela sabia de determinadas coisas, conhecia o poço encoberto pela folhagem. Ninguém poderia saber de sua existência se não tivesse morado lá, ou já o conhecesse anteriormente.

Sumarokov, assentado, acendeu o charuto e ouvia-os atentamente, tentando mostrar-se desinteressado.

– Como foi que ela soube? – interrogou Nicolau.

– Tu sabes como é nossa irmã, tem atitudes que, às vezes, nos surpreendem. Assim que entramos na cabana, ela ficou bastante estranha. Temi que lhe acontecesse algo mais grave, mas felizmente, logo, ela voltou ao normal. Tive a impressão de que junto de nós havia mais alguém. A casa parecia guardar alguns segredos. Assustado, retirei-a, imediatamente. Confesso-te, minha covardia superou minha curiosidade. Não ousei avançar o sinal dos Espíritos.

– É mais um motivo, meu pai, para que não a deixes andar por aí, só, ou acompanhada de pessoas estranhas. Nunca se sabe o que poderá lhe acontecer. Mayra não pode ficar sozinha.

Nicolau demostrou claramente sua preocupação que, antes, parecia apenas uma crise de ciúmes, e o seu bom senso acabou por dissolver a última impressão.

47

O PASSEIO

A advertência valeu, ficando decidido que Kréstian os acompanharia porque, além de conhecer a região, sabia o exato lugar onde se encontravam as flores preferidas da irmã.

Numa bela manhã ensolarada de domingo, quando a brisa fresca acariciava as folhas e flores, balançando-as como se brincassem numa alegre e esfuziante dança, os três saíram em direção ao mato.

Mayra amarrara os cabelos com um lenço branco de listras azuis, que combinavam com sua roupa. Parte de seus cabelos descobertos caía em mechas douradas e a brisa brincava carinhosamente com elas, dando-lhe um aspecto primaveril.

A cor dourada de seus cabelos, sua alegria juvenil, davam-lhe um aspecto angelical que encantava Kóstia. O moço contemplou-a, embevecido, durante a longa caminhada.

Ela mais parecia um anjo brincando com as plantas tenras da primavera; a própria natureza parecia reverenciar-lhe a passagem, quando seus pezinhos tocavam a relva.

Quando os três se aproximaram da cabana abandonada, um pássaro saiu, alçou voo e soltou um grito estridente, alertando-os.

– Que barulho feio! Chega a amedrontar-me... Neste silêncio, a natureza parece conversar conosco através do barulho do vento, do farfalhar das folhas e do bailado do trigal a balançar. A natureza conversa conosco através de seus sons... – impressionada e medrosa, correu para o irmão que a acolheu carinhosamente. Reclamou como uma criança: – Estou amedrontada, Kréstian. Sinto-me diferente, quando me aproximo deste local. Sejamos rápidos.

Kóstia olhava os irmãos, encantado com a beleza da moça, cuja presença despertava-lhe tumultuados pensamentos; era o retrato de sua amada Sácha. Não podia compreender a grande semelhança entre elas. Sentia-se o mais privilegiado dos homens, na convivência com aquela criaturinha adorável, cuja doçura e meiguice lembrava-lhe sua infeliz namorada.

Felicidade e ventura invadiram sua alma sonhadora. Finalmente, o destino lhe encaminhava alguém. Estava decidido a pedila em casamento a Sumarokov, disposto a tudo fazer para torná-la feliz! Queria proporcionar-lhe tranquilidade, filhos, um lar onde sua única preocupação seria a realização de todos seus desejos. A bela Mayra haveria de ser sua esposa, nem que fosse preciso lutar contra o mundo. A diferença de idade não seria empecilho. Considerava-se jovem, cheio de vida e suficientemente capaz de tornar qualquer mulher feliz.

Tais pensamentos o perturbavam enquanto os dois irmãos caminhavam lépidos à sua frente. De repente, eles se detiveram, as cabeças unidas como se cochichassem.

– Mayra, só entraremos se me prometeres não ficar novamente perturbada. Peço-te, não me apavores mais.

Segurando o braço do irmão, carinhosamente falou:

– Não sabes, querido Kréstian, que foi aqui o começo de tudo?

– Não te entendo, menina maluca, não sei o que dizes! Sabes, por acaso, do que falas?

Enquanto isso, Kóstia alcançou-os e, em tom de brincadeira, indagou:

– O que os irmãos estão a discutir?

– Nada – respondeu Kréstian, olhando a irmã. O segredo pertencia somente aos dois e aquele Kóstia estava se intrometendo demais, embora o respeitasse como velho amigo de seu pai. – Nada que te diga respeito. Nada!

Kóstia, compreensivo, sem se incomodar com a resposta do garoto, argumentou, recordando-se daquele lugar.

– Conheço esse lugar. Já vivi nesta fazenda, há muito tempo e nada aqui me é estranho, exceto algumas pequenas mudanças.

Os dois irmãos olharam-no, admirados.

O semblante de Kóstia entristeceu-se com a recordação da trágica noite do nascimento de sua filha, cujo paradeiro ignorava.

Assentou-se no grabato, soltando um profundo suspiro. Era

o mesmo grabato em que ele, desesperado, colocara a filhinha recém-nascida, sem saber o destino que a aguardava. Parecia ainda ouvir-lhe o tímido choro. Duas lágrimas tremeram-lhe nos belos olhos e comoveram Mayra, que lhe perguntou:

– Por que choras, senhor Wladimir?

Kóstia, embora envergonhado por suas lágrimas inesperadas, olhou-a, agradecido pela carinhosa atenção e, com um sorriso triste, respondeu-lhe:

– Por recordações que me fazem sofrer, e que este lugar foi o palco... – como os dois esperavam que ele continuasse, Kóstia explicou: – Já se passaram tantos anos, desde que tudo aqui aconteceu! Nunca mais voltei a este lugar e, por acaso do destino, aqui me encontro, recordando os fatos como se eles estivessem ainda a acontecer. É uma longa história.

– Conta-nos – insistiu Mayra, ansiosa, desejando conhecer os segredos que se ocultavam naqueles negros olhos. Aquele homem interessante despertava-lhe sentimentos carinhosos e compreensivos, estimulava sua sensibilidade. Além da curiosidade incontrolável em saber o motivo de suas lágrimas, desejava consolar o belo homem que a tratava e a olhava de modo tão diferente de todos os outros. Seu coração pulsava forte.

Mediante o pedido da menina, Kóstia resolveu desabafar e contou-lhe a história do nascimento de sua filhinha, mergulhando o olhar naquele meigo rosto.

– É uma longa história! Não sei se lhe pode interessar, mas mediante o teu sincero pedido, bela Mayra, eu te narrarei uma parte da minha vida, talvez a mais importante, a que mais me marcou. Quando jovem, ainda não havia atingido os vinte anos, apaixonei-me perdidamente por uma moça que, por sua vez, para minha ventura, apaixonou-se também por mim. A felicidade de ser amado tornou-me o mais ditoso dos mortais, mas como a alegria e a tristeza caminham juntas, nosso relacionamento foi conturbado e nosso amor muito difícil de ser concretizado! Filho de pobres mujiques, não poderia jamais almejar um dia a me unir à filha do senhor, do poderoso e temido Norobod, a quem eu e meus pais servíamos a duras penas. Sim, era impossível. Sácha era sua única filha, e nosso romance jamais poderia ser descoberto. Às ocultas, passamos a nos encontrar, justamente naquela isbá, onde hoje tu e tua família moram. Era lá, na isbá do cercado, que nos encontrávamos. Meses depois, ela engravidou e decidimos fugir, cientes de que se relatássemos o fato nos afastariam para sempre um do outro. Mas, o destino cruel arquitetava uma terrível peça: fomos descobertos pelo feitor da fazenda, Sergei, cuja maldade causava a todos sofrimentos inenarráveis. A notícia do romance foi revelada a seus pais. Fui perseguido covardemente. Meus pais, que de nada sabiam, foram maltratados violentamente para revelarem meu paradeiro. Outras famílias amigas de mujiques esconderam-me, pois procuravam-me vivo ou morto. Os capangas, não me encontrando, simularam a minha morte, botando fogo em outro rapaz, filho de mujique. Desfiguraram-lhe o rosto, tornando-o irreconhecível para que Norobod não percebesse o engano. O medo tomou conta de todos. Ninguém ousava comentar a trapaça. Norobod, pensando que eu estava morto, acalmou-se. A amante de Sergei soube do fato, felizmente calou-se, porque a crueldade de Norobod e Sergei poderia recair sobre outros inocentes. Julgaram-me morto e arquitetei novo plano. Encontrava-me com a ama de Sácha que a adorava e favorecia nossos encontros ocultos. Roguei-lhe não lhe contasse que estava vivo. Nastássia informou-me que Norobod havia decidido matar nosso rebento, quando nascesse. Tal notícia deixou-me aturdido e me enlouquecia de ódio. Disfarcei-me e, à noite, surpreendi Nastássia com novo plano: no dia do nascimento, eu me apossaria da criança e fugiria. Somente eu e Nastássia tínhamos conhecimento disto. Toda cautela era pouca. Nossa querida gestante estava a ponto de se entregar ao desânimo, mortificada por minha morte. Nastássia, na tentativa de trazer-lhe um pouco de alento, receosa de prejudicar o parto, decidiu contar-lhe que eu ainda me encontrava vivo e falou-lhe de nosso plano. Quando seu pai descobriu que a criança havia nascido e fora roubada, espancou-a violentamente, obrigando-a a denunciar o autor do furto. Ela resistiu aos maus tratos o quanto pôde, mas nada revelou. Muito abalada, sofreu forte hemorragia e faleceu. Nastássia teve tempo de me entregar a filhinha, depois de ser beijada pela mãe. Fugi desesperadamente, levando o precioso fardo, e foi neste lugar que depositei o meu tesouro, a minha filhinha. Apavorado, ouvi um ruído e fugi para desviar meus perseguidores. Na realidade, era o barulho da carroça da valente Nastássia que vinha avisar-me de que fora descoberto e queria cuidar da criança. Sácha ficara sob os cuidados da mãe. Sem saber quem me seguia ao certo, receoso de nova emboscada, corri pelo mato. Era noite de luar. Soube mais tarde que Nastássia foi encontrada morta, levando consigo uma trouxa, que se assemelhava a um recém-nascido: era o nosso plano. Depois nada mais soube de minha filha, que desapareceu do local, na mesma madrugada.

A mocinha ouvia-o atentamente, sem perder nenhuma de suas palavras. Um leve suspiro saiu de seu peito e morreu na garganta, quando ele terminou a narrativa. Kóstia estava chorando. Mayra, instintivamente, passou a delicada mão por sua cabeleira negra, na tentativa de consolá-lo. A menina não sabia definir seus verdadeiros sentimentos, mas sentia que sua vida estava ligada à dele para sempre, e que naquele momento, ele era a pessoa mais importante.

– Não chores, senhor Wladimir, quem sabe o céu ainda te fará uma surpresa e te devolverá a ventura de encontrares tua filha, se ela ainda estiver viva. Não sabes que até as pedras se encontram?

As meigas e consoladoras palavras daquele anjo de candura o animavam e agradeceu, comovido:

– Obrigado, minha querida Mayra, és um anjo – e segurando sua mãozinha gelada, beijou-a comovidamente, acarinhando-a com os lábios. Desejava beijar-lhe a boca rosada, que se entreabria, deixando ver os alvos e pequenos dentes.

– Quem sabe, Jesus a encaminhou a alguma alma caridosa e que a acolheu como filha?... – argumentou, piedosa, ainda a lhe passar a mão com ternura.

Kréstian, enciumado com a cena, interferiu:

– Voltemos, ou não viemos aqui para apanhar azuis do bosque?!...

Saindo de seu enlevo, os dois se afastaram da isbá, ainda olhando o grabato, examinando o teto frágil e envelhecido. A choupana, prestes a desmoronar, era escura e refúgio de bichos peçonhentos; causava medo. Emocionados e pensativos, não ousavam dizer nenhuma palavra. Kréstian seguia à frente.

A história de Kóstia deixou-a angustiada. Desejava ficar sozinha e pensar um pouco em tudo o que ouvira: a experiência dolorosa de seu novo amigo, a quem ela começava a admirar.

Encheram a cesta de flores e logo regressaram.

Voltavam pensativos, sem compreenderem a emoção que os dominava. Mayra falava por monossílabos, perdera toda a sua espontaneidade, sem dissimular o sentimento doce e terno que batia em seu coração, em relação a Wladimir, cuja presença a alegrava. Algo muito forte a unia àquele homem sofrido, como se a sua história lhe pertencesse. Seu desejo era consolá-lo e torná-lo feliz.

– Estarei eu amando pela primeira vez?– auscultava seu íntimo. –Que seja bem-vindo esse amor em meu coração! – pensou.

Kóstia estava decidido a falar com Sumarokov, pedir sua filha em namoro, oficializando seus sentimentos, sentimentos tão fortes que ele não conseguia mais ocultar. Voltava do significativo passeio com este firme propósito, olhando o belo campo de trigo, repleto de azuis-dos-bosques.

48

KÓSTIA APAIXONADO

Kóstia permaneceria na fazenda Norobod ainda por dois dias, prazo suficiente para deixar tudo acertado. E, agora, conversava animadamente sobre os projetos cooperativistas, motivo real de sua visita. O motivo especial que o levara à fazenda Norobod era resolver os problemas emocionais relacionados com Mayra e sua família.

– Iahgo!

– O que é Kóstia? Estás com uma cara!

– Preciso falar-te dos meus sentimentos, desabafar-me antes de tomar uma iniciativa que vai decidir o meu destino de homem solitário... Jamais pensei em unir-me a alguém, acostumado a conviver com a minha solidão, tendo como ideal a nossa causa, a libertação de nossos irmãos que, mercê da sorte, vivem na miséria. Meus pais já se foram e eu planejei minha vida só, com minhas recordações. Hoje, não penso assim...

Alex Norobod olhava-o curioso, mas percebendo a gravidade dos desejos do amigo, ouviu-o sem interrompê-lo.

– Bem... sinto-me envolvido por uma criatura que, apesar da juventude e inocência em flor, tocou-me profundamente, como outrora tua desventurada irmã tornou-me o mais ditoso dos homens. Sabes agora, meu caro, que Sácha foi a única mulher a quem amei e o motivo de minha solidão, durante todo este tempo em que me conheces.

Alex inclinou a cabeça, incentivando-o a continuar. Kóstia era calado e introvertido. Somente agora, após a emboscada promovida por Sergei, ambos se aproximaram como se fossem irmãos verdadeiros.

Compadecendo-se do amigo, Alex olhou-o circunspecto e, interessado em sua sorte, perguntou:

– Estás a falar como se estivesses apaixonado e encontrado alguém capaz de modificar-te o destino. Ou estarei enganado? Poderás falar-me desta pessoa que te aprisionou o coração?

– Sim, Iahgo, não farei segredo. Conto com tua ajuda. Trata-se da tutelada de tua mãe, a menina que tu conservas, carinhosamente, em tua fazenda.

Surpreso, Iahgo fechou o semblante, preocupado, adivinhando de quem se tratava. Sentiu inexplicável pena do amigo, que deixava transparecer em seu olhar o amor e a terna submissão à lei da atração e da afinidade das almas.

– Falas da filha de Sumarokov, ou estarei enganado?

– Sim. Refiro-me a Mayra. Apaixonei-me perdidamente pela flor dos bosques. Esta terna criatura povoa meus sonhos e minhas noites de solidão. Desde que a vi, nunca me senti só, porque sua presença me conforta como se eu estivesse junto a tua irmã, à minha querida Sácha. Se o destino cruel não ma tivesse arrebatado, estaríamos felizes e unidos para sempre.

Iahgo, recordando-se da querida irmã, também se emocionou, ouvindo-o falar dela com tal desvelo. Comovido ante tão grande fidelidade, percebeu que, apesar do tempo, ela jamais tivera substituta em seu coração.

– Mas, camarada Kóstia, Mayra é tão jovem! Não estará um tanto imatura para assumir compromissos com um homem maduro como tu?

– Sim, ela é muito jovem, é por isto que te peço ajuda. Quero que convenças Sumarokov a consentir que ela se case comigo, pois farei dela a mulher mais feliz da terra. Dize-lhe, Iahgo, que ele jamais se arrependerá. Prometo-lhe dar a Mayra segurança e muito amor...– Kóstia solicitava a Iahgo intercedesse por ele, junto ao mujique, certo de que seu pedido seria acatado. – Peço-te, Iahgo, ajuda-me a falar com Sumarokov ainda hoje, porque ao partir deixarei nosso noivado oficializado e as bodas marcadas para meu próximo regresso...

Alex ouviu, perplexo, a revelação do amigo Kóstia. Contrariado, em sua mente passavam muitos pensamentos, mas afinal, que destino teria a filha de Sumarokov? Acabaria se casando com algum jovem filho de mujique, e Kóstia, era um destemido trabalhador, que conseguira vencer, a custo do próprio esforço. Suas ideias revolucionárias casavam-se perfeitamente com as suas; enfim, agradava-lhe tê-lo por perto e confiava plenamente que ele seria capaz de dar a Mayra um futuro melhor do que qualquer outro homem. Depois bateu em suas costas, dizendo:

– Está bem, meu amigo, vejo que não desistirás da menina. Não se trata apenas de uma aventura fácil. Apesar da diferença de idade, conservas-te jovem e saudável e poderás fazer feliz qualquer mulher. Conta comigo, ajudar-te-ei. Terás que enfrentar Iulián, que adora a filha. Penso que ele não concordará.

– É por isso exatamente, camarada, que te peço, me socorras; a ti ele não poderá recusar. Um pedido teu é uma ordem entre os mujiques.

– Farei o possível, mas escuta, já confirmaste os sentimentos da menina em relação a ti?... Achas que ela te corresponde igualmente? Nosso regime ordena a submissão feminina aos homens, condição que nós repudiamos. Somos homens de pensamento livre e estamos implantando em nosso povo uma nova mentalidade, na qual a decisão da mulher é soberana.

– Compreendo-te, e por isto desejo que me auxilies. Ainda não declarei meus sentimentos à moça e só o farei com o consentimento paterno. É mais uma prova da sinceridade de minhas intenções. Estou preservando-a de uma desilusão. Não tenho mais idade para os arroubos da juventude como outrora aconteceu entre mim e Sácha. Se tivéssemos sabido aguardar o tempo, poderíamos ter tido melhor sorte.

À recordação do namoro clandestino, as lágrimas afloraram aos olhos de Kóstia e Iahgo perguntou-lhe subitamente:

– Tens uma filha, Kóstia, cujo destino desconheces, se sobreviveu ou não. Mas, quem o saberá? Somente Deus... e quem a encontrou. Pensaste que, se tua filha estiver viva, um dia poderás encontrá-la?

– Quinze anos! – explodiu Kóstia. – Revirei céus, mares e terras à sua procura e nada encontrei. Desisti, meu caro. Depositei minha esperança em Sergei e Karine, mas o pobre diabo e sua concubina julgaram-na também morta, ou não quiseram contribuir para que eu a encontrasse. Somente Nastássia poderia saber! Desejo que seu Espírito me revele a verdade. Dizem que os mortos se comunicam e que, em casa da condessa Wera, se fazem tais comunicações. Certa vez, tentei encontrar-me com ela, mas não pude ser atendido, infelizmente. Pretendo voltar lá outra vez. Quem mais nos poderia auxiliar?

– O mago Nabor... perito neste assunto. Já conversaste com ele?

– Não, por quê?

– Penso que ele pode explicar essas comunicações, pois está interessado no estudo do ocultismo e dos Espíritos, e de sua atuação em nosso mundo. Sabias?

– Dmitri Nabor? Sempre achei o professor meio aloprado e agora vens confirmar minhas suspeitas, mas onde ele se encontra?

– Encontra-se em Moscou, fazendo pesquisas.

– Ele não estava dando aulas? – indagou Kóstia, que já havia visto o mestre Nabor algumas vezes.

– Esteve por algum tempo em nossa casa, a pedido de minha mãe, para estudar o caso de Mayra, sua protegida, que tinha visões. Não sei a que conclusões chegou o mestre. Acredito que pouco conseguiu desvendar... Penso que desistiu.

– Não te compreendo... Por que Mayra? O que tem ela com o mestre Nabor? – indagou Kóstia, muito interessado.

– É-me doloroso falar deste assunto, mas abrir-me-ei contigo – e fazendo pequena pausa, continuou: – Desde que minha irmã morreu, dizem as pessoas videntes que seu Espírito está a rondar nossa casa. Meu pai foi a maior vítima de suas aparições. Sentia-se constantemente perseguido, como se ela quisesse acertar contas com ele. Realmente, compreendo muito esses acontecimentos. Nessa ocasião, estava longe de minha casa. Não participei dos fatos. Dizem que é comum vê-la assustando as pessoas, na época de colheita, aliás, na mesma ocasião em que morreu. Convidei Nabor, no intuito de auxiliar no que fosse possível, com suas pesquisas e experiências, pois Mayra também tornou-se uma séria vítima destas aparições, embora não a tenha conhecido. Ocupado com meus negócios, não interferi nos acontecimentos que fogem à minha compreensão. Nem o mestre conseguiu orientar o Espírito, cuja presença aumentava, ainda mais, a confusão. Sei que ele aparece inesperadamente, causando muitos problemas, a ponto de mujiques supersticiosos e ignorantes abandonarem o trabalho.

O assunto os desconfortava, mas precisava ser encarado normalmente. Casos semelhantes aconteciam, principalmente nos meios mais pobres e ignorantes da velha Rússia.

– Bem, percebo que se trata de um assunto muito delicado. O invisível apavora as pessoas medrosas, que não dominam o assunto e misturam aos fatos, fruto de fértil imaginação. Estive lendo algo sobre um mestre francês, Allan Kardec, que se utiliza de mesas para se comunicar com os mortos. Ele faz interessantes pesquisas com a participação de cientistas e literatos. Suas experiências e seu trabalho têm dado excelentes resultados. Ele se utiliza da sensibilidade de certas pessoas, chamando-as de "médiuns", para que as mesas girem, e, através delas, se comunica com os mortos. Em Paris, é o assunto palpitante do momento. Ouviste falar?

– Sim, Nabor referiu-se a ele com muito respeito, embora ele próprio nada tenha conseguido com suas pesquisas e experiências. O fantasma de Sácha continua sofrendo e perturbando algumas pessoas e o medo é uma força incontrolável. Nunca se sabe se os fatos são reais ou imaginários. Só sei que estas aparições, boas ou más, continuam atormentando o povo.

Kóstia estava muito intrigado. Seus olhos brilhavam com a possibilidade de conversar com o Espírito de sua amada, aliás nunca sentira que ela estivesse mesmo morta. Acreditava que a existência deveria ter continuidade em algum outro plano. Aquele assunto o interessava vivamente. Havia lido os periódicos que lhe caíam às mãos. Naqueles momentos de transição econômica e social, cujos valores eram contraditórios, o povo se apegava a qualquer coisa. Ele, porém, não se deixava levar pela onda de fanatismo e procurava manter a calma, ler e raciocinar. O assunto, no entanto, era abordado de maneira pouco séria e, geralmente, as pessoas se esquivavam de comentá-los, temendo os padres e sua excomunhão.

Os dois amigos continuaram a conversar sobre experiências realizadas no ocidente e que, agora, chegavam ao solo da Mãe Rússia como verdadeira mágica. Essas novas ideias clandestinas provocavam polêmicas, aliciando alguns adeptos e muitos curiosos. Não faltavam os charlatães que se valiam da mediunidade para iludirem as pessoas ingênuas. As falsas interpretações do assunto fomentaram o fanatismo do povo ignorante e sofrido. A czarina, vulnerável, deixava-se envolver pelas falsas predições de monges oportunistas, que colocavam em jogo a integridade do palácio. Estas últimas notícias que vinham da capital, dei-xavam os reacionários pensativos e inquietos. Como combater o fanatismo do povo russo, naturalmente místico?[1]

[1] *A alma eslava, com certeza, estava pronta para receber a Doutrina dos Espíritos, se o seu destino não fora desviado.* (N. do autor espiritual)

49

PROMESSA DE NOIVADO

Horas mais tarde, em casa de Sumarokov, os três homens comentavam os acontecimentos na capital. Kóstia, calado, estava nervoso, ao contrário de Alex, que permanecia tranquilo, palrando descontraído com Iulián Sumarokov. Este ainda não havia percebido as verdadeiras intenções dos dois. Enquanto Catienka passava o chá, a conversa continuava animada.

Sumarokov os recebia com alegria em seu humilde lar, enquanto o destino lhe reservava uma surpresa.

– Sinto-me honrado em recebê-los, camaradas... mas, ainda não sei o porquê de tanta solenidade, a estas horas da manhã.

Alex se levantou e, representando o amigo naquele ato, fez o pedido formal do namoro, com toda a calma e a maior solenidade possível.

– Sr. Iulián Sumarokov, venho em nome de meu amigo, aqui presente, Sr. Wladimir.... fazer-te um pedido, em nome da nossa velha amizade, que muito me honra e com certeza honrará o teu lar. Em nome de Wladimir, homem correto e probo, meu grande amigo, peço-te a mão de tua filha Mayra, em namoro, a fim de que, muito breve, seja oficializado o noivado. Meu amigo viajará, ainda hoje, e necessita de tua resposta imediatamente.

Ninguém, ali, imaginava que as palavras de Alex Norobod perturbassem tanto a alma de Iulián, cuja reação foi assustadora.

A expressão do rosto de Sumarokov transformou-se, seus olhos azuis pareciam saltar das órbitas. Seu pescoço tornou-se vermelho entre a gola do casaco como se fosse um peru. As veias altas pareciam explodir. A cor de sua face ora era rosada, ora pálida. A caneca caiu de suas mãos, o chá se espalhou pelo chão. O pobre mujique olhava um e outro como se tivesse sido fulminado por um raio. Alex, vendo-o nesse estado, arrependeu-se de lhe haver falado sem um prévio aviso. Kóstia, por sua vez, estava tão assustado quanto ele. Ninguém falava e ninguém ousava se mexer, nessa situação que demorou alguns minutos. Catienka observava-os de longe, porque não ouvira bem o assunto, ocupada com seus afazeres. Pensou que se tratasse de algum acidente e correu a limpar o chá derramado, mas logo percebeu que alguma coisa grave havia acontecido. A presença da moça despertou Sumarokov, que desejava reagir, mas, engasgado, não conseguia articular uma palavra.

– Iulián – chamou Catienka. – O que foi?

Seu homem não lhe respondia, parecia uma estátua. Temendo que ele caísse, aconselhou-o:

– Senta-te – e ele se deixou conduzir à cadeira como uma criança. O suor começou a correr pelo rosto. – Ele não está bem – disse Catienka, olhando para os dois amigos. – O que, afinal, aconteceu?

Recuperando-se da surpresa que causara o seu pedido, Alex explicou, desapontado:

– Fiz-lhe um pedido de namoro, apenas isto.

– Namoro? – perguntou, surpresa.

– Sim, Kóstia deseja namorar sua filha.

– Então foi isso? Pobre marido. Desculpem-me, senhores, mas Iulián não está bem, ajudem-me a levá-lo para o quarto e colocá-lo na cama?

Iulián foi carregado para o aposento, o corpo hirto. Tiveram dificuldade em passá-lo pela porta, mas conseguiram, finalmente, estendê-lo sobre o leito.

A mulher, observando os dois homens em pé, pediu-lhes preocupada:

– Peço aos senhores que me deixem a sós com ele, por um momento. Sei como fazê-lo reagir. Com certeza ele deve estar em choque, pois tem muito ciúme da filha.

– Compreendo –disse Alex. – Aguardaremos na sala.

Catienka demonstrou tanta segurança em sua atitude, que os dois os deixaram a sós, imediatamente. A resoluta moça sabia, certamente, tomar as providências que o caso requeria.

A bondosa mulher, vendo-se só com o marido, não teve dó e

acertou-lhe um tapa no rosto, para reanimá-lo. Sumarokov despertou do choque e olhou-a sério, com uma expressão de pavor.

– Iulián, o que está a acontecer?

– Não posso te responder agora, mulher, os homens ainda se encontram aqui?

– Sim, aguardam-te na sala.

– Catienka, poupa-me de vê-los, tu sabes como despedi-los. Pediram-me Mayra em namoro, e eu não tenho condições para lhes dar uma resposta agora.

A esposa compreensiva, sentindo que ele não estava mesmo bem, para não lhe causar maior desgosto, atendeu a seu pedido. Entrou na sala, segurando o avental e explicou, humildemente:

– Senhores, perdoem-nos, mas Iulián não se sente bem, pede-lhes desculpas. Logo mais, quando estiver em boas condições, irá levar-lhes a resposta de seu pedido. Peço-lhes que não o levem a mal, a surpresa foi muito grande.

Desapontados com o desfecho da situação, restava-lhes obedecer, assim os dois fizeram uma vênia e se retiraram, calados, também apresentando suas escusas. Ao sair, Alex voltou-se, dizendo:

– Diga-lhe, Catienka, que o aguardaremos em meu gabinete.

Ela esperou que os dois desaparecessem e voltou imediatamente ao quarto.

– Iulián! Como estás?

– Mulher, prepara-te, porque teremos que nos mudar.

– Por que Iulián? Estás delirando?

– Não, não estou. Só sei, mulher, que aqui, nesta fazenda, não ficaremos mais um dia sequer.

– Eles aguardam a tua resposta. O que irás fazer? Vais magoar o Sr. Alex? Pensaste nisso?

– Não me importa, se o magoo ou não, temos que partir o quanto antes.

– Para onde, meu querido, iremos nós?

– Ainda temos uma saída. Lembras-te de tio Nicolau? Iremos para sua fazenda e aceitaremos a sua oferta. Chegou o momento.

– E os meninos, Iulián? Eles já se acostumaram aqui, são excelentes professores! Onde mais encontrarão outra oportunidade tão boa?

– Eu sei que será difícil, mas eles são trabalhadores e inteligentes, logo se ajeitarão. Não posso permitir que Kóstia se case com a minha filha.

Catienka compreendia o seu ciúme, mas não podia entender o motivo da fuga que causaria uma mudança radical em suas vidas. Tentou dissuadi-lo, mesmo sabendo que Iulián era teimoso e ignorante. Ele fechava os ouvidos a qualquer argumento, mas não cedia.

– Podes recusar, homem. Não és obrigado a aceitar o namoro!

– Não é tão fácil assim! Se ele, ao menos, tivesse vindo só, Catienka. Dependemos de Alex Norobod. Será que não entendes que eu não posso recusar?

– Ora, Iulián, o Sr. Alex haverá de compreender que não aceitas o casamento. Conversa com ele, pois está aguardando-te em seu gabinete.

Iulián só tinha um pensamento, fugir, fugir. Não queria enfrentar a dura realidade e carregava o peso de seu segredo sozinho, como se fosse uma punição.

A promessa que ele e Anna fizeram, jamais poderia ser quebrada, mas Catienka, pelo menos, precisava saber da verdade. Ela jamais o trairia. Alex tinha Kóstia em alta consideração, eram camaradas. Ele não iria compreender e sua recusa criaria uma barreira entre eles, justamente no momento em que as coisas começavam a se ajeitar.

Lamentava o destino e a inocente promessa.

Antes de quebrar seu juramento, tentaria contornar a situação e inventar um motivo que justificasse sua recusa.

Levantou-se, parecia carregar nas costas o peso do mundo, tomou uma copada de chá para reagir e foi até a mansão Norobod, para a tranquilidade de Catienka.

Ao sair da isbá, encontrou Mayra e os irmãos voltando alegremente da escola.

– Onde vai, papai? – perguntou inocentemente a mocinha, esbarrando nele.

– Cuidar de teu destino.

– Meu destino?

– Sim. Entrem – resmungou Iulián, não querendo entrar em detalhes. – Catienka os espera e lhes explicará.

Os cinco filhos entraram na isbá, curiosos.

– O que aconteceu, Catienka, papai está com uma cara?!... – quiseram saber.

– Teu pai é uma mula teimosa. Já o conhecem de sobra. Estiveram aqui o Sr. Alex e seu amigo, Kóstia, e lhe fizeram um pedido... – olhou para Mayra sorrindo – vieram pedir-te em namoro para o camarada Kóstia.

Todos começaram a rir, com exceção de Mayra e Nicolau; a primeira porque estava surpresa e o segundo porque ficara enciumado.

Os três irmãos começaram a fazer festas com a irmã, brincando de lhe pedir a mão e a envolveram com sua saudável alegria. Nicolau, sem compartilhar da brincadeira, afastou-se, resmungando qualquer coisa. Mayra tremia, porque ainda não voltara de sua surpresa e a brincadeira dos irmãos a tonteava.

– E papai? O que ele respondeu? – perguntou, sentindo a seriedade da visita.

– Teu pai quase teve uma síncope e pediu-me que os despedisse. Agora ele foi se encontrar com eles e lhes dar uma satisfação. Porém, ouçam-me. Sumarokov deseja mudar-se para a fazenda de tio Nicolau, para que não te cases. Como ele é cabeça dura, não duvido que amanhã mesmo estejamos de malas prontas.

– Ah! não, isto não! – reclamou Pável. – Ele não pode fazer isto conosco, logo agora!

– Onde iremos encontrar outra escola? – perguntou Kréstian.

– Para mim, pouco importa, aqui ou lá, contanto que tenhamos comida e casa. O que papai decidir, para mim está bom – disse Iulián, que gostava muito dos tios e já pensara algumas vezes em auxiliá-los na fazenda.

– E tu, Nicolau, o que achas da ideia?

– Concordo com Iulián, talvez fosse o melhor. Os tios não

declararam que, quando morressem, suas terras seriam nossas? Pois bem, chegou o momento.

Os cinco olharam-no, espantados com sua frieza.

–Papai não pode fazer isto conosco, por causa de um simples pedido de casamento! – disse Pável, que gostava do lugar.

Mayra estava calada, ouvindo os irmãos. Pensava no pedido oficial de namoro, antes de ser consultada. Ela mesma não sabia o que pensar e nem conseguia compreender a revolta de seu pai. Afinal, os três não eram amigos?

Ansiosos, esperavam a volta do pai.

* * *

Iulián Sumarokov entrou no gabinete pisando firme.

Os dois o aguardavam assentados e ele também assentou-se em frente a eles. Não tinha coragem de encarar Kóstia, que não entendia o porquê de seu pedido causar tanto abalo no mujique. Ansioso, esperava o desenrolar da entrevista. Seu destino estava nas mãos dele.

– E então, camarada, recuperou-se do susto? – brincou Alex, para descontraí-lo. Afinal, um pedido de casamento era, para ele, um fato normal. – Compreendo teus sentimentos, camarada, porque também sou pai, não sei como reagirei quando tiver que entregar minha filha em casamento. Mas, afinal, qual é a tua decisão?

– Desculpem-me o susto – disse olhando-os. Depois, voltou-se para Alex: – Agradeço o pedido que fizeste em nome do camarada Kóstia, e trago-te a minha resposta, rogando-te que me compreendas, pois não posso permitir o namoro de minha filha Mayra com o camarada Kóstia – respondeu, de uma vez, engasgando-se e atropelando as palavras.

Agora eram eles que ficavam surpresos.

– Por que, camarada Sumarokov? – quis saber, Alex.

– Porque não posso. Não posso revelar o motivo, porque fiz uma promessa à minha saudosa Anna... – disse Sumarokov ante o olhar penetrante de Kóstia, que acompanhava suas palavras.

– Quem é Anna? – interrogou o patrão.

– Minha finada mulher.

– Ah! que promessa lhe fizeste, podemos saber?

O interrogatório do patrão causava-lhe estranho mal-estar e sua testa começou a suar novamente, desejando, naquele momento, estar em casa.

Procurava encontrar uma explicação melhor para sua recusa, mas não conseguiu convencê-los:

– A de que Mayra permaneceria solteira.

– Ah, e isto é promessa?! Como pudestes fazer tal juramento... tratando-se do futuro de tua filha? Tal promessa não tem validade, uma vez que a pequena não foi consultada. Ainda levas, Iulián, em consideração tais absurdos?! – alegou Alex, nervoso com tanta ignorância. – É esta a mentalidade de nosso povo: crendices, promessas, como se tudo isto resolvesse o problema da fome que assola nossa pátria. Logo tu, Sumarokov, camarada das frentes liberais? – chamava-o aos brios da luta, em prol da libertação.

De cabeça baixa, Sumarokov, envergonhado, não sabia o que responder.

– Sumarokov, a pessoa mais interessada em toda nossa conversa, não se encontra presente – referia-se à sua filha. – Se a menina Mayra quiser o camarada Kóstia para marido, não poderás recusar. Chamemos Mayra e ouçamos sua opinião. O camarada Kóstia deseja regressar ainda hoje, levando consigo a resposta – disse Alex, enérgico, batendo palmas para um servo. – Vai à casa de Sumarokov e pede a Mayra que venha imediatamente – ordenou decidido, valendo-se de seus direitos.

– Minha filha é muito jovem – alegou contrariado, Iulián, tentando dissuadi-lo, sem contudo ousar encarar o pressuposto noivo.

Kóstia estava intrigado com a atitude de Sumarokov, mas aguardava o desfecho da situação. Não se sentia seguro quanto aos sentimentos da moça, vira-a poucas vezes e pouco se falaram. Era um pulo no escuro, mas aguentaria firme o que viesse, porque nada podia fazer contra os costumes. A mentira de Sumarokov não encontrava ressonância nele. Algo estava errado.

50

MAYRA, NOIVA

Instantes depois, Mayra entrou no gabinete, acompanhada do servo.

A tímida senhorita entrou, adivinhando o que a esperava e, altiva, cumprimentou Alex Norobod e Kóstia. Os olhos de Kóstia brilharam quando a viu e dedicou-lhe leve sorriso, ajeitando uma poltrona para que ela se acomodasse.

Sumarokov, com cara de poucos amigos, estava muito nervoso e calado, aguardando as decisões que fossem tomadas, mas ninguém o faria mudar de ideia. Arquitetava um plano para que aquele encontro não tivesse significação nenhuma no futuro, nem que para isto empenhasse sua alma. Deixassem-nos decidir, à vontade, não perdiam por esperar.

Alex foi o primeiro a quebrar o silêncio; menosprezando a carranca de Sumarkov, dirigiu-se à menina:

– Mayra, é necessário explicar-te o motivo de te chamarmos aqui: trata-se de teu futuro. Podes ficar tranquila porque te desejo o melhor. Valho-me da autoridade de senhor de tua família, para casá-la com meu amigo Wladimir, mas antes solicito teu consentimento, pois tens idade para te casares. Terás que me responder.

As palavras de Alex Norobod tontearam-na. Não caiu porque estava assentada, mas deixou pender a cabeça, as faces estavam brancas como cera. Kóstia, num impulso instantâneo, correu a ampará-la e Sumarokov, de um pulo, se pôs entre os dois.

– Deixa-a!

Kóstia, perturbado, afastou-se para um canto, imediatamente. A atitude de Sumarokov o magoava profundamente, não o perdoando pela desfeita à frente de todos. Aquela atitude o incentivava a lutar ainda mais pela moça. Qual o mujique que não queria o casamento de sua filha? Iulián Sumarokov estava muito enganado se pensava que ele iria desistir.

O mudo duelo não passou despercebido a Alex que, tomando as dores do amigo, pela desfeita recebida, estava decidido que ele sairia de sua fazenda com a resposta tão almejada.

Assim que Mayra se recuperou da surpresa, Alex tornou a perguntar-lhe, mais firme e decidido:

– Senhorita Mayra, peço-te que me dês a resposta, desejas casar-te com Wladimir Antón Boroski?

– É necessário que eu dê a resposta agora? – balbuciou, espantada.

Wladimir não a desgostava, mas não estava preparada para responder, porque nunca pensara em tal assunto. O senhor Alex pareceu-lhe ansioso demais.

– Sim, Mayra, não podemos adiar, Wladimir tem que seguir viagem. Deseja apenas tua resposta para viajar, dando-te tempo suficiente para te preparares para o matrimônio, que poderá se realizar na próxima primavera. Após teu consentimento, ficará marcado o noivado para daqui a dois meses.

Um silêncio glacial dominou a sala. Ninguém ousava falar, esperando a resposta da menina que, por baixo do grosso casaco, tremia como vara verde ao vento. Seus olhos espantados davam-lhe o aspecto de uma gazela prestes a ser capturada pelo caçador. Sumarokov não ousava encará-la, aliás, encontrava-se em pé, atrás dela.

De repente, Mayra ergueu seus límpidos olhos para o pai e olhou-o numa muda pergunta: "O que faço, *papacha*?"

Sumarokov fechou os olhos como se tivesse sido baleado, ou sentisse um punhal cravado em seu peito. O pobre homem orava em silêncio. Suportava tudo calado, certo de que mesmo com o consentimento de Mayra, jamais permitiria tamanha violência contra a natureza. Que o julgassem como quisessem, nada seria maior que os seus motivos, disposto a calar para sempre seu segredo.

E, sem encará-los, saiu pisando com muita força o assoalho de madeira. Suas botas faziam barulho estridente como marteladas. Alex e Kóstia ficaram ouvindo até desaparecer pelo longo corredor.

Alex Norobod aguardava pacientemente a resposta da jovem. Kóstia, nervoso, sentia seu coração sair pela boca.

– Aceito! – respondeu Mayra, pensando: – Sou eu mesma, meu Deus!

Alex deu um suspiro aliviado. Apesar do costume da época, não queria pressionar a jovem tão educada e meiga, querida por todos. Considerava que aquele casamento representava a felicidade de Mayra. – Muito bem! – exclamou feliz. – Parabéns aos futuros noivos!

Abraçou a futura noiva com respeito e depois beijou o noivo.

Depois, aliviado, disse Alex, dando uma palmadinha no ombro da menina:

– Mayra, cumprimenta teu noivo.

A jovem ofereceu a face corada para o noivo beijar e, em seguida, também depositou um leve beijo em seu rosto. Depois pediu, vermelha e recatada:

– Posso ir-me, Sr. Alex?

– Pode, Mayra. Depois que teu noivo for embora, encontrar-me-ei com teu pai e acertaremos a época do noivado.

– Passar bem, Sr. Wladimir.

– Passar bem, Mayra.

Seu vulto gracioso ganhou o corredor. Ao contrário do pai, seus delicados pés nem pareciam tocar o chão, mesmo usando grossas galochas. Os dois homens só voltaram a falar quando ela desapareceu na curva do corredor.

– Por um momento, camarada Kóstia, pensei que fosse necessário apartar uma briga! – disse sorrindo o amigo, lembrando-se do impasse minutos antes. – É uma pena que ele seja tão cabeça dura. Sumarokov é o meu melhor empregado, trabalhador e leal, mas muito teimoso. Se não tivesse me valido do meu direito de patrão e dono das terras, tu não terias ganho tal donzela, meu velho!...

– Reconheço, camarada, e agradeço-te a minha ventura, agora estou tranquilo, pois acredito que concretizarei meu sonho. Sinto, porém, que não conseguirei aguardar a próxima primavera. Retornarei ainda hoje e colocarei todos os meus negócios em dia – respirou aliviado, jogando-se na poltrona onde Mayra estivera assentada. – É a criatura mais bela que já vi, depois de tua irmã. Nunca te arrependerás, camarada Iahgo, de teres me ajudado, devo a ti, toda a minha felicidade!

A sincera alegria do amigo deixou Alex gratificado e, desejando comemorar, mandou trazer capitoso vinho de sua rica adega.

Instantes depois, saía uma tróica da fazenda levando Kóstia, que se julgava o homem mais venturoso da Terra, rumo a São Petersburgo.

51

OS SUMAROKOVISKI FOGEM

Entretanto, Iulián Sumarokov entrou em casa no mesmo ritmo com que saíra da casa do patrão, olhando o chão como se estivesse de mal com o mundo, ansioso por estar a sós e compartilhar seu plano com a esposa para impedir aquele absurdo.

– Sempre contei com teu apoio, minha querida, em todos os instantes difíceis da vida, e neste momento, estou empenhado em obter a tua ajuda. Rogo-te, não me faças perguntas e aceita o meu pedido, partamos esta madrugada!

Catienka, serena e compassiva, colocou a mão sobre a boca, soltando um leve gemido. Não podia entender a atitude do marido e achou que ele estava passando das medidas, tudo por causa de um pedido de casamento.

– Está certo, Iulián. Não queres que tua filha se case, mas não é motivo para deixares o trabalho, o conforto e o futuro de teus filhos, para que eles possam trabalhar nas terras do tio e se tornarem mujiques do campo... Ah! Não, isto não se faz! Eu não concordo, será ruim para nós todos!

– Eu sei o que é bom para nós todos, se não quiseres ir, não vás, mas eu e meus filhos iremos.

– Que modos são estes, Iulián, nunca falaste assim comigo! Meu Deus, estás mesmo contra o camarada Kóstia... Afinal o que ele te fez?

– A mim? Nada! – respondeu surpreso. Aparentemente, não tinha motivos para impedir o casamento, e o pior, desobedecer às ordens de seu patrão era crime.

– Então, por que te opões?

– Não desejo ver minha filha casada! Vamos! – disse decidido. – Comecemos já a fazer nossas malas. Que ninguém, por enquanto, saiba. Sairemos pela madrugada.

– Teus filhos precisam saber.

– Contaremos à noite, quando se forem deitar.

– De surpresa?!!! – Catienka previa a confusão.

O marido havia decidido mesmo, e Catienka não teve outro remédio senão arrumar as trouxas. Nunca o vira tão acabrunhado.

Sumarokov saiu para organizar duas carroças e deu de cara com Mayra. Sem encará-la, desviou-se dela.

– *Papacha,* aonde vais?

– Estou buscando algumas mulas.

– Por que saíste, *papacha,* sem falar com o Sr. Alex?

– Por nada, minha filha, deste a resposta?

– Sim, papai, aceitei, pois não sabia que atitude tomar, deixaste-me só!...

– Tanto fazia dizeres sim ou não, tua sorte já estava decidida, mujique não tem o direito de escolher o noivo para sua filha... É isto, Mayra. O Sr. Alex nos considera como animais, incapazes de expressarmos nossas ideias, e ainda pensa que, um dia, poderá modificar o povo russo! – resmungou desgostoso.

– Não acredito que ele e o camarada Wladimir sejam assim. Aceitei o pedido porque pensei que tivesses dado teu consentimento, apenas por isto!

– Não queres te casar? – perguntou, aliviado. – Por que não lhes disseste?

– Ainda temos tempo... quem sabe o Sr. Wladimir ainda não se foi...

– Aprontei a tróica, vi-o ganhar a estrada – respondeu o pai. – Mas, se não queres te casar, ninguém no mundo pode obrigar-te a isso.

Mayra era indiferente à situação, apenas se sentia desmotivada para o casamento. Sentia-se tão jovem! Gostaria de estudar, conhecer lugares, ler livros; sonhava em aprender música, pintura, assistir a peças teatrais. O casamento poderia ajudá-la ou, o mais certo, talvez atrapalhar seus anseios.

O pai perguntou-lhe, severo:

– Não gostas dele, é por isto que estás indecisa, não é verdade?

Sumarokov temia que o moço pudesse procurá-la e, com sua insistência, conseguir realizar seu intuito. A decisão de Mayra era muito importante para ele. Tudo seria mais fácil se ela se recusasse. Quem sabe, na fazenda do tio, lá por aquelas bandas, encontraria um jovem com quem ela simpatizasse!

A menina nada respondeu. Simpatizava com o noivo, mas não queria magoar o pai e balançou a linda cabeleira loura, negativamente.

Sumarokov sorriu, abraçou-a, respirando aliviado.

– Eu sabia que tinhas juízo. És bem minha filha!

Mayra entrou em casa e encontrou Catienka arrumando as roupas e seus pertences.

– Que fazes, Catienka?

– Nada, apenas guardando algumas roupas – respondeu com duas lágrimas nos olhos.

– Estás chorando?

– Sim, estou, Mayra, teu pai, às vezes, me decepciona. Tudo por causa de teu casamento. Nunca vi um pai ter tanto ciúme da filha!

Mayra, sem compreender o porquê das lágrimas, pensou que ela, também, sentisse ciúmes dela e calou-se. Catienka não parava de arrumar as coisas e chorar.

– Afinal, o que está acontecendo com todos? – perguntou Nicolau, entrando.

– Tua irmã foi pedida em casamento e teu pai não se conforma. Quer que todos nós partamos nesta madrugada, por isto estou arrumando as malas. Não me conformo! – explodiu Catienka, que não queria deixar a fazenda, onde todos estavam arranjados, tinham comida, casa, escola, roupas e trabalho.

Nicolau voltando de sua surpresa, olhou para a irmã, muito agitado:

– Tu aceitaste o pedido?

– Sim, ignorava a recusa de papai.

– Estás comprometida com o Sr. Wladimir?

– É o que acertaram, papai, o Sr. Alex e ele; e o que tem a mudança a ver com tudo?

– Sairemos às escondidas. Teu pai não quer que ninguém saiba de nosso paradeiro. Ele disse que tudo fará para impedir tal união.

Nicolau, que no fundo concordava com o pai, começou a apoiar a ideia, a escola que ficasse, e deu um sorriso de felicidade.

À noite, Sumarokov reuniu os filhos e explicou:

– Vamos sair desta fazenda para nunca mais voltar. Tio Lau nos espera, não quero que ninguém saiba do nosso paradeiro. Quando despertarem pela manhã, estaremos longe.

– O Sr. Alex pode nos encontrar, pai, o lugar não é tão longe assim – reclamou Pável.

– Lá, ele não terá poder sobre nós. A lei da servidão acabou e foi ele mesmo quem ajudou. Mas, enquanto aqui permanecermos, estaremos sob seu jugo e ele poderá, se quiser, determinar nossos atos. Norobod ainda é a lei.

– Tudo isto para que impeças Mayra de se casar, *papacha?* – interrogou Pável, bastante intrigado. De todos, ele era o mais contrariado. Não queria de forma alguma abandonar a escola, logo agora que seus alunos estavam indo tão bem e não havia outra pessoa para substituí-lo.

Sumarokov não respondeu. Estava decidido. Não se importava com o julgamento dos filhos.

Nenhum argumento o faria desistir. Assim, conforme o combinado, na madrugada, viajaram em carroças.

52

ALEX NÃO DESISTE

Quando Alex Norobod soube da fuga de seus empregados, mandou procurar pistas, mas ninguém sabia o paradeiro deles.

A escola estava à mercê dos alunos. Alex, irritado com a atitude irresponsável, prometeu a si mesmo que não engoliria aquela desfeita, certo de que fora por causa da sua exigência, quanto ao casamento de Mayra com Kóstia.

A Sra. Maria Norobod, quando soube da notícia, adoeceu, e todos os dias chamava por Mayra. A isbá do cercado estava como eles a haviam deixado, suas carroças foram insuficientes para levarem todos seus pertences, sobrando algumas roupas e muitas tralhas de cozinha, baús, etc.

Sônia e a filha tentaram reativar a escola, incentivadas por Alex, mas os alunos não as queriam. Preferiam os filhos de Sumarokov, com quem já estavam acostumados. Os estudantes, rebeldes, nada aprendiam. Aquela situação tinha que melhorar e Alex Norobod decidiu ir à cidade contratar novo professor e, ao mesmo tempo, informar ao camarada Kóstia e avisá-lo da fuga da família de sua noiva, antes que ele chegasse com alianças e presentes.

Na verdade, ele queria procurar pessoalmente uma pista que o levasse até os fugitivos.

Alex indagou aos mujiques, sobre Sumarokov. Percorreu vários pontos de sua propriedade, mas não obteve nenhuma informação, ninguém sabia notícias. Como Alex Norobod, os mujiques também desconheciam a proposta de seus tios. Finalmente encontrou uma vaga pista; antigo morador sugeriu que ele e a família talvez tivessem ido para a casa dos familiares de Catienka, na aldeia N...

Mais esperançoso, Alex partiu, decidido a recuperar o trabalhador e não o molestar com o casamento, aceitando sua recusa e proporcionando sua volta à fazenda. Desejava que os filhos de seus empregados fossem alfabetizados e a escola voltasse a funcionar normalmente. Ao retornar da viagem à capital, desviaria seu roteiro e os procuraria na tal aldeia, onde, com certeza, os Sumarokov haviam se escondido.

***

Kóstia, ao receber a notícia da fuga, ficou mortificado e queria a todo custo explicações que justificassem o comportamento de Iulián Sumarokov.

Mais conformado com o fato, passada a raiva, Alex tentou acalmá-lo:

– Acalma-te, camarada Kóstia. Assim que os encontrar, mandar-te-ei avisar. Pretendo procurá-los em casa da família de Catienka, onde acredito que estejam. Para onde mais iriam?

– Espera, camarada Iahgo, irei contigo.

– Não, não convém que vás, porque se Sumarokov fugiu para que sua filha não se casasse contigo, tua presença, meu amigo só irá complicar. Deixa-me agir. Reconheço que nos precipitamos um pouco, pressionando-o. Quero que tenhas um pouco mais de paciência.

Kóstia, impaciente, estava disposto a qualquer loucura para rever a noiva. Sumarokov que se danasse, ele não desistiria. Finalmente, Alex convenceu-o a ficar.

– Está bem, camarada, se me permites, irei contigo, mas deixar-te-ei só na aldeia N... e te esperarei, depois juntos seguiremos viagem.

– Vejo que és duro na decisão, homem! Jamais convivi com pessoa tão decidida. Onde herdaste tal têmpera apaixonada? – brincou o amigo, percebendo que ele estava inflexível. – Irás então, mas com o professor – explicou referindo-se a Semión, que iria acudir a escola de Alex. – Aguardem-me na fazenda, pois entrarei na aldeia N... só. Receio que tua presença possa piorar mais as coisas, caso encontre Sumarokov. Estou decidido a trazê-lo de volta, é questão de tempo.

Alex estava muito feliz. Encontrando o professor Semión, parte de seus problemas estava resolvida. Sônia poderia se afastar da escola, porque ela e a filha somente aumentavam a confusão, não conseguiam impor disciplina. Semión haveria de colocar a escola novamente em ordem.

Kóstia concordou. Alex entraria na aldeia N... Ele e Semión ficariam numa hospedaria aguardando seu regresso.

Com muita dificuldade, perguntando aqui e ali, Alex, acompanhado de um servo, conseguiu encontrar a casa da mãe de Catienka que, desconfiada, não quis dizer onde era a fazenda de Olga e Nicolau, embora intimidada com o luxo da tróica de Alex e a vultuosa quantia que este lhe mostrava; as moedas convidativas tilintavam na algibeira.

Apesar da difícil vida, os briosos camponeses não cederam e não se venderam. Alex, apesar da insistência, voltou para casa, convicto de que fora enganado. Depois mandaria um de seus empregados na aldeia para vigiá-los, até que encontrasse uma pista que o levasse a Sumarokov.

Nem ele mesmo sabia por que agia assim, dando tal importância a pobres mujiques, que nem casa tinham... Parou um pouco para pensar: – O que tem essa gente afinal?

Queria esquecê-los. Kóstia que arrumasse outra noiva. Sua filha Sácha veio-lhe à lembrança. Já era moça feita, mais velha que Mayra, seria uma boa união. Talvez o camarada se interessasse por ela e a filha faria uma boa escolha: homem culto e inteligente, apesar da procedência de mujiques. Hoje, Kóstia, embora nenhum título da nobreza, era um abastado comerciante, possuía bastante bens e ambos lutavam juntos pela mesma causa. Ele não tinha preconceitos. Uma amizade sincera era muito mais importante que títulos e sangue real.

Alimentando esta esperança, encontrou os dois amigos, esperando-o no lugar combinado.

– Tu os encontraste? – Kóstia foi logo perguntando com grande ansiedade na voz.

– Infelizmente, nada encontrei, apesar da grande quantia oferecida. Penso que a família de Catienka estava mentindo.

– Como assim? – perguntou Semión que a esta altura ficara a par dos últimos fatos, lamentando a fuga de seus brilhantes alunos.

– Onde fica esta casa? – quis saber Kóstia, demonstrando claramente que não iria desistir da moça.

– Camarada, esquece, esquece essa gente! Ela não é para ti, nem conheces seus verdadeiros sentimentos! – quis Alex desestimulá-lo. – Não adiantará ires atrás. Com certeza, neste momento, seu pai a terá convencido e nada, nem ninguém, poderá contrariá-lo.

– Ora! apenas quero saber seu paradeiro, depois desistirei, prometo-te!

– Está bem, voltemos... enquanto é dia... – dizendo isto, Alex deu ordem para virar a carruagem, no que foi seguido pelos dois.

53

SRA. NOROBOD INCONSOLÁVEL

Durante o trajeto, Semión ouvia os lamentos de Kóstia, que lhe narrava sua miserável adolescência passada naquela fazenda. A vida de Semión não era tão diferente, porém, menos trágica. Graças a seus pais, tivera melhor sorte e a oportunidade de estudar na capital. Entretidos na conversa, os dois amigos nem perceberam que já se encontravam dentro da propriedade, perto da mansão Norobod.

Os lacaios vieram receber a pequena comitiva e, enquanto o servo entregava a tróica, Alex ordenou que se arrumassem os quartos para os visitantes.

Maria Norobod ainda se encontrava acamada. A velha senhora não se recuperara, continuava inconformada com a fuga da mocinha, a quem queria como sua segunda filha e agora entrava num estado depressivo, perigoso para sua idade. Desejava evitar Kóstia. Era a segunda vez que, por causa dele, seu coração sofria, embora ele não tivesse culpa.

– Não devias tê-lo trazido, meu filho! – justificou-se a mãe, evitando a presença do moço.

– Não precisas te encontrares com ele, mãe. Temos negócios em comum, e pretendo uni-lo a Sácha. Estou apenas esperando um momento aprazado.

– Estás delirando, Alex! Como queres uni-lo a Sácha!?

– Decisão que tomei por minha própria conta. Eu sei o que é melhor para minha filha e para minha família! – respondeu altivo, sem intenção de magoá-la. A mãe, sensível, recebeu suas palavras como uma afronta.

– Nunca falaste assim comigo, Alex! Não basta o sofrimento que ele e teu pai me fizeram sofrer, agora vens tu, meu único filho, a magoar-me desta maneira! Este homem deve ter algo com o diabo; à sua presença tudo se transforma em tragédia!

– Não sejas radical, minha mãe, estás exagerando. É apenas um pobre homem que deseja acertar na vida! – defendeu Alex, demonstrando sua grande simpatia por Kóstia, afinidade desenvolvida através dos interesses comuns que os mantinham ligados como se fossem irmãos consanguíneos.

A discussão não chegaria ao fim, a Sra. Norobod nada podia fazer; o filho dava as ordens. Ela, uma velha doente, mal podia se levantar para receber as visitas, era o seu triste fim. Seu filho se casara com uma mulher que mal conhecia e tão sem caráter – pensava amargamente. Estava profundamente infeliz, desejando morrer.

Alex não era mau, mas estivera sempre ausente de casa, valorizando mais os amigos que a própria família. Seus negócios e viagens eram mais importantes. Para ela, também, tanto fazia que sua neta Sácha se casasse com aquele homem ou não. Aquela menina em nada se parecia com ela. Era o retrato vivo da mãe, tanto no comportamento quanto no físico e inteligência. Foi um desastre sua tentativa em continuar a escola. Ela não servia para nada, pensava, muito contrariada. Ainda bem que o professor Semión havia regressado, pelo menos uma boa notícia.

– Nada sabes sobre o paradeiro de Mayra Sumarokov, Alex? – perguntou mudando de assunto.

– Não, mãe – respondeu lacônico.

– Ela sim, é a única pessoa capaz de me alegrar nesta casa vazia. Mayra é como um sol de verão que entra pela janela – suspirou a velha.

– Eu também simpatizo muito com a menina, fiz o possível para encontrá-los. Resta-nos deixar que o sofrimento os faça nos procurar. Aliás, coisa que duvido, tratando-se daquele cabeça dura, o Sumarokov.

– Ah! meu filho, são pobres, mas têm brio! Nunca vi em toda minha vida, homem mais honesto e trabalhador! – exclamou admirada.

– Não estou aqui para ouvir elogios a pessoas indignas. Passar bem, minha mãe! Tenho mais que fazer – e saiu.

A velha contemplou pela janela a planície que se estendia a perder de vista no horizonte. Mayra era tudo o que ela queria, para morrer feliz.

***

Alex Norobod, disposto a colocar em ordem a escola, entregou-a a Semión. Depois, procurou a esposa , avisando-a de sua intenção a respeito da filha.

– Sônia – dirigiu-se-lhe mecanicamente –, Sácha está em idade para se casar, estou te comunicando que já escolhi o noivo.

Apesar de seu jeito desligado, Sônia sentiu uma sensação muito estranha, parecia não estar preparada para ser sogra. Não sabia quem era o noivo escolhido, e muito se admirava da decisão do marido, considerando-o completamente desinteressado pela sorte da filha. Afinal, o que estava acontecendo? A mulher não se conteve e soltou uma gargalhada.

– Ora essa! Sácha casar-se?!

Alex olhou-a surpreso, ouvindo sua risada histérica.

– Não sei por que estás a rir. Falo sério!

– É por isto mesmo! Se estivesses brincando eu não estaria rindo. Logo tu, Alex, nem te lembras da filha! – acusou amargurada. – Nossa filha, para ti, mais parece um erro. Nunca te preocupaste com ela e muito menos com a sua sorte... Agora queres casá-la?

– Sim – afirmou sem graça. – Preocupo-me com seu futuro.

– Quem é o noivo?

– O camarada Kóstia.

– Mas, não lhe prometeste Mayra? – perguntou-lhe surpresa e revelando-se, pois ninguém lhe havia comunicado.

– Estás a ouvir assuntos atrás da porta, mulher?! – deu uma risadinha irônica, enquanto ela foi mudando de cor, e ficando corada como uma rosa vermelha.

– Sim, sabes que ouço, tenho de fazê-lo, pois ninguém me fala!... – reclamou, queixosa, porque ele jamais conversava com ela.

Alex olhou-a sério, sentindo certa piedade, porque era a mais dura realidade, mas não deu o braço a torcer e explicou-lhe menos brusco:

– Sumarokov fugiu, abandonou o trabalho, porque não quer que sua filha se case... – encarando-a, decidido, e continuou: – Kóstia logo a esquecerá – e como a esposa continuasse calada, sem aceitar seu argumento, perguntou-lhe – Onde está Sácha?

– Está na escola.

– Vai chamá-la, preciso falar-lhe – ordenou, secamente.

Alex, apesar de ser um revolucionário e ter rompido com muitos preconceitos, era como o pai, tinha a mesma altivez, embora se esforçasse para não demonstrá-lo. Guardava, ainda, nas atitudes e decisões, o tolo orgulho que sua posição lhe proporcionava. Tinha consciência de que as mulheres eram seres racionais, mas em se tratando das mulheres de sua família, fazia questão de mandar e ser obedecido sem tergiversação. Como se tivesse herdado de seu pai um de seus graves defeitos: comandar as vidas à sua volta. Comprazia-se de sua autoridade. Como se, somente ele soubesse o que fosse melhor para os outros e, naquele caso, sua decisão tinha que ser acatada.

Entretanto, estava muito enganado quanto à filha e seu gênio rebelde. Ela saíra pior do que ele, e jamais obedecia ordens, tornando-se muito agressiva. Essa atitude os distanciara com o tempo, chegando ao ponto de ser esquecida por ele, em sua educação. Sácha ficou completamente entregue à mãe e a seu mau comportamento. Além de ter herdado um gênio terrível, não simpatizava com Kóstia para namoro.

54

SÁCHA, UMA FILHA REBELDE

Sácha atendeu ao chamado.

O pai, antes de comunicar sua decisão ao amigo, queria que tudo estivesse a contento, para que sua escolha não fosse recusada, evitando novas decepções.

Frente ao pai, quando Sácha ouviu sua proposta, deu um pulo para trás, sem se preocupar com o risco que corria de apanhar e gritou, revoltada:

– Nunca!

– Que modos são estes?! – exclamou, sem reconhecer a filha que, de olhos bem arregalados, parecia uma rude camponesa a gesticular.

– Tu nem me vês e, agora, queres escolher meu noivo? Se gostas dele, casa-te tu! – os olhos verdes da moça pareciam de fogo. Antes que ele a pegasse pelo braço, ela saiu correndo para o quarto, ferida no mais fundo de sua alma.

Alex ficou uma fúria, mas se controlou. Ela era rebelde e não iria aceitar nenhuma de suas palavras. Sônia, num canto, deliciava-se com a coragem da filha. Sua filha fazia o que ela própria desejava fazer, dar um basta em tudo, atirar na cara daqueles Norobodvisky palavras que vingassem a sua altivez, desfazer o tolo orgulho e humilhá-los. De certa forma sentia-se vingada na pessoa da filha e, para que Alex não visse a satisfação em seu rosto, foi ao quarto atrás da filha.

Alex nada fez, acendeu um charuto e assentou-se na confortável poltrona em seu gabinete, contemplando a coleção de armas expostas em toda a parede. Não poderia oferecer sua filha a Kóstia, daquela maneira, estava claro que o amigo se esquivaria. Sem querer, comparou sua filha a Mayra, à delicadeza daquela alma virginal, que não media esforços para se instruir, embora sua condição humilde de camponesa. Kóstia tinha razão em ir atrás daquele tesouro de mulher. Esfregou a destra nos olhos e passou-a na testa, desfazendo a ruga de contrariedade. Não perdia por esperar, daria um jeito de acalmar a fúria de sua filha.

Enquanto isso, mãe e filha conversavam em voz baixa sobre os últimos acontecimentos.

– Como podem pensar que não temos sentimentos! Meu pai engana-se a meu respeito, pensando que eu vou me entregar ao primeiro homem que ele decidir escolher para meu marido. Quanto a isso, já fiz minha escolha! – disse impetuosa, surpreendendo a mãe, que já desconfiava de seus sentimentos. Uma mulher nunca engana a outra.

– Tua escolha?

– Minha escolha... infelizmente se foi...

– Penso que seja o filho de Sumarokov? – aventurou a mãe adivinhando.

– Sim, Nicolau se foi, mas ainda tenho certeza de que irá voltar. Está escrito aqui, mãe – afirmou batendo no coração – uma coisa, lá no fundo me diz.... – pela primeira vez, Sônia viu Sácha chorar por alguém. Seu coração materno deixou-se contagiar por sua desventura e tentou consolá-la, auxiliando a decisão do marido:

– Sácha, o amigo de teu pai é muito bonito, educado e inteligente. Por que não te aventuras a aceitá-lo como deseja teu pai? É um excelente partido, lucrarás muito mais...

– Não e não, ninguém me fará desistir. Meu coração não tem preço. Posso casar-me, mas quando vir Nicolau, cairei em seus braços, pouco me importam as conveniências! Foi assim que aprendi contigo!

Sônia não podia reclamar, porque era a pura verdade. Dera educação errada à filha moça, e nada poderia apagar o seu exemplo. Alex não merecia sua atitude leviana. Era muito jovem quando se casou. Queria viver a vida, o marido não a atendia em seus anseios e logo começou a prevaricar, procurando qualquer homem que lhe interessasse. Quando Alex soube, ela tentou mudar seu comportamento, descobrindo, tardiamente, que o amava. Agora, lutava para recuperar seu casamento, tendo pouca chance. Sua filha era o retrato fiel de sua leviandade. Transformara a filha em sua confidente e, cedo, a menina amadurecera ouvindo seus romances. Ela era o fruto de sua semeadura.

Limitou-se a ouvi-la.

– Nicolau também te ama?

– Não creio, mas se Deus me ajudar a encontrá-lo, confesso-te, mãe, tudo farei para tê-lo – respondeu, disposta a tudo.

* * *

Alex organizou pequena reunião, contratando alguns músicos, tornando o ambiente propício às suas intenções. Fez de conta que nada queria em especial, mas tinha como único propósito promover um encontro da filha com o amigo. Acreditava que ela mudaria de ideia. Puro engano! Sua filha estava muito apaixonada por Nicolau.

Kóstia estava assentado, ouvindo a melodia que um grupo de gitanos tocava em seus bandolins, violinos, flautas e outros instrumentos, enchendo a casa dos doces sons, em que a alma eslava viajava em sonhos. Somente o sonhador povo russo era capaz de compreender seu significado.

Sácha aproximou-se do rapaz com o propósito de saber notícias dos Sumarokovisky. A moça estava muito bonita, mas sua beleza não atraía Kóstia, que ansiava pela figura angelical de Mayra.

– Em que mundo estás, Sr. Wladimir?

– Oh! desculpa-me, não te vi...

– Sabes notícias de Mayra?

– Nada. Eles desapareceram... – respondeu Kóstia que, desconhecendo os objetivos da moça, ficou surpreso quando ela reclamou, suspirando:

– Sabia que temos interesses comuns? – insinuou, aproximando-se mais dele.

Sácha olhou para os lados e percebeu que o pai os observava, diminuindo o volume da voz, criou coragem para dizer:

– Sr. Wladimir, tenho algo a te dizer, pois temos interesses comuns... Meu pai nos observa e bem sei o que ele está arquitetando. Adivinhaste?

– Não, nada sei... – respondeu o moço estranhando os modos da donzela – Se sabes, dize-me, então...

– *Papacha*, deseja que nos unamos – Kóstia, ouvindo isto, deu uma risada alta, atraindo a atenção de todos.

A menina também riu e todos pensavam que ambos haviam começado um namoro, tamanha a intimidade que apresentavam. Alex Norobod disfarçou e entabulou conversa com Semión, com um sorriso enigmático nos lábios, julgando seu plano ter atingido o objetivo.

– Não me digas que teu pai chegou a pensar nesta possibilidade! – disse quando deixou de rir. – Ele chegou a falar-te?

– Sim, mas sei que tu estás apaixonado por Mayra... – aproximando-se mais, continuou, ousada: – E eu, também, estou apaixonada por Nicolau.

– E ele? – perguntou Kóstia, notando uma certa amargura na voz da moça.

– Não acredito que esteja... Nunca falamos a este respeito, mas não sou mulher de desistir. Sabes, por acaso, onde eles foram parar?

– Neste momento é o que mais desejaria saber. Teu pai enviará alguém para vigiar a casa da família de Catienka e descobrir onde eles se esconderam.

– Ele fará isto realmente, Sr. Wladimir? Penso que desistiu, porque deseja que nos casemos.

– Deposito inteira confiança nele e sua persistência me levará a ela. Se ele desistir, perco tudo. Para mim, será muito difícil. Somente Deus, em sua misericórdia, poderá me trazê-la de volta. Sumarokov deve ter seus motivos para fugir, sem deixar rasto.

– Tua felicidade depende da minha, Sr. Wladimir. Amo Nicolau.

– Teu pai sabe disso?

– Não, se o souber é nosso fim. Para conseguir encontrá-lo, devo fazer sua vontade, esconder meus verdadeiros sentimentos.

– Como queres que eu te ajude, senhorita, a encontrar teu grande amor? – ofereceu-se, solícito. – Se tua ventura depende deste encontro, será também a minha ventura e, com certeza, haverei de rever Mayra.

– Meu pai não pode saber da minha preferência. És a minha única esperança. Através de ti, saberei notícia de Nicolau.

Alex Norobod aproximou-se dos dois com uma taça na mão, cheia de vinho.

– Ora... atrapalho o colóquio?...

– Camarada, estávamos justamente comentando sobre a família Sumarokov e seu súbito desaparecimento. A escola precisa sobreviver, apesar... – disse Kóstia, sondando as intenções de Alex.

– Tens razão, camarada Kóstia. Semión ficará o tempo necessário, até que preparemos outra pessoa. Ele tem compromissos inadiáveis em Petersburgo, está apenas servindo à nossa causa, a da alfabetização.

Alex calou-se, pensativo e Kóstia aproveitou para investir em seus propósitos:

– A respeito dos Sumarokov, irás colocar alguém para espionar sua pista?

– Estou quase desistindo, porém, devido às circunstâncias, penso que amanhã despacharei um servo, mas...

– Mas... – continuou Kóstia, aguardando seu parecer com ansiedade.

Alex olhou a filha numa muda interrogação. Vendo-a ao lado do camarada, mudou de assunto:

– Deixemos este assunto para depois... Venham para nossa roda? – estava certo de que entre os dois havia começado um romance. Saiu acompanhado do casal.

A pequena reunião festeira acabou tarde da noite. Quando os músicos pararam de tocar, muitos se recolheram embriagados. Sônia não disfarçou seu interesse por Semión. A sedutora mulher lentamente conseguiu capturá-lo em sua rede amorosa.

Entusiasmado em realizar seu desejo, Alex Norobod não percebeu o comportamento da mulher o que, para ele, na verdade tanto fazia. Julgando que Kóstia e sua filha estavam começando a se interessar um pelo outro, tratou de se aproximar dela com menos empáfia.

A esperta moça, em pouco tempo de conversa com Wladimir, teceu ardiloso plano: demonstrar interesse pelo camarada Kóstia, a fim de chegar até os Sumarokov. Decidira aceitar a proposta até que ela e Kóstia encontrassem os irmãos. Depois se separariam.

55

O BILHETE

Kóstia levantou-se cedo, aliás, mal conseguira dormir. Foi dar uma volta pelos arredores, saudoso, rememorando o passado, povoado com o vulto da graciosa Mayra. Instintivamente, dirigiu-se à isbá do cercado que, abandonada, permanecia mergulhada em profundo silêncio.

Ali estava o cenário de sua ventura e de sua desgraça.

Aproximou-se e encontrou a porta apenas encostada. Entrou. Alguns objetos espalhados pelo assoalho demonstravam a pressa de seus moradores em sair. Algumas roupas dependuradas compunham o cenário. Utensílios domésticos ficaram esquecidos no chão, talvez porque não tivessem cabido nas carroças. Aquele desleixo denotava a fuga, o medo de ser descoberto. Andou pelo interior da isbá, examinando tudo, na esperança de encontrar alguma coisa de sua amada, que ele pudesse guardar como lembrança. Examinou o chão, pegou uma roupa, um objeto de escola, etc. Um casaco de pele de urso chamou sua atenção; ainda estava em bom estado, embora muito gasto e cheirava mal. Examinou-o mais detidamente como se algo brilhasse nele. Seria impressão de seus olhos? Um detalhe curioso despertou nele o desejo de prosseguir, como se alguma mão, a mão do destino o fizesse examinar naquele paletó sujo e velho. Dentro da roupa estava costurado um saquinho, escondendo um papel amarelado, o bilhete que ele deixara sobre o grabato. Ideia que tivera, caso alguém encontrasse a criança; lendo-o, a pessoa, a acolheria com amor e o guardaria como lembrança.

Kóstia simplesmente não acreditava no que estava vendo. Por um instante, sua vista escureceu e tonteou, amparando-se na parede de madeira.

– Meu Deus! Valha-me, Senhor! – apelava para a divindade. Homem não dado às crenças, olhou o casaco por fora; já o vira com

Sumarokov. – Deus meu! O que significa isto, Sácha? – invocou o Espírito da bem-amada.

Seu corpo se arrepiou inteiro e um clarão assinalou a presença de Sácha que, à sua frente, materializava-se da cintura para cima. Cabelos louros, olhar límpido, parecia uma nuvem. Emocionado, estendeu a mão, tocando o vazio. A figura fugiu-lhe ao toque.

– Sácha!...

Seus lábios não se moviam, mas sua presença o confortava. Teve a vaga intuição de que a menina Mayra era sua filha, a pequena criança abandonada que a misericórdia divina entregara a Sumarokov. Não teve dúvida alguma, mas precisava constatar. Agora entendia a semelhança entre mãe e filha e a felicidade que sentiu quando a viu pela primeira vez.

– Meu Deus! Estava a ponto de cometer um incesto com tão doce criatura! – ajoelhou-se no chão, pedindo clemência por seus pensamentos e pelo desejo de esposar aquela menina que, no fundo do coração, acreditava ser sua filhinha amada. – Perdão, Sácha! Perdão, minha amada! Pobre, infeliz eu sou, que não compreendi a atração das almas! Bendito sejas, Sumarokov, que, para guardares teu segredo, tiveste coragem de fugir, mas eu te encontrarei, nem que tenha que rodar o mundo. Não me escaparás, haverei de recuperar minha filha! Prometo-te, Sácha!

Ergueu os olhos, o Espírito havia desaparecido, dando lugar à parede.

Aquele bilhete era a prova cabal de que sua filha estava viva.

Ainda ficou ali por algum tempo, meditando, decidido a não comentar aquele fato com ninguém, enquanto não encontrasse Sumarokov para falar-lhe a sós, e desfazer o terrível engano que iria cometer.

Algum tempo depois, voltou à mansão, com a alma limpa. Seu tormento havia desaparecido e uma grata felicidade inundava-lhe o ser.

Cabeça erguida, entrou no solar como se estivesse pisando aquele chão pela primeira vez. Ninguém sabia explicar a felicidade que ele sentia. Agora compreendia a simpatia que Alex, a Sra. Maria Norobod, até Sácha, a prima de Mayra lhe inspiravam. Tinha vontade de contar a todos a verdade que acabara de conhecer.

Encontrou Alex emitindo ordens a um homem de sua confiança, para que fosse à aldeia de N... descobrir o paradeiro de Sumarokov, com mensagem onde alegava que o camarada Kóstia estava enamorado de sua filha, Sácha, e a hipótese do casamento com Mayra fora descartada. Finalizava, dizendo que a senhora Maria Norobod estava a chorar pela casa, sentindo falta de Mayra, exigindo-lhe que regressasse imediatamente.

As ordens foram dadas pela manhã. Kóstia não chegou a tempo de ouvir as intenções do amigo. Assim que o servo saiu, ele se apressou em partir, porque nada mais havia a fazer naquele local. Negócios importantes o esperavam, explicou apressado. Não teve tempo para se despedir dos outros. Na verdade, Kóstia queria aventurar-se atrás do servo, disposto a jamais perder de vista o tesouro de sua vida, que finalmente havia encontrado. No caminho, entabulou conversa com o criado, que deixou seu cavalo em lugar seguro e seguiu com ele em sua confortável tróica.

Os dois homens chegaram à casa da mãe de Catienka, perguntando aqui e ali.

– Estou em busca de Sumarokov. Tenho uma proposta de trabalho muito importante para ele e os filhos – explicava convincente Kóstia. Como os familiares de Catienka não o conheciam e nem a seu servo, acreditaram e deram-lhes o roteiro que os levaria até o mujique.

Horas depois, Kóstia entrava em sua luxuosa tróica, na fazenda de Nicolau.

Sumarokov reconheceu-o imediatamente e tentou se esconder, temeroso. Surpreso, nada pôde fazer senão enfrentar o noivo prometido para sua filha.

– Olá, camarada! – cumprimentou Kóstia firme, encarando-o.

– Olá, camarada Kóstia! – respondeu entre dentes, Sumarokov.

O latido dos cachorros atraiu outras pessoas que, vendo a carruagem instalada à porta da humilde casa, foram ver quem havia chegado.

Ansioso, Kóstia procurou o vulto de Mayra. Não podia acreditar que aquela maravilhosa mulher era sua filha. Filha para ele desconhecida e que parecia ver com olhos de pai, pela primeira vez.

Envergonhado, não teve coragem de encará-la. Estava ansioso para conversar a sós com Sumarokov e desfazer aquele terrível engano.

Hospitaleiros, Olga e Nicolau convidaram o importante visitante a entrar e saborear com eles o chá que fumegava no samovar de cobre.

Os irmãos de Mayra estavam todos reunidos. Somente Nicolau se mantinha afastado, observando-os de longe, mas atento a todos os movimentos. Ele sempre fora contra o interesse que aquele homem demonstrava por sua irmã, dando graças ao pai por ter se afastado, impedindo que se concretizasse o noivado. Aquele Kóstia era bem insistente e esperava o desenrolar da cena.

Wladimir, enquanto tomava o chá, aguardava o momento aprazado para se explicar e deixar claro que já não tinha intenção de se casar com Mayra, afastando de vez o medo que se instalara na alma de Sumarokov. Seria o primeiro passo para ganhar sua confiança e, depois, explicar-lhe o escopo de sua visita inesperada e a consciente decisão de levar a filha.

– Estás receoso quanto à minha presença, camarada Sumarokov, mas venho em paz, para dizer-te que não mais pretendo esposar tua filha, a quem tenho o maior apreço e alta estima... – todos estavam certo de que Kóstia viera buscar Mayra e exigir o casamento, e agora, desistia assim tão facilmente! Custava a acreditar em Kóstia!

– Como? Estás mesmo dizendo a verdade, camarada? – perguntou Sumarokov, respirando aliviado e sorrindo.

– Não me acreditas... Estou te afirmando a mais pura verdade, já não tenho intenções de esposar tua filha, que considero um tesouro inestimável... Jamais em minha vida vi criatura igual, a não ser a minha infeliz Sácha.

Ninguém compreendia as palavras veladas dele, mas Sumarokov estava muito intrigado e inconformado com sua súbita decisão. Devia haver alguma coisa por trás de tudo aquilo, talvez um golpe. E decidiu aceitar suas palavras que lhe pareciam convincentes.

– Podes voltar para a fazenda dos Norobodwisky, camarada Sumarokov, de onde não deverias ter saído. Tu e teus filhos fazem muita falta. A Sra. Norobod, inconformada, reclama e chora o tempo todo, chamando pela menina. A velha não quer morrer sem a sua presença, é seu único consolo no final da vida.

– Ah! Agora percebo, vieste a mando de Alex Norobod. Bem vi que algo se escondia por trás de tuas palavras – alegou Sumarokov, desconfiado.

– Enganas-te, meu caro, venho por minha exclusiva conta, este servo, sim, pertence à mansão e traz-lhe um bilhete escrito por teu patrão – o servo entregou o bilhete e Sumarokov pediu a um dos filhos que o lesse, porque era analfabeto. Kréstian tomou-o das mãos do pai e leu-o.

– É verdade, pai, tem a assinatura de Sr. Alex Norobod. Kóstia está dizendo a verdade. Regressemos! – disse Pável que, por trás do irmão, confirmava a assinatura.

– Ora! Não amolem! Deixem-me pensar! – explodiu Sumarokov que, pressionado, queria raciocinar sobre os últimos fatos.

Catienka enlaçou-o, amorosamente.

– Acalma-te, querido, terás tempo, não precisas tomar uma decisão agora...

Suas suaves palavras o acalmaram subitamente e, como um cordeirinho, assentou-se para tomar seu chá, enquanto pensava na hipótese de retornar. O perigo do casamento havia se afastado, mas ainda assim, não queria magoar os tios mais uma vez.

Mayra não compreendia os acontecimentos. Seu coraçãozinho estava um tanto decepcionado porque sentia um grande carinho por Wladimir, achava-o um belo homem e um pouco velho para ela. Ficou tranquila desde o momento em que ouviu suas palavras, porque não queria contrariar seu pai, que fugira para impedir seu casamento.

Envergonhada, não queria ficar a sós com Kóstia e se escorava em Kréstian, pedindo-lhe baixinho que não a deixasse sozinha.

Kóstia era tratado como um grande amigo de todos. Sua simpatia alcançou os tios, que lhe pediram para pernoitar, despachando o servo de Alex, instruído por eles quanto à possibilidade de Sumarokov regressar, menos Iulián, que havia decidido ficar com os tios.

A atitude do ex-pretendente de Mayra havia-se alterado a olhos vistos e ninguém compreendia o porquê de tão grande mudança. Antes ansiava por estar a sós com ela e, agora, mal lhe dirigia a palavra. Quem o observasse atentamente, notaria que ele a olhava com carinho e respeito. A moça também correspondia castamente a seus olhares, com verdadeira curiosidade. A intenção de noivado havia desaparecido totalmente e Sumarokov começou a acreditar em Kóstia e na pureza de suas intenções. Nicolau foi o que mais demonstrou felicidade, porque sentia oculto ciúme da irmã. Ele acreditava que o camarada Wladimir tinha se enganado quanto ao endereço de seu coração.

Quando se recolheram, um clima de muita paz envolvia a casa, mas ouviam-se cochichos, ora entre Sumarokov e Catienka, ora entre Mayra e Kréstian. Enfim, o silêncio dominou o ambiente e todos adormeceram confiantes no amanhecer e na volta para a fazenda Norobodvisky.

56

SUMAROKOV SEMPRE MUJIQUE

Submisso ao regime patriarcal, Sumarokov não se sentia muito disposto a tomar conta da fazenda do tio. Sua cabeça não conseguia pensar em algo seu, resistindo à conquista de sua independência econômica.

Enquanto tomavam delicioso caldo preparado por Catienka, Kóstia fez uma pergunta a Iulián Sumarokov:

– Em que dia nasceu tua filha?

Surpreso, o mujique titubeou, desconcertado:

– Que pergunta mais descabida, camarada!

Os tios riram-se da resposta do sobrinho e Olga fez uma troça, porque eram muito brincalhões e Sumarokov muito engraçado.

– Já viste duas crianças nascerem no mesmo ano? Meu sobrinho não perdeu tempo e a confusão foi grande, culminando com a morte de nossa sobrinha.

– Lembranças tristes, tia Olga, devem ser esquecidas... – disse, contrariado, não gostando daquela conversa indiscreta.

Mas Kóstia insistiu:

– Mayra é bem diferente, com quem mesmo se parece?

– Talvez com sua bisavó. Herdou os cabelos loiros de antigas gerações. Por que essas perguntas? – fez uma careta e se levantou.

– Tenho procurado algum traço dela em tua família e nada encontro – continuou Kóstia, provocando Sumarokov que, mais desconcertado, foi espiar lá fora o gado.

Catienka havia participado do nascimento de Kréstian e sempre achou estranho as duas crianças nascerem tão perto uma da outra, mas havia se passado tanto tempo, que agora não tinha mais importância.

E o assunto morreu ali mesmo, para alívio de Sumarokov que, do lado de fora, convidava os filhos para o trabalho. Havia muito o que fazer na fazenda do tio, que se achava um pouco descuidada porque ele não tinha condições de contratar novos trabalhadores.

As perguntas de Kóstia e o modo como o olhava, despertavam nele alguma desconfiança, mas o seu segredo estava para sempre enterrado com Anna, ninguém o conhecia e os mortos não falam, se alguém falasse, ninguém lhe daria a devida atenção, sem provas suficientes.

Certo de que ninguém poderia descobrir seu segredo, procurou esquecer suas preocupações, decidido a auxiliar o tio mais um pouco. Depois regressaria à fazenda Norobod, onde já estava acostumado, atendendo ao desejo de Catienka e dos filhos.

Por mais que Kóstia tentasse, não conseguiu uma entrevista a sós com Sumarokov. Ele estava receoso de falar a Mayra e não ser aceito por ela, como pai. Agora, de posse do bilhete, tinha uma prova. Ninguém poderia duvidar de sua paternidade. Ele, sim, era seu verdadeiro pai. Voltou para a capital, despedindo-se de todos, apertou a delicada mão da filha com um sorriso nos lábios, sem ter coragem de se referir ao desastroso pedido de casamento que, agora, para ele, não tinha mais nenhum sentido. O antigo sentimento de amor como homem fora substituído por um carinho cada vez mais paternal, um grande desejo de acolhê-la em sua companhia e transformar sua vida, oferecendo-lhe tudo de que o destino a havia privado. Poderia dar-lhe o conforto de moças abastadas. Sua querida Sácha deixara-a para alegrar sua vida solitária e agiria com calma e sutileza até conseguir tê-la em sua companhia. Estava orgulhoso e grato a Deus por tê-la finalmente encontrado. Era grato a Sumarokov que a salvara, dera-lhe seu nome e o lar.

***

Um mês depois, conforme o combinado, voltaram Sumarokov e a família para a fazenda Norobod.

Uma surpresa o aguardava quando entrou na isbá e viu seu segredo descoberto.

– Catienka –chamou a mulher, arregalando os olhos –

esqueceste meu casaco? – Sumarokov, assombrado, esquecera seu velho paletó na pressa de fugir. E, com a alma angustiada, percebeu que alguém surrupiara o precioso bilhete.

– Ora essa, Iulián, dás muita importância a este casaco! – assustou-se a mulher.

– O caso é que eu guardava algo no bolso interno do casaco e alguém mexeu nele. Quanto ao casaco, podes transformá-lo em tapete para o cachorro, mas é preciso que se encontre o autor desta façanha.

– Depois de tanto tempo, esta casa não tem segurança, qualquer um pode ter entrado!... – disse a esposa, que desconhecia a algibeira e o bilhete.

– Perguntarei e não sossegarei enquanto não souber quem foi o autor!

– Está bem! O que tinha de tão importante? Algum tesouro?

Desconcertado pela pergunta da mulher, Sumarokov gaguejou: – Não, não era tão importante assim, mas o casaco, apesar de velho e cheirando a bicho morto, tinha sua serventia, e por que não o levaram? – indagou, evitando novas explicações.

Os filhos entraram para ajeitar os móveis na casa e a conversa ficou sem continuidade.

Mais tarde, Sumarokov descobriu que Kóstia havia descido à isbá e sua dúvida aumentou. Aquele bilhete poderia estar com ele. Ficou inquieto e muito angustiado, porque alguém mais conhecia seu segredo. O pobre mujique não teve mais paz, perdendo noites de sono.

57

UMA CIGANA

Certo dia, um grupo de ciganos aportou à entrada da fazenda, buscando comida, oferecendo suas mercadorias: samovares belíssimos, tachos e outros utensílios interessantes. Eram ucranianos que seguiam para o norte do país, passavam pelas aldeias levando sua alegria, sua música, suas tendas coloridas. Chegavam em paz e, depois de algum tempo, seguiam seu destino de andarilhos. A magia deles contagiava a população supersticiosa, que temia a desgraça que eles poderiam provocar. À entrada da fazenda dos Norobodvisk, os ciganos ergueram suas tendas e ninguém teve coragem de afastá-los dali.

À noite, em torno da sua fogueira, faziam festa.

Os pais, medrosos, não deixavam os filhos pequenos se aproximarem, mas ninguém conseguia conter a curiosidade dos jovens que, buscando as quiromantes, faziam fila para serem atendidos.

Um bando de moços visitava o acampamento para satisfazer a curiosidade natural do desconhecido, à troca de algumas moedas, uma caça, um pouco de cereal ou tecidos. Todos queriam conhecer o futuro. No interior de uma tenda, os jovens estendiam a mão para uma bonita gitana que lia o destino.

Os filhos de Sumarokov, assentados no meio da roda, aguardavam a oportunidade de serem atendidos. Ansiedade, temor, esperança, estampavam-se em seus olhos.

Kréstian e Pável já tinham ido e voltaram alegres e pensativos, meditando no que a cigana lhes dissera.

– O que foi, Pável, que ela te disse? – perguntou Kréstian curioso.

– Não posso revelar aqui, porque segundo ela, pode quebrar

a sorte, em casa, talvez.... – prometeu o irmão, olhando a grande fila, onde muitas jovens também o observavam.

– Ela falou tudo de teu destino? – perguntou Nicolau, baixinho. – Será tudo isto verdade? Ela sabe mesmo? Que tu achas?

– Pareceu-me muito segura... Tens que dar tua mão, cada mão um destino... Olha, chamam-te, é tua vez, Nicolau.

Mayra pediu para ser a última. Os irmãos a esperariam para voltarem com ela. Todos estavam ali, sem a autorização paterna.

Depois de Nicolau, Mayra entrou na tenda, ansiosa e trêmula.

A cigana trazia a magia nas palavras e no olhar. Seu sotaque tornava suas palavras mais envolventes, seu modo singular convencia a qualquer um de que o que estava falando era a mais pura realidade. Mayra entregou-lhe a pequena mão com a palma virada para cima.

– Menina, tens uma palma que parece um campo de neve, mas o homem de teu destino acabou de sair da tenda. Este último que atendi é teu namorado?

– Não tenho namorado, mas tenho pretendentes – respondeu, sem compreender a alusão da cigana.

– Porém, tu e este homem – insistiu a cigana – têm destino a cumprir, mas vejo outro homem que se antepõe à tua felicidade e que o consideras como pai. Vejo outro que te apoiará e te estenderá a mão quando mais precisares. O Espírito de tua mãe vela por ti... Terás quatro filhos e permanece, a teu lado, a ventura de rica herança que te será ofertada e, mesmo contra a tua vontade, não poderás recusar o que por direito te pertence. Gozarás de saúde e terás força para se comunicar com os mortos, falando com eles nos momentos mais difíceis. Tens no lar uma grande amiga. Confia-lhe tuas tristezas e ela saberá te aconselhar. Tua paz e tua felicidade dependerão apenas de seguires tua intuição e deixares teu grande coração entregue, totalmente, ao homem que o destino ligou a ti.

A cigana despejou as informações, mas omitiu-se em responder às suas perguntas e Mayra saiu dali sem saber quem seria o homem de seu destino. O último que saiu da tenda era seu irmão. Com certeza, aquela cigana havia se enganado e estava confundindo as coisas. Disposta a não dar crédito àquela curiosa brincadeira, seguiu para casa com os irmãos e mais outros jovens que moravam na fazenda.

Mayra simplesmente nada havia entendido do que a cigana lhe dissera. Kréstian perguntou-lhe, vendo-a um tanto insatisfeita:

– Podes dizer-me o que ela te falou?

– Sabes, Kréstian, não entendi muito bem, porque penso... Ah!... não foi grande coisa. E a ti, o que ela disse?

– Conhecerei minha futura esposa numa festa de casamento e que me mudarei para uma cidade grande.

– Não diga isto, Kréstian! Vamos saber dos outros?

Cada um falava por alto o que havia se passado na tenda e quando chegou a vez de Nicolau, ele se esquivou, melancólico.

– Todos falaram, menos tu, Nicolau? – perguntou Mayra, cravando seu olhos azuis nos dele. – Teu destino é tão feio assim? Ou será que encontrarás um tesouro e não queres repartir conosco?

– Não se trata disto, minha irmã, é que não entendi o que a cigana me disse, penso que ela estava blefando...

– Como assim? – perguntou Pável, que acompanhava o diálogo.

– Veja bem, ela disse que minha futura esposa mora em minha casa e que eu a conheço de longa data e meu Espírito acompanhou seu nascimento! Nunca vi tanto disparate! Estes ciganos são mentirosos e criam confusão onde chegam. Meus trocados se foram, foi o preço de minha lição. Logo eu, vou acreditar que minha sorte está escrita nas linhas da minha mão! – resmungou.

– Não nos disseste sobre tua sorte, Mayra? – perguntou Pável.

– Comigo foi ainda pior, Nicolau –, disse virando-se para ele – tens razão, são uns trapaceiros e gostam mesmo é de receber a rica paga. Imagina que a tal cigana me disse que herdarei uma rica herança, que me dará segurança em toda minha vida. Agora eu te pergunto, onde estão os nossos ricos parentes? Eu não os conheço! O pior de tudo – continuou sorrindo – o homem do meu destino, segundo a cigana, era o último que havia saído de sua tenda!

– Antes de ti, fui eu! – exclamou Nicolau.

– Por aí, vejam o quanto fomos ludibriados por ela. Gastamos nosso dinheiro à toa! – reclamou Kréstian.

– E eu? Não gastei dinheiro, porque não tinha, mas lhe dei o meu xale – explicou Mayra.

Certos de que a cigana os ludibriara, os irmãos esqueceram logo as suas previsões, embora vez ou outra voltassem à memória da menina aquelas fortes palavras que falavam de sua vida. Vaga intuição a alertava de que a cigana não lhe havia mentido. Mayra procurou esquecer as palavras da cigana.

58

NOVOS SONHOS

Cartomantes e quiromantes enchiam de esperança os jovens sonhadores da aldeia. Ora uma ou outra mocinha entrava sorrateiramente numa dessas portinholas, envolvidas em lenços, deixando de fora apenas o essencial para enxergar. Mayra não era diferente e sua curiosidade aumentava, sentindo-se atraída pela magia do desconhecido.

– Catienka, desde que aquela cigana leu minha mão, nunca mais tive sossego. Embora tente esquecer suas palavras, volta e meia elas me atormentam, sinto dificuldade em adormecer. Preciso de tua ajuda. O mago Nabor falou-me de umas reuniões onde existe a possibilidade de uma comunicação com os mortos e tenho muita vontade de conversar com minha mãe. Quero que me acompanhes numa reunião destas.

– Eu soube destas reuniões também – explicou Catienka. – Aonde queres ir?

– Em casa da ex-cartomante, Madjeka. Dizem que depois que ela descobriu que as cartas são apenas um pretexto para falar em nome dos Espíritos, deixou o baralho e dedicou-se às sessões em que ela atua como médium e os Espíritos falam através dela, utilizando-se do alfabeto. Assim me explicou o professor Semión.

– Teu pai não irá gostar – advertiu a madrasta.

– Não costumo desobedecê-lo, mas Catienka, preciso falar com minha mãe, pedir-lhe uma orientação. Sinto-me só, porque mesmo que o camarada Kóstia não tenha mais aparecido, eu não deixo de pensar nele. Não posso falar com meu pai; ele não entenderá, por mais que me ame.

– Estás apaixonada por ele?

– Não, acredito que não estou, mas gostaria de saber sobre o meu futuro, porque ele não me sai do pensamento. Tento me distrair, mas em vão. Sonho muito com o fantasma da fazenda, que está sempre perto de mim. Nunca sonhei com minha mãe... e gostaria de saber notícias dela. Se tu me acompanhares, tenho certeza que papai não se zangará. Poderemos alegar que fomos apenas fazer uma visita. Vamos, minha amiga?

– Não se deve invocar os mortos. Lembras-te do que o pope disse na última missa? Ele estava justamente se referindo a estas comunicações, que estão atrapalhando o povo – disse Catienka, querendo desestimulá-la. – Tua mãe talvez não possa falar contigo, será que ela está por perto, após tantos anos? – alegou Catienka, receosa do Espírito da ex-mulher de seu marido. – Ela não gostará de saber que eu tomei o seu lugar. Deixemos disto, Mayra...

– Estás com medo do Espírito da mamãe? – achou graça de seus receios infundados e tentou persuadi-la: – Penso que ela não está mais preocupada com isto, pode até ter se esquecido... o Sr. Allan Kardec[1] diz que os Espíritos também têm suas ocupações...

– Estás falando como seus seguidores.... O pope mandou excomungar quem falasse nele – disse Catienka, referindo-se ao mestre lionês, que adquirira alguns admiradores da nova Doutrina. – Quem poderá auxiliá-la é Nicolau, que está lendo alguns livros e artigos sobre o Espiritismo, de sua autoria. Este é o nome da nova Doutrina que o pope nos proibiu citar.

– Nicolau está lendo? Foi ele quem te contou? – quis saber Mayra, porque pensava que o professor havia conversado sobre os artigos do Sr. Allan Kardec apenas com ela e que não havia mais ninguém ali que se interessasse por ele.

– Não, ele nada disse, mas eu vi os livros escondidos debaixo do colchão. Penso que lhe foram emprestados pelo professor.

Muito admirada, Mayra mal conseguia esperar o irmão chegar para lhe perguntar.

– Não lhe contes, Mayra, senão, Nicolau irá pensar que sou uma bisbilhoteira...

– Está bem, Catienka, não lhe contarei o que sei, mas vou conseguir que ele me fale sobre o assunto que me interessa, e como me interessa! Talvez ele possa me acompanhar à sessão de Madjeka.

---

[1] O Espiritismo entrava na Rússia através dos cientistas e intelectuais que, com ele, mantinham correspondência. (N. do autor espiritual)

– Por favor, não o deixes perceber que vi os livros embaixo do colchão – suplicou Catienka.

– Fica tranquila. Guardarei segredo. Mas, preciso que me acompanhes, Catienka. Amanhã, ela fará uma reunião e abrirá uma exceção para mim e meus acompanhantes.

– Como conseguiste?

– Foi o professor Semión que lhe falou sobre minha pessoa.

A nova Doutrina chegava à pátria russa através de livros, jornais e circulares que já haviam despertado a curiosidade dos czares, e não havia nenhum mal em divulgá-los. Entrara, primeiramente, como um estudo experimental de ciências e pesquisas aprofundadas sobre o magnetismo. No país do ocultismo, a Doutrina dos Espíritos ganhava adeptos e conquistava muitos admiradores entre os intelectuais e os cientistas. No solo fértil da Mãe Rússia, país cheio de tradições, crendices, superstições e fanatismo religioso, desde o palácio real aos mujiques distantes, as ideias cresciam paulatinamente, para despeito dos sacerdotes e da igreja tradicional ortodoxa.

Os médiuns sérios, paralelos aos médiuns charlatães que exploravam a crendice do povo, começavam a despontar aqui e ali, aguçando a curiosidade da população com reuniões em que se misturavam o ritual de suas crenças às ideias libertadoras da Doutrina dos Espíritos. Nunca se viu tantas cartomantes, quiromantes e tantos benzedores. Uma coisa havia ficado patente, os Espíritos se comunicavam através do alfabeto, copos, pancadas e outros meios. Esta novidade criava na alma de todos verdadeira revolução.

O que sempre existiu em toda a humanidade, agora tomava forma de uma religião, de um modo único de vida. Muitos consideravam fenomenal a descoberta.

Madjeka fazia reuniões, utilizando-se do alfabeto sobre uma mesa de madeira, ou sobre um espelho. As pessoas, reunidas em torno dela, faziam suas perguntas e o Espírito, através do alfabeto, respondia. Era um sistema lento, a reunião muito demorada. Os interessados ficavam atentos, mas os outros, em geral, adormeciam e só acordavam após o resultado da consulta. Às vezes, as respostas incoerentes traziam desconfiança.

O mediunismo era explorado de uma forma errônea pela

falta do esclarecimento dos médiuns que encontravam, nestas consultas, uma forma de renda, um meio de ganhar a vida. Às vezes, as sessões acabavam em sérios conflitos porque as respostas não convenciam e, em alguns casos, chamava-se a guarda policial para acudir as brigas. Algo tão bonito começava de um modo totalmente errado e explorado por seu mau uso.

A credibilidade das comunicações ficava a desejar. Mas, alguns grupos idôneos despontavam, atraindo também as pessoas sérias. A Doutrina dos Espíritos teria encontrado grande resistência se não fossem os circulares que vinham de Paris através dos intelectuais e cientistas, cujos argumentos conseguiam impressionar os leitores, cada vez mais, ávidos de notícias.

59

MADJEKA

Interessado no assunto, Nicolau se prontificou a acompanhar a irmã e a madrasta: estava muito curioso por assistir a uma reunião experimental, aguardando um convite. Instantes depois, a carroça saía da fazenda rumo à aldeia próxima.

Em casa da viúva Madjeka, vinte pessoas apinhavam-se nas poltronas e almofadas estendidas sobre o tapete. Na sala ao lado, uma grande mesa de madeira e outra menor, coberta por um espelho cortado especialmente para se transformar no palco das comunicações. Madjeka era uma mulher de seus quarenta anos, rosto redondo e olhar percuciente. Estava rodeada por pessoas que dificultavam seu trabalho. Sua fama não era muito boa, mas muitas senhoras bem conceituadas estavam ali, acompanhadas de filhos ou maridos, levadas pela curiosidade e pela importância do assunto no momento. A casa da viúva despertava interesse. Muitos visitantes desprezavam os preconceitos porque desejavam ver a comunicação dos Espíritos.

Mayra, Nicolau e Catienka assentaram-se num canto. Depois deles, mais pessoas continuavam entrando, até que fecharam a porta, não permitindo que ninguém mais entrasse. As cortinas azuis de pesado tecido foram cerradas, a sala ficou mergulhada em penumbra convidativa ao recolhimento. As velas acesas projetavam sombras nas paredes e no teto, o silêncio era total na sala, ouvindo-se apenas a respiração ofegante de alguém.

Mayra e Nicolau ansiavam por receber uma palavra de sua mãe, alguma frase consoladora. Os dois foram levados pela curiosidade, porque a mãe que conheceram estava ali ao lado, a carinhosa e meiga Catienka.

Assentados em volta da grande mesa estavam os médiuns e, na ponta da mesa, Madjeka, cujo vestido azul escuro destacava a brancura de seu colo e o grosso pescoço emoldurado por uma gargantilha com um belo rubi. Não era bonita, mas tinha um sorriso especial e um olhar inteligente que prendia as pessoas. O nariz, um pouco grande, acentuava-se quando sorria e contrastava com a pequena testa onde se formavam rugas horizontais quando se expressava. Do ângulo em que eles se encontravam podiam visualizar o seu perfil. Os três não tiravam os olhos dela, aliás todos a olhavam. Madjeka começou a orar em voz alta, implorando a Jesus Cristo o auxílio para todos. Sua voz tinha um timbre forte e rouco, sua oração era acompanhada com muita atenção; todos pareciam beber cada palavra que ela pronunciava.

Depois que ela terminou a prece, tudo ficou mergulhado em silêncio e sua mão deslizava pelo alfabeto colocado em desordem, de propósito. Primeiro surgiam as palavras e, depois, as frases, que alguém anotava. Muitos se levantavam impacientes. Outros suspiravam como se estivessem recebendo Espíritos. Outros narravam o que se passava no lugar e falavam de alguns Espíritos que acompanhavam as pessoas presentes.

A primeira frase formada foi lida imediatamente, era um recado a uma pessoa que estava acostumada a frequentar a sessão. Muitos foram beneficiados com as frases, alguns conselhos especiais.

Os três visitantes, de olhos bem abertos, seguiam tudo com a maior atenção, quando um médium vidente apontou para Mayra, provocando-lhe um calafrio.

– Tua mãe está presente e quer te falar!

Nicolau olhou para o médium, pensando que estava se referindo à sua pessoa, pois, para ele, sua mãe e de Mayra era o mesmo Espírito.

– Não. Não é tua mãe, é a mãe dela! – disse o médium, convidando Mayra para se assentar à mesa. – És uma médium de muita bagagem espiritual e tua mãe deseja se comunicar contigo – fez uma pausa, enquanto Mayra era conduzida ao lugar indicado. O médium, em transe, tornou a falar em voz pausada e grave: – Tua mãe faleceu ao dar-te à luz e pede, para tua felicidade futura, que vás ao encontro de teu pai. Ele terá explicações importantes para ti, sobre fatos ignorados de tua vida.

Mayra estava emocionada, embora não compreendesse aquela mensagem. Calou-se, receosa de ofender o médium, se lhe dissesse que havia se enganado; virou o rosto para Catienka, que a olhava, significativamente, e perguntou baixinho para o médium:

– Por que ela não fala comigo, diretamente?

Houve silêncio e a entidade comunicante, que somente o médium estava vendo e ouvindo, apossou-se de outro médium; era uma mulher e começou a falar-lhe:

– Aqui estou, minha filha, não chegaste a me conhecer, porque nos separaram. Não lamento o que sucedeu. Tive a oportunidade de resgatar uma dívida imensa que contraí em vidas pretéritas. Quando cigana, arruinei diversos lares, utilizando de modo errado os dons que Deus me havia concedido e coloquei inúmeros jovens inocentes no caminho do erro. Não tive a ventura de ter um lar e ter-te educado, filha querida, mas Deus te encaminhou às pessoas que te amam e te querem bem – dizia Sácha à filha, com o consentimento de seus guias. – Tenho permissão de meu protetor para te revelar estas coisas, porque em teu destino de mulher, terás que saber toda a verdade, um dia. Afirmo-te que, somente após falar-te e auxiliar-te, poderei finalmente descansar o meu Espírito atribulado. Adeus, filha, que Jesus Cristo seja contigo.

Mayra distinguira, ao lado da médium, o fantasma da fazenda, que agora se lhe apresentava de vestes brancas, sem as manchas de sangue, que tanto medo lhe causavam. Arrepiou-se toda ao vê-la, permanecia ligada à médium por um tênue fio brilhante e depois sua figura foi-se esvaecendo até sumir e ela nada mais viu. Queria perguntar o que estava acontecendo e, com voz entrecortada, anunciou:

– Estou te vendo, não te vás, fica mais um pouco, esclarece-me, por favor! – pedia Mayra, emocionada, sentindo um calor envolvendo seu corpo.

Tantas pessoas desconhecidas ali e ela, de tão deslumbrada, não se importava, estava totalmente desconcertada com o que ouvira. Nicolau, no canto, quis interferir, mas alguém lhe pediu que se calasse.

A sessão logo foi encerrada, porque, na verdade, aquele alfabeto na mesa era dispensável, porquanto os médiuns se encontravam preparados para receberem comunicações. Grande ciúme transtornou o rosto de Madjeka, quando viu as pessoas irem atrás dos médiuns que receberam e viram os Espíritos. Todos queriam saber quem era aquela encantadora mocinha que também via Espíritos e com eles conversava, referindo-se a Mayra, porque toda a sessão fora voltada para a sua singela pessoa.

A menina foi convidada a retornar, sua presença parecia movimentar os Espíritos, assim desejavam os assistentes de Madjeka e ela concordou.

Despediram-se entusiasmados e Mayra estava ansiosa por conversar com seus acompanhantes, ela não sabia o que pensar de tudo quanto ali acontecera, mas não queria tecer comentários em frente de desconhecidos. Felizes por se verem a sós, os três lembravam os fatos, em animada conversa:

– Entendeste, Nicolau, o que se passou, ou tudo não passou de minha fantasia? – perguntou-lhe Mayra.

– Sim. Entendi que tens uma mãe, que não é a mesma que a minha! – disse convincente, Nicolau. – Isto é, se não estivermos sendo vítimas de mais um embuste que assola nossa Mãe Rússia!

– Eh! – exclamou a madrasta.

– Que achas de tudo isto, Catienka, tu que nos conheces desde o nosso nascimento, porque, segundo nos contaste, conheceste nossa mãe, não é verdade? – perguntou Mayra, intrigada e disposta a não acreditar na falange daqueles Espíritos, embora não pudesse negar a si mesma o que todos haviam visto e ouvido. Era tão claro e evidente como a luz do dia.

– É certo, Mayra, porém, pouco sei dela. Quando fui auxiliá-la, já estava prestes a dar à luz Kréstian e, em seguida, faleceu. Jamais pensei que tal tragédia iria acontecer ao pobre Iulián. Fiquei tão pesarosa que nunca tive coragem de abandoná-los, tu e Kréstian pareciam ter a mesma idade. Os vizinhos ficavam sempre a brincar com teu pai por causa disto, dizendo que ele nunca dava descanso à sua mulher, Anna – recordava-se Catienka dos falatórios jocosos dos moradores da aldeia.

Nicolau, também, parecia se lembrar de alguma coisa sobre nascimentos, da chegada inesperada de um bebê e tão logo de outro, que surgia no cenário de sua casa, causando muita confusão entre seus pais. Mas, era muito novo para compreender a situação crítica que os pais enfrentavam com os filhos mais novos. Vaga lembrança o fazia recordar, mas não conseguia juntar os fatos e acabou desistindo.

Mayra estava na carroça, assentada entre os dois, sentia frio e procurou se aconchegar mais ao irmão, que empurrou-a delicadamente para o lado de Catienka. Era impossível não ficarem juntos com o balançar da carroça. Nervoso, ele pediu a Catienka que ficasse no meio, resmungando que a irmã o estava atrapalhando.

– Estás com raiva de mim, Nicolau, porque te impedi de conversares com minha mãe? – brincou ela, desejando vingar-se.

– Queres dizer tua mãe! A minha mãe não esteve naquela sessão! – respondeu instintivamente Nicolau, que não havia sentido o Espírito de sua mãe.

– Já vão começar! – ralhou Catienka com um e outro. – Se não combinam, por que ainda teimam em sair juntos?

– Não era nossa mãe que lá estava, Nicolau, tu não vês o que eu vejo, era o fantasma da colheita – explicou Mayra, contando seu segredo. – Era ela que estava conversando comigo!...

– O que dizes? – assustou-se Nicolau com a explicação – Estás querendo dizer que o fantasma estava presente na sessão?

– Sim. Eu vi. Era a filha da Sra. Norobod, e estou pensando em contar-lhe o que aconteceu.

– Podes contar, embora ela esteja doente, talvez queira conversar com a filha que tanto ama! – disse Nicolau, pensando em confortar a Sra. Norobod, que era tão boa para eles, e na possibilidade de continuar a observar aqueles fenômenos que o atraíam. – Eu posso trazê-las numa das carruagens, são maiores e mais confortáveis.

A carroça era lenta, cansativa e muito desconfortável para uma viagem tão longa. Assim, o pequeno grupo entrou no território dos Norobod, sendo esperado pelo pai que, preocupado, a todo instante olhava o horizonte.

60

ESPIRITISMO NA RÚSSIA

Nova preocupação tisnou a fronte de Iulián Sumarokov quando, inocentemente, a filha contou-lhe o que se passara na sessão da viúva Madjeka.

– Ah! não... – disse nervoso. – Mayra, proíbo-te de ires a tais lugares, onde apenas se arma confusão. Não vás comentar sobre isto com a Sra. Norobod, que não anda bem de saúde – amedrontou-a enérgico, tentando afastá-la daquelas comprometedoras comunicações.

– Por que não queres, pai, se isto somente lhe fará bem!? Tenho certeza, a velhota precisa destes estímulos para continuar vivendo. Deixa que Mayra lhe fale! Afinal, trata-se do Espírito de sua filha! – defendeu-a Nicolau, não percebendo nada de errado na atitude da irmã è interessado em voltar, mas de carruagem. – Se Mayra não contar, conto eu, pois pretendo convidá-la para ir conosco à casa da viúva.

Sumarokov, com cara de poucos amigos, sem argumentos, calou-se, acendeu seu charuto, sentando-se numa velha poltrona coberta por uma colcha.

No dia seguinte, Mayra foi à mansão conversar com a velha amiga. Era visível sua felicidade em ver a moça que, a cada dia, mais se parecia com sua finada Sácha.

Mayra narrou a singular aparição do fantasma, no momento em que a médium recebia o Espírito de sua mãe. Em sua inexperiência, imaginou que os dois Espíritos estavam presentes, enquanto que o único Espírito que se manifestou foi o de Sácha, sua mãe consanguínea.

Aqueles fatos, como previra Nicolau, motivaram a Sra. Norobod a se interessar também pelas sessões de Madjeka e, como havia previsto o rapaz, ficou muito curiosa e combinaram ir, na próxima semana, à casa de Madjeka.

A Sra. Norobod, decidida, mandou que viesse o pope, queria sua opinião, considerando-o a pessoa mais sábia do lugar. Estava claro que ele não iria gostar, mas mesmo assim ela insistiu.

Apesar de o pope não concordar com os novos fatos, ele nada podia fazer para impedi-los, mas, em seus sermões, não cansava de falar contra eles:

– O demônio e a falsidade andam de mãos dadas em casas de viúvas regateiras e más que exploram a credulidade alheia – e fazia o sinal da cruz, benzendo-se e esconjurando. Porém, o Espiritismo ganhava alguns adeptos na Santa Rússia, e ele não suportava pensar que a Sra. Norobod, sua fonte de renda, pudesse sair de seus domínios. Ninguém conseguiu dissuadir a Sra. Norobod que, mesmo doente, foi à casa da viúva Madjeka.

A rica carruagem parou em frente à casa, atraindo a atenção geral. A importante dama desceu com dificuldade, observada por todos os que desejavam ver quem estava chegando naquele veículo. Sua presença aumentou a importância do pequeno movimento na casa da viúva Madjeka, que era alvo de críticas maldosas. Aquelas sessões ganhavam crédito, principalmente quando um figurão do lugar participava delas. Madjeka recebia feliz a visita de tão ilustre dama.

Colocaram-na num confortável sofá de cetim, circulada de almofadas macias, como se ela fosse uma figura lendária e ninguém ousou se aproximar, olhando-a com respeito, de longe.

Mayra foi reconhecida logo que entrou, já havia conquistado alguns fãs, desde a primeira reunião e, agora, junto à rica senhora, sua popularidade aumentou, pois acreditavam que ela fizesse parte da família Norobod. Ela e Nicolau, vestidos simplesmente como filhos de mujiques, estavam em pé junto à mulher. Formavam um belo par e os cochichos diziam que eram namorados, pois na aparência física não tinham nenhum traço em comum.

Em um clima de observação, os presentes examinavam-se uns aos outros, fechados na sala e calados. Somente os olhos dançavam nas órbitas enquanto esperavam a sessão começar, espera que durou cerca de meia hora. A gorda viúva Madjeka, mais alegre que o habitual, deslocava-se, graciosa, de um lado para outro, cumprimentando a todos. Sentia-se muito honrada com a importante visita e esmerou-se em fazer uma sessão movimentada, como se aquilo fosse um teatro para atrair a atenção para seus dons.

Algumas pessoas oravam fervorosamente, porém, a maioria, cheia de curiosidade, via naquilo apenas um interessante passatempo, sem se ater à grande importância do assunto. Esta época registrava fatos referentes à maior conquista do ser humano, o direito de conversar com seus mortos e aprender suas lições.

A sessão logo começou com a manifestação de uma entidade chorando, depois outro personagem do Além vinha nervoso, reclamando sua fortuna. Aproveitando o barulho que faziam os médiuns, os cochichos aumentavam e, quando o médium silenciava, cessavam juntos.

Na penumbra, viam-se os rostos dos dois médiuns, que se transformavam a cada Espírito ao qual davam passividade. Os Espíritos não queriam saber do alfabeto de Madjeka que, assentada, tinha o ar de quem presidia a sessão, mas os Espíritos procuravam outros médiuns, cuja humildade e espírito de doação lhes favoreciam a comunicação. Sua facilidade e seu recolhimento ofereciam-lhes a oportunidade para se melhorarem, deixando-os falar, enquanto um doutrinador, mais esclarecido, conversava com eles, acalmando-os. O médium doutrinador era um homem de meia-idade, baixo e magro; seus cabelos, empastados de óleo, brilhavam, seus olhos eram vivos e espertos, e seu semblante alegre inspirava confiança; tinha um jeito humilde, generoso e atraente.

A sala estava repleta e muito animada. Uma voz clara e forte chamou a atenção:

– Uma entidade deseja falar com a Sra. Norobod, mas não o fará hoje, pede-lhe que venha na próxima semana... – a médium fez uma pausa e depois continuou: – Espera! Tem outra informação... a jovem que se encontra a seu lado, não poderá faltar. Devem se empenhar em comparecer aqui, porque importantes revelações serão feitas.

O pequeno grupo saiu de lá, incentivado a participar mais vezes, e a Sra. Norobod não falava em outra coisa.

* * *

Na fazenda, o Espiritismo era o assunto do momento, e o pequeno grupo aguardava ansioso pelo dia da reunião. Kréstian e Catienka também queriam acompanhá-los. Sumarokov tudo fez para impedi-los de irem. Aqueles Espíritos, se dessem com a língua nos dentes, constituiriam uma ameaça para seu sossego. Logo agora que Kóstia havia se afastado de seu caminho, surgiam estas novas preocupações.

Pela manhã, saiu a pequena caravana levando a Sra. Norobod que, muito disposta, havia recuperado a alegria.

Antes de saírem, o professor Semión abordou-os:

– A que horas começará a reunião?

– Às três horas. Vamos? – convidou Nicolau, que dirigia a carruagem.

– Não percam tempo comigo, irei mais tarde – disse Semión, que pretendia ir a cavalo e só voltar no dia seguinte.

Nicolau, interessado em assistir às reuniões com o propósito de montar na fazenda o seu próprio grupo, com a autorização da Sra. Norobod, observava tudo, atentamente, para aprender e adquirir o domínio necessário. O professor Semión, que havia assistido a algumas reuniões em centros mais adiantados, como São Petersburgo, onde atuavam médiuns estudiosos e compenetrados, encontrava uma certa resistência a respeito daquele grupo: a Sra. Madjeka não lhe inspirava confiança. Era o único grupo naquele local e não era um bom modelo a ser imitado.

As pessoas, na sala, estavam impacientes para que a reunião começasse. Infelizmente, um incidente com a viúva Madjeka cancelou a esperada reunião.

– Como?! Não haverá reunião? – perguntou, nervosa, a Sra. Norobod ao tímido homem que saíra para avisá-los.

– Não, ela não está bem e pede desculpas– respondeu o informante, constrangido pela importância da mulher.

– Não acredito que viajamos horas para nada acontecer! – não queria se conformar.

– Calma –disse com tranquilidade Mayra – talvez fosse melhor adiarmos. Os Espíritos devem ter um motivo inteligente que, no momento, foge ao nosso alcance. Voltemos!

Nicolau também interferiu:

– Ademais, Sra. Norobod, tais comunicações me preocupam, porque ela recebe poucos Espíritos e seu alfabeto fica intocável, eles não lhe mostram o que fazer.

– Nicolau tem razão, nós não vimos a viúva Madjeka receber sequer um Espírito do Além... – reclamou Catienka.

– Nicolau – chamou Mayra – os Espíritos podem se comunicar em qualquer lugar e através de qualquer pessoa, não é mesmo? Estavas explicando muito bem, no caminho...

– Estás pensando o mesmo que eu? – brincou Kréstian com a irmã.

– Sim, Kréstian, aposto que estamos pensando a mesma coisa, podes confirmar – incentivou-o Mayra.

– Por que então, não fazemos a nossa própria sessão?

– É justamente nisto que eu estava pensando, Kréstian – respondeu Mayra, que havia adivinhado seu pensamento.

Nicolau, decidido a criar a sessão em sua própria casa, passou a estudar o melhor modo de agir, contando com a experiência das sessões de Madjeka e a orientação do professor Semión.

Voltaram desanimados da casa da viúva Madjeka, que nem se deu ao trabalho de aparecer para justificar sua ausência. No caminho, encontraram o professor Semión que, sabendo do fato, voltou com eles, montado em seu cavalo.

Aquele episódio, no entanto, serviu para que fossem tomadas outras providências e, sob a orientação de Semión, nasceu na fazenda Norobod um pequeno grupo de Espiritismo experimental. Começava a nova era que iria marcar o intercâmbio entre os dois mundos, permitindo aos ditos mortos se comunicarem com os vivos, em sessões propriamente organizadas para tal finalidade.

De nada adiantou a esconjuração do pope e seu alerta à Sra. Norobod que, com ou sem a sua autorização, exigia que as sessões fossem feitas em sua mansão e não na isbá do cercado.

As reuniões tinham um caráter muito estranho e alguns achavam que a Sra. Norobod não estava muito bem das faculdades mentais, e sua teimosia só servia para atrair o Espírito da própria filha, que outrora amedrontava os camponeses. O pope se regozijava com esta situação, declarando que estavam possuídos pelo demônio.

A Sra. Norobod atraiu, de fato, o Espírito de seu marido, aliás, Espírito que nunca saíra dali. A sua aproximação causava-lhe enorme desequilíbrio, pois seu Espírito, atribulado pelos crimes hediondos, procurava na esposa a válvula de escape para sentir-se aliviado, e ela, totalmente dominada por ele, acabava rolando pelo chão, como ele fazia em vida. Nem as orações de todos conseguiam afastá-lo e o estado da mulher só foi piorando.

Por mais que o professor Semión tentasse explicar aos alunos e a seus pais, não conseguia acabar com a antiga superstição e o medo. Corria, de boca em boca, que a dona do castelo mancomunava-se com aquele demônio. E suas reuniões não tiveram o fruto desejado e nem o Espírito de Norobod, aliviado.

Era um verdadeiro desastre e todos ficavam extenuados, lidando com forças espirituais que não conseguiam dominar pela sua inexperiência e falta de fé.

Semión pediu-lhes que se acalmassem. As sessões, recentemente iniciadas, foram interrompidas por Alex Norobod, que temia a fuga dos mujiques amedrontados, abandonando as terras. Sua mãe e os outros deviam acabar com aquela maluquice. Como o mais velho era Semión, seria o responsável se algo mais sério acontecesse à sua mãe, ou prejudicasse a colheita que se aproximava.

Acabou tudo, quando Semión partiu.

61

NICOLAU E MAYRA, PRECURSORES

Porém, em casa dos Sumarokov, tudo mudava de figura e Nicolau formou, às escondidas, um pequeno grupo para estudar sérios folhetins que chegavam da capital para o professor Semión e que agora lhe pertenciam. Na pequena isbá, à noite, assentavam-se em torno da mesa ele, Catienka e os irmãos e tentavam fazer o mesmo, segundo as instruções que vinham escritas, enquanto Sumarokov, num canto os observava, fumando seu charuto.

Faziam muito esforço e pouco conseguiam. Nenhum espírito se comunicava com eles, pareciam isolados do Mundo dos Espíritos.

– Isto é para compreendermos que estas coisas não acontecem segundo a nossa vontade, mas segundo a deles – disse Pável.

– O que está nos faltando então, para que eles venham? – perguntou Kréstian aborrecido.

– Penso que seja fraca a nossa concentração e que os Espíritos esperam que estejamos melhor concentrados... – argumentou Mayra.

– Tu que vias os Espíritos, agora não os vês? – perguntou Kréstian à irmã, em tom de brincadeira.

– Eu os vejo, quem disse que não os vejo? – respondeu a mocinha, surpresa, pensando que todos os viam.

– Então por que não contas o que vês? – perguntou Pável.

– Porque ninguém me perguntou! – disse Mayra, inibida. Para ela, era algo natural ver os Espíritos.

– Conta-nos, Mayra, o que vês – disse Nicolau, voltando-se para ela que, assentada a seu lado, não parecia muito disposta a narrar o mundo invisível.

– Vejo seres, para mim, desconhecidos, mas são muito simpáticos e nos olham sorridentes, suas túnicas são alvas e algumas brilham mais do que as outras – Mayra ia descrevendo as entidades que estavam ali participando da reunião, para o espanto de todos, que percebiam em suas palavras a mais sublime verdade.

Eles não estavam sós, com eles estavam os Espíritos. A seriedade e o desejo do pequeno grupo havia atraído seus protetores e, no berço humilde em que nasceram, começava o tímido intercâmbio com o Além, tendo como protagonista principal, Mayra e suas faculdades.

***

A Sra. Norobod piorava, sofria de osteoporose, com muito esforço conseguia se levantar para andar; mancava, escorando-se na rica bengala que Alex trouxera de S. Petersburgo. A doença se agravava e ela não podia mais descer as escadas nem visitar a isbá do cercado. Solicitava a presença de Mayra constantemente, pedia-lhe para ler uma história que a distraísse, e sempre se queixava:

– Estou chegando ao fim, minha querida Mayra, sinto que não alcançarei a primavera. Peço-te que venhas todos os dias me ver, tua presença me alegra a vida e me dá coragem para suportar minhas dores.

– Não digas isto, senhora, ainda verás muitas primaveras, verás as flores e ouvirás o canto dos pássaros –dizia a moça, animando-a com sua ternura. – Amanhã, contar-te-ei uma bela história de Espíritos, que acabou de chegar de Paris.

Enquanto a Sra. Norobod não adormecia, Mayra não voltava para casa. Ultimamente, a Sra. Norobod solicitava-a durante o dia e algumas vezes à noite. Mayra pressentia que seu fim estava próximo e tudo fazia para alegrá-la. A moça chegava pela manhã e só regressava à tarde. Depois, a Sra. Norobod começou a pedir-lhe que ficasse também à noite até que, finalmente, foi colocada uma cama ao lado do leito da Sra. Norobod, para ela, que passou a viver na mansão.

Por isso as sessões foram minguando, eram realizadas uma vez ou outra, esperando que ela tivesse uma folga, pois era a única pessoa, pensavam eles, que atraía os Espíritos.

***

Certo dia, chegou uma rica carruagem na fazenda. Era Kóstia que, saudoso, vinha ao encontro dos amigos, da filha e daquele lugar, palco de suas recordações.

O visitante foi recebido com muita alegria por Alex. Vinha cheio de ricos presentes e novidades da capital.

Logo todos souberam da sua chegada e a alma de Sumarokov encheu-se novamente de graves preocupações, porque sua filha estava, praticamente, morando na mansão e iria ficar à mercê de Kóstia. Receava que ele voltasse a cortejá-la . Não tinha tanta certeza de que fora ele quem encontrara o bilhete. Jamais teria coragem de lhe perguntar e a dúvida causava-lhe muita inquietação.

Kóstia ficou penalizado quando soube que a menina estava dormindo ao lado da Sra. Norobod e era ela quem lhe servia de enfermeira em suas noites de sofrimento, imaginando o seu esforço, empenhada na limpeza diária. Encontrou-a mais magra e pálida, mas sua beleza continuava deslumbrante. Era difícil não ficar olhando aquela jovem que, sem dúvida alguma, era sua filha. Será que não percebiam a semelhança dela com Sácha? Por enquanto, como pai, nada podia fazer para diminuir seu trabalho e a observava compadecido de sua sorte, servindo de criada para a própria avó, enquanto Sônia desfrutava de todas as regalias de sua posição, insistindo em humilhá-la com alguns serviços que ela impunha à moça, maldosamente.

Mayra ganhou dele ricos presentes e, muito receosa, não sabia se aceitava ou não, acabando por recebê-los, para que ele não a julgasse ingrata.

Ela tinha atitudes delicadas, fazendo seu serviço com muita graça. Agia como se tivesse recebido uma fina educação. Se não fosse a sua modéstia e espírito de serviço, qualquer um a tomaria por uma rica jovem, educada para grandes salões.

Afastada a hipótese de um casamento, eles agiam naturalmente, mas com certa reserva, apesar da grande simpatia que os identificava. Mal se cumprimentavam.

Kóstia viera para ficar dois dias e acabou ficando mais, tal a alegria que a presença dela, na casa, lhe causou. Verdadeira felicidade iluminou seu rosto. Respirava ali um clima de muita paz. Em diversos momentos, teve ímpetos de fazer-lhe um carinho, mas o medo de ser mal interpretado, fê-lo se manter ainda reservado.

Algumas vezes continha o ímpeto de apertá-la em seus braços e chamá-la de filha.

Sumarokov arrumava desculpas para ir e vir, curioso para saber o que estava acontecendo na grande residência, quando não pedia a Catienka para espionar.

– Deixa de ciúme, homem – dizia Catienka sorrindo. – Este camarada não quer mais nada com tua filha, nunca vi ninguém tratar outra pessoa com tamanha educação, não precisa te preocupares, Iulián. Nada irá acontecer a Mayra.

– Por que, então, ele se demora tanto?

– Isto não me perguntes. Nada sei.

Iulián Sumarokov resmungava pelos cantos sem entender o que estava acontecendo com o camarada Kóstia e quais seriam suas intenções, muito menos o motivo de sua demora na fazenda.

* * *

Sácha, a filha de Alex, não largava do pé de Nicolau, que procurava não decepcioná-la, mas não a incentivava; aliás, ela não era a única que se interessava por ele. As outras mocinhas sempre o olhavam de forma diferente.

Nicolau também estava curioso para saber se a irmã ficava a conversar com Kóstia e começou a dispensar mais atenção a Sácha, sabendo que esta o levaria com facilidade à mansão sem causar problemas.

Sácha, entusiasmada com esta espontânea aproximação, não percebeu que estava sendo usada. Tudo fazia para prendê-lo em sua companhia, julgando-o interessado nela.

Estavam os dois jovens assentados na varanda, examinando um jogo que ela havia recebido e precisavam encontrar mais dois parceiros; a moça, caprichosa, correu a convidar Kóstia e Mayra para jogarem.

62

O JOGO DAS ALMAS

A Sra. Norobod havia dormido e Sácha encontrou Mayra disponível. Ela podia descansar um pouco enquanto a Sra. Norobod dormia, mas vendo o irmão, aceitou alegremente o convite.

Os quatro parceiros assentaram-se confortavelmente na sala de jogos e começaram a brincadeira que mais parecia um jogo da verdade. Entre perguntas e respostas, o jogo tinha como objetivo fazer com que as pessoas se conhecessem melhor.

Kóstia e Mayra assentaram-se frente a Nicolau e Sácha e depois de repartidas as cartas com as perguntas, começou a brincadeira. Chamava-se o jogo, *brincadeira da alma,* em que cada um iria descobrir a própria alma e a do parceiro que com ele mais se identificava.

Instantes depois, quando terminaram o jogo, tiveram a grande surpresa de perceberem que os gostos dos irmãos eram semelhantes, e não haviam perdido nenhum ponto. Sácha, ciumenta daquela situação, em que ela e Nicolau não tiveram nada em comum, disse:

– Ainda bem que é tua irmã! Não vale, irmãos vivem juntos e se parecem mesmo!

– Nem sempre – respondeu Kóstia significativamente.

– Isto não vale. Precisamos convidar mais outros para o jogo, o número de participantes pode chegar até dez. Convidemos mais pessoas e voltemos à brincadeira – insistiu Sácha.

– O jogo não serve para nós, uma segunda vez – explicou Nicolau, que havia lido a orientação no folhetim explicativo.

Mayra pensava como podia ela e Nicolau terem os mesmos ideais e gostos, se ele mal conversava com ela e sempre a evitava. As reuniões espíritas os aproximavam um pouco, mas era só enquanto duravam. Depois, ele fazia questão de estar sempre distante, como se ela nem existisse.

A Sra. Norobod despertara e outra criada veio chamá-la.

Kóstia acompanhou Mayra até a porta do quarto da Sra. Norobod, enquanto Sácha tudo fazia para agradar a Nicolau e retê-lo em sua casa. A jovem, para ficar ao lado dele, começou a se interessar pela escola e a mudar o seu comportamento. Ela era bonita, mas de uma beleza vulgar, que não o atraía. Suas investidas foram tantas que ele acabou por se deixar levar pelo seu assédio e começou um namoro discreto. Porém, os arroubos apaixonados da moça o decepcionaram, demonstrando claramente que ela não era o tipo de mulher que lhe servia. Não queria transformá-la em um passatempo, devido ao respeito que sua família lhe inspirava e à sua dependência econômica.

– Quando encontrares alguém, prezada Mayra, que desejares a teu lado, lembra-te, deverá se parecer com o teu irmão – brincou Kóstia, referindo-se à brincadeira.

– Não sei, Sr. Wladimir, se nossos gostos serão idênticos, Nicolau sempre me evita, como se não gostasse de mim. Tal atitude, confesso-te, já me fez chorar algumas vezes – desabafou a menina, sentindo confiança naquele homem que a tratava agora com paternal carinho.

– Não estaria ele escondendo-te seus verdadeiros sentimentos? – argumentou Kóstia, desejando ajudá-la. – Às vezes, quando o amor é muito grande, não se consegue expressar. Penso que Nicolau te ama com ardor. Sempre se preocupou contigo.

– Pensas mesmo nesta hipótese? Sabes por que te falo assim, Sr. Wladimir? Meus irmãos são meus melhores amigos e mantenho com eles um relacionamento afetivo igual. Nós nos abraçamos e nos beijamos constantemente e, todas as vezes que me aproximo de Nicolau para lhe fazer um carinho, ele se esquiva e parece contrariado com a minha presença. Sua repulsa me faz pensar que não lhe agrado...

Kóstia, ouvindo-a falar assim, sorriu ante sua casta ingenuidade. Ele a compreendia e incentivou-a a comentar seu relacionamento com a família.

– Depois que começamos a fazer as sessões espíritas em casa, alguma coisa mudou. Senti que nos aproximamos mais. Embora ele se mantenha arredio a qualquer manifestação minha de carinho, nosso diálogo aumentou.

Kóstia, ouvindo-a falar das sessões, interessou-se vivamente pelo assunto. Conversa que poderia ter se estendido se não fossem interrompidos pela Sra. Norobod, que reclamava a presença de Mayra.

– Nossas reuniões são feitas em minha casa, são secretas. Até mais, Sr. Wladimir. Em outra ocasião falaremos a respeito das sessões – apressou-se em se despedir.

Assim que ela entrou no quarto, Kóstia procurou Nicolau, interessado em saber detalhes das reuniões, mas o rapaz já estava saindo; então ele chamou Sácha e passaram a conversar, assentados num canto da varanda, cercada de açucenas e pessegueiros em flor.

* * *

Mayra estava perplexa com o comportamento daquele homem, que a presenteava e a tratava com desvelada atenção; parecia-lhe completamente esquecido do assunto casamento.

A suave criatura também havia observado as intenções de Sácha, olhando ostensivamente para seu irmão que, discreto, fazia questão de demonstrar nada entender. Estaria Sácha apaixonada por Nicolau? Pensou naquela hipótese. O irmão era um belo rapaz, nada a impediria de se apaixonar por ele. Sua pobreza e sua humilde posição social não lhe diminuíam o valor, e Sácha, muito parecida com a mãe, espírito liberal, educada por franceses, não se importava com as conveniências da época. Ambas eram audaciosas e irreverentes. E Nicolau, o que pensaria a este respeito? A jovem, depois de atender à doente, deitou-se pensando em Nicolau e acabou dormindo e sonhando, ainda envolta no reflexo de seus próprios pensamentos.

No dia seguinte, acordou muito pensativa. Sonhara com Nicolau e Sácha, casando-se. Estava feliz pelo irmão, mas sua felicidade não encontrava aquela alegria verdadeira. Parecia que as aparências a queriam enganar. O que sentia não era bem ciúme, sua alma angelical se recusava a cultivar este tipo de sentimento. Era uma sensação horrível de perda, que ela não sabia como explicar.

Quando pôde, foi à sua casa e comentou o fato com Catienka, sua amiga e confidente.

– Catienka, meu sonho parecia realidade, será possível uma união entre os dois? – perguntou, enquanto a ajudava a descascar abóboras.

– Dizem que os sonhos sempre têm um fundo de verdade. O professor Semión explicou que, às vezes, eles antecipam os acontecimentos. Mas, sinceramente, Mayra, não vejo teu irmão interessado por aquela moça, cujos modos ficam a desejar para uma jovem de sua importante posição. Não achas que ela é muito regateira, como a mãe? – comentou Catienka, que guardava uma certa reserva da mãe e da filha, sabendo que a primeira havia tentado conquistar seu Iulián, e sua natureza ardente não a deixava vê-las com olhos diferentes.

Mayra, que não gostava de comentar nada que diminuísse alguém, principalmente em sua ausência, corrigiu-a carinhosamente, sem afetação:

– Querida Catienka, não se deve julgar o comportamento dos outros, quando os mesmos não se encontram por perto para se defenderem. É um princípio anti-cristão, que muito aborrece a Jesus Cristo.

Envergonhada de sua atitude, Catienka procurou disfarçar, mas retrucou, justificando suas palavras:

– Esta Sônia Alexnovina, certa vez, quando nos mudamos para esta região, mesmo casada, deu a entender a Iulián, que queria ter um caso com ele; teu pai, um homem de fibra, recusou e afastou-se... – explicou Catienka, procurando se corrigir. – És muito bondosa, Mayra, mas nem ela e nem a filha merecem tua consideração... O que falo é comentário de toda a aldeia.

– Bem, isto não vem ao caso, comentários nem sempre correspondem à verdade ... – disse meigamente. – Se Nicolau se interessar por ela, temos que a considerar... Ainda ontem, eles pareciam satisfeitos de estarem juntos, penso...

– Espero que estejas enganada. Nicolau é um bonito rapaz, inteligente e educado. Não é homem para uma moça vulgar. Se ele continuar com os mesmos propósitos terá um bom futuro.

– Quais propósitos? Ele nunca comenta nada comigo – queixou-se, já acostumada aos modos do irmão.

– Os que ele tem! Ora, não sabes que ele deseja se mudar para a capital e conseguir um bom emprego, a fim de melhorar sua situação e livrar-se da servidão?

Mayra sentiu uma pontada no coração, como se um punhal nele mergulhasse de manso.

– Ele deseja isso?! Eu não sabia, Catienka.

– Ele e Iulián estavam justamente conversando sobre esta mudança e uma proposta que o camarada Kóstia lhe fez. Mas, minha querida e tu? O camarada Kóstia não tornou a te propor casamento?

– Ah! Catienka, ele se mantém muito polido, mas suspeito que tenha alguém na cidade, ou se arrependeu. Papai conseguiu nos afastar, mas não tem importância... O que sinto pelo Sr. Wladimir é muito diferente do que pensas – respondeu constrangida, embora aliviada, por compreender seus sentimentos em relação a ele.

– Ouvi uma conversa sobre um possível casamento dele com Sácha... Sabes algo a respeito?

– Não te disse há pouco, que Sácha parece estar interessada em Nicolau?

– É por tudo isso que te digo, ela e a mãe parecem querer todos os homens do mundo! – retrucou a madrasta, convencida do mau comportamento das duas.

Com um sorriso, a moça brincou:

– Não tem mesmo jeito, Catienka, as duas que se cuidem de ti e de tua língua... – brincou, apontando a faca para sua boca e meigamente alertou: – É preciso cortar um pedacinho de tua língua, mostra-me para ver o tamanho!

As duas riram, continuaram a descascar as abóboras e começaram a cantar uma canção popular, que dizia:

> *"É preciso brincar, dançar e rir...*
> *e muito mais que brincar,*
> *dançar e rir, é preciso amar."*

63

SÃO PETERSBURGO

Antes de voltar para São Petersburgo, Wladimir conversou com Nicolau, confirmando a interessante proposta para que fosse trabalhar com ele, em uma de suas lojas, oferecendo-lhe um bom salário, casa e comida.

O jovem, cujos objetivos se encaixavam no oportuno convite, conversou com o pai e o Sr. Alex , que concordaram imediatamente, proporcionando-lhe a felicidade de continuar seus estudos, trabalhar e melhorar sua condição de vida.

Dias depois, Wladimir despediu-se. Em momento algum deixou transparecer sua descoberta, tratando Sumarokov com muita afabilidade, ganhando-lhe a confiança. Era como se ele estivesse apalpando o terreno para, um dia, ter a filha em sua companhia. Por enquanto, nada podia fazer, sabendo que ela era feliz com eles que, também, a adoravam. Estudioso dos artigos espíritas sobre a lei da reencarnação, compreendia a sua afinidade com a avó, Maria Norobod, que, instintivamente, agia como se a neta fosse realmente um membro querido da família.. Homem solitário, depois da preciosa revelação, pensava realmente em continuar com seus negócios e viagens, trabalhando em prol da libertação dos servos. Pensava em conduzir sua vida sentimental, palmilhando-a nas recordações, tendo como única ventura a certeza de ter encontrado sua filha na pessoa daquele anjo. Grato ao destino, sentia-se recompensado por tudo quanto sofrera. Nicolau viajara em sua companhia, deixando para trás a pacata vida de professor rural e o coração de Sácha decepcionado com a frieza de sua despedida.

Restavam agora Pável e Kréstian, os filhos de Sumarokov a serem encaminhados.

A despedida de Mayra e Nicolau foi patética. O moço, indeciso, olhava-a muito polido, quando o pai empurrou-o brincalhão:

– Beija tua irmã. Pareces temê-la?

Um leve beijo na face assinalou a despedida que, no fundo, contrariava seus corações. Nunca se tinham separado e Mayra falou para o irmão, com os olhos brilhando por duas lágrimas que teimavam em cair:

– Escreve-me, Nicolau...

Kóstia, que assistia à cena, aproveitou para incentivá-la:

– Não queres, também, estudar em São Petersburgo, Mayra? Em minha casa existem muitos quartos, reservarei um para ti. Serás sempre bem-vinda.

– Grata, Sr. Wladimir, pelo convite, talvez um dia possa aceitá-lo... – respondeu meigamente, aconchegando-se ao braço do pai.

Um terno carinho assinalou a despedida dos dois. Muito bem trajado, Kóstia puxou as rédeas da rica tróica e disse, olhando-a:

– Adeus!

– Adeus! – disseram todos juntos.

***

Aquele entrosamento entre Kóstia e a família de Mayra, visava ganhar a confiança de todos, para que o verdadeiro pai pudesse atingir seus objetivos, acompanhar a vida da filha e cuidar de seu futuro. Em oportuna ocasião, ele estava decidido a falar com Alex e depois com Sumarokov. O primeiro passo fora dado: auxiliar Nicolau, mantendo assim o importante vínculo com a família que ele desejava ajudar.

O estado de saúde da Sra. Norobod foi se agravando consideravelmente, e a mulher parecia agora uma sombra do que fora. Suas faculdades mentais estavam muito fracas e Alex decidiu levá-la para a capital e submetê-la a um tratamento com um médico especializado. Mayra teve que acompanhá-la, pois era a única pessoa que ela queria por perto.

Embora contrariado, Sumarokov foi obrigado a aceitar, sem nada dizer.

Nem um mês havia se passado após a partida de Kóstia e um novo e inesperado encontro aconteceu entre ele e a filha. Alex deixou a mãe e Mayra em sua casa que, além de ser confortável e grande, ficava bem próxima à clínica onde a Sra. Norobod faria o tratamento psiquiátrico.

A felicidade de Kóstia foi visível quando os viu entrando. Finalmente seu tesouro estaria em sua companhia e bendizia a doença da Sra. Norobod, que lhe proporcionava tamanha alegria.

A cidade movimentada, para Mayra era algo inusitado. Apesar de ter que acompanhar a Sra. Norobod, de dois em dois dias à clínica, ainda lhe sobrava algum tempo para admirar o movimento da rua pela janela. Kóstia havia contratado uma outra mulher para auxiliá-la nas lides domésticas, pesaroso do nobre esforço da menina para atender à doente em tudo, desde o asseio à comida. Queria poupar sua filha de qualquer esforço e da pesada limpeza do quarto.

Nicolau, acompanhando tudo aquilo, ficava por compreender a preocupação de Kóstia quanto à irmã e, apesar de suas maneiras polidas, estava desconfiado, e não o perdia de vista.

Certo dia, numa bela tarde de domingo, Kóstia deu mais uma prova de que suas intenções eram as melhores. Vendo os dois irmãos, cada um em um canto, mergulhados em suas leituras, incentivou-os:

– Por que não vão ao teatro, logo mais?

Nunca tinham visto uma peça teatral e ficaram felizes pela oportunidade que Kóstia lhes proporcionava de se divertirem um pouco. Estava em cartaz, no teatro principal a peça *Romeu e Julieta* de Shakespeare, representada por um grupo de bailarinos franceses, que conjugava a dança à mímica e a que os jornais faziam severas críticas. Era um grupo francês inovador, bem aos moldes da juventude moderna, e que havia cativado os jovens de S. Petersburgo.

– Vai nos acompanhar, Sr. Wladimir? – perguntou Mayra com modéstia.

– Não, minha querida, esta peça destina-se ao público mais jovem. Vão os dois. Ficarei, se a Sra. Norobod precisar de algo, estarei por perto.

Nicolau, interessado na peça que havia acompanhado pelos jornais, levou a irmã, feliz em passear e se distrair. Quem visse os dois, bem vestidos e agasalhados, jamais os julgaria dois filhos de pobres e analfabetos mujiques. O belo par provocava admiração por onde passava e todos o julgavam um par de namorados ricos e apaixonados.

Mayra usava um vestido de veludo azul, cujos detalhes aformoseavam seu físico esbelto e delicado, protegida por um casaco de lã, em tom mais escuro. Os cabelos louros, bem penteados em tranças enroladas, em forma de um laço, na nuca, deixavam ver o seu perfil. Brincos perolados adornavam suas orelhas e contrastavam com sua pele alva e transparente, dando-lhe um ar de princesa. Ela estava tão bonita, que quando Nicolau lhe ofereceu o braço para subirem na cocheira, deu um leve suspiro, mas nada disse, deslumbrado com a beleza da irmã.

– Cuida bem de tua irmã, Nicolau, em São Petersburgo será difícil encontrar outra jovem que se lhe iguale na formosura– alertou-o Kóstia, sorridente e orgulhoso da sedutora filha.

– Não temas, Sr. Wladimir, cuidarei de minha irmã, que mais parece uma bruxinha fantasiada de princesa – disse em tom de brincadeira, também orgulhoso dela.

Esses meses que Mayra e Nicolau passaram juntos, na capital, favoreceram sua aproximação, longe dos olhares críticos dos familiares e da severa presença de Iulián Sumarokov. Nicolau estava mais acessível e, ao regressar do trabalho, sempre lhe ofertava uma lembrança, um petisco gostoso, uma flor, um pente novo para adornar seus cabelos, um bibelô para enfeitar sua penteadeira, uma revista. Mayra, grata por estas atenções, modificava sua antiga ideia, de que o irmão não gostava dela.

A Sra. Norobod não obtivera as melhoras desejadas com as sessões do psiquiatra. Certo dia, o mago Nabor soube que ela e os filhos de Iulián estavam na cidade, visitou-os e decidiu fazer uma sessão espírita, percebendo que o mal da pobre mulher era uma obsessão com características vampíricas. Apesar de não ter grande evolução moral, o médium amigo detectou que a entidade espiritual que a prejudicava era seu falecido marido.

O mal se agravou com a aproximação de Kóstia e Mayra, aos quais o Espírito Norobod cultivava antigo ódio, pelas experiências infelizes e cruéis de vidas passadas, culminando no delito contra a própria filha e no terrível atentado contra a vida da neta. Seu Espírito, endividado com a lei, precisava ser esclarecido. Encontrava um ponto de apoio na esposa que, não obstante sua crueldade, o havia perdoado e orava por sua alma. Precisava, porém, obter o perdão dos outros e ter o seu Espírito esclarecido.

64

DMITRI NABOR, ESPÍRITA

Nabor, estudioso do Espiritismo e do Magnetismo, empenhava-se nas práticas mediúnicas em moda, e ficou muito feliz com a oportunidade de auxiliar aquele simpático grupo e demonstrar-lhe seu domínio sobre o interessante assunto. Os Espíritos e suas manifestações palpitantes estavam muito em voga na pátria dos czares. A menina Mayra, cuja mediunidade prometia um grande desenvolvimento, interessava-o vivamente, julgando que lhe faltava apenas alguém competente para desenvolvê-la. Disposto a ser esta pessoa, passou a frequentá-los assiduamente, caindo novamente nas graças da Sra. Norobod, que simpatizava com ele. Feliz com o reencontro, mas com sérios problemas financeiros, encontrou na amiga doente a solução que procurava. Recordou-se do tempo em que viveu na sua mansão e sentiu um sincero desejo de ajudá-la, independentemente de retribuição pecuniária.

O pequeno grupo começou a fazer sessões espíritas para auxiliar o tratamento da Sra. Norobod. Dmitri Nabor sempre levava algum magnetizador para transmitir passes fluídicos. Depois de várias reuniões, conseguiram finalmente condições para que a entidade, envolta em sombras, pudesse desabafar e, por sua vez, melhorar.

A melhora acontecia gradativamente, e muitas Entidades que por ali passavam eram encaminhados para a doutrinação, que somente os Espíritos superiores poderiam efetivar no plano invisível. O campo magnético, a cada sessão, tornava-se mais favorável à cura da Sra. Norobod. O mago Nabor tinha um grande espírito de humildade e serviço, característica positiva em seu proveito, afastando de seu trabalho o mal que assolava o país, o interesse material em coisas espirituais. Acabou se sensibilizando com o sofrimento da velha senhora e começou por fazer o tratamento espiritual, desinteressadamente, movido pelo espírito cristão; o que viesse doravante, seria lucro, pensava ele consigo mesmo.

Determinada noite, reuniram-se, em casa de Kóstia, os moradores, Nabor e um médium psicofônico e magnetizador. A sessão tinha como objetivo levar alívio à Sra. Norobod, cujos ataques obsessivos estavam culminando num estado muito angustiante contra Wladimir, cuja aproximação a deixava pior. Nesta noite, através do médium, a entidade causadora de todo aquele clima horrível na casa teve oportunidade de falar e desabafar seu sofrimento, deixando no ar uma sombra de tristeza e desolação; era Norobod, que vinha do além-túmulo, confessar seus crimes estarrecedores e obter o perdão.

– Perdoa-me! – gritava o médium que, envolvido no sofrimento de Norobod, ia tecendo sua angústia e se contorcendo para espanto de todos. – Fiz tanto mal, prejudiquei tanto, que não encontro paz! Quero que me perdoem! – a cena patética e, ao mesmo tempo angustiante, levou o médium até Mayra, postando-se à sua frente e suplicando-lhe perdão.

– Perdão? A mim?! Se nada me fizeste! – disse a moça, sentindo-se mal com aquela presença, que causava em sua alma imensa tristeza. – Pede perdão a Jesus Cristo, não a mim, uma vez que nada me deves!

O médium, envolto totalmente no fluído do Espírito, pôs-se de joelhos, constrangendo Mayra, que o tocou para impedir daquele gesto e quis levantá-lo. – Não, não me toques – disse a entidade Norobod. – Um anjo como tu, não deve me tocar, verme que sou! Perdoa-me, criança, tem piedade de meus crimes e de todo mal que te causei!

Ante a insistência, ela aquiesceu, deixando-o falar.

– Está bem, perdoo-te, mesmo sabendo que nenhum mal me fizeste, pois não te conheço e não sei em que me prejudicaste! – explicou Mayra, consciente de que aquele Espírito estava enganado.

Kóstia assistia ao desenrolar da cena, torcendo para que Norobod revelasse tudo o que ele tinha em mente e não conseguia falar. Era o acerto de contas e todos teriam que ouvir seu depoimento. Aquele Espírito não poderia se retirar enquanto não confessasse o atentado contra a própria neta e sua responsabilidade pela morte da filha. O ódio contra o Espírito fervia seu sangue e ele não conseguia impedir a avalanche de sentimentos inferiores que o dominava.

Maria Norobod, também, não compreendia o que se passava,

desequilibrada como estava. Começava a sentir grande alívio na alma e procurava uma explicação para a atitude de Norobod, consciente de que ele estava, realmente, presente naquela sessão. O médium, sob a forte pressão que o Espírito exercia em sua mente, dominando todos os seus movimentos, explodiu em cólera súbita contra Wladimir Antón que, sentindo o terrível ódio, aproximou-se dele, inesperadamente:

– Sabes da verdade, por que não o dizes? – interrogou Wladimir, com força na voz.

– Porque não mereces! – explodiu o Espírito através do médium, quase avançando em Wladimir que, assustado, recuou esbarrando-se em Mayra, trêmula como uma vara verde, devido à emoção da perigosa cena. Ela mesma não sabia explicar o que sentia, se pavor ou tristeza.

Nicolau quis interferir, mas Nabor, seguro do que estava fazendo, impediu-o com a mão esquerda.

– Não o toques – pediu a Nicolau – ele está em transe – disse, referindo-se ao médium. Voltando-se para Kóstia que, furioso, disposto a acertar contas com aquele Espírito perverso, também perdia o controle: – Aguarda, camarada, ele não te causará nenhum mal, é um Espírito!

Mayra, recuperando-se do impasse, vencendo o medo, aproximou-se do médium e, destemidamente, falou com ternura ao Espírito. Seu bondoso coração encheu-se de piedade e, condoída de seu sofrimento, falou:

– Seja qual for o mal que me causaste nesta vida, pois não me lembro de nada, ou em outras vidas, perdoo-te de toda minha alma. Em nome de Nosso Senhor Jesus Cristo que nos perdoou, eu, que nada sou, perdoo-te também.

A fala da mocinha exerceu sobre o Espírito o efeito de um anestésico, a fúria foi aplacada e o médium se acalmou, instantaneamente. Mais sereno, deixou que todos ouvissem o depoimento que o Espírito arrependido tinha a fazer:

– És um anjo, minha pequena! Arrependo-me de todo o mal que te causei. Mandei-te matar, ao nascer, impedindo-te de cumprir teu destino. Tua mãe, que aqui se encontra, já me perdoou, porque deseja que nossos Espíritos se modifiquem e o mal seja erradicado de uma vez e o ódio que a tudo deprime seja afastado de nossas almas. Eu, Piotr Norobod, sou teu avô, precisava de teu perdão para cumprir a minha pena. Não poderia seguir meu destino se não obtivesse o teu perdão, embora não consiga ainda perdoar a ele, pela desonra de minha família! – explicou o penitente, referindo-se a Kóstia que, de um lado, agradecia ao Espírito por ter explicado o que ele jamais teria coragem. Seus pensamentos começaram a se modificar com as palavras de Norobod. O ódio que sentia foi cedendo lugar à paz, sentimento este que há muito não sentia. Desarmado, agora ele oferecia sintonia para que o Espírito de Sácha se aproximasse e o auxiliasse naquele momento sublime, em que suas almas poderiam alcançar a remissão de um pretérito repleto de desacertos e sofrimentos, no feliz ajuste de contas.

Mayra, perplexa, ainda sem concatenar as ideias, viu a seu lado o fantasma da colheita, cujo semblante irradiava luz, apaziguando o ambiente. Ela vinha buscar o pai para conduzi-lo finalmente às zonas de purificação, desvinculando-o do envoltório grosseiro que o prendia à gleba terrestre, impedindo-o de evoluir, de alçar os páramos da conquista espiritual. Quando o Espírito recobra sua identidade, pode olhar em torno, não com os olhos materiais, mas como Espírito imortal em nova dimensão, conquistar a grata oportunidade de se preparar para um grande aprendizado e depois, quem sabe, com o auxílio da Providência Divina, uma próxima encarnação. Encarnação, cujo regresso às lides terrenas seria na vestimenta de um pobre mujique, em tempos de guerra e de terríveis conflitos sociais, para sofrer na pele tudo o quanto outrora fizera os outros sofrerem.

A Sra. Norobod olhava o médium que havia dado passividade ao Espírito de seu marido, com grande pena. O pobre homem estava pálido como cera, extenuado pelo esforço inaudito que fizera em se controlar sob o impacto das emoções que sentiu! A velha senhora trazia as faces banhadas em lágrimas sinceras e, com ternura, olhava a neta, confirmando suas antigas suspeitas, as de que aquela adorável criatura poderia ser a filha de sua querida Sácha. Tal suspeita aumentava, dia a dia, e sentia-se feliz agora, porque o destino punha em seus braços de avó aquele precioso tesouro, que a bondade de Jesus lhe permitia agasalhar em seu teto, mesmo na forma de uma humilde criada.

Estes pensamentos de gratidão faziam imenso bem ao Espírito de Norobod, cujos ajustes dolorosos o esperavam na fieira de várias encarnações provacionais, até que resgatasse junto a todos a quem prejudicara como o líder de uma comunidade, cujo regime feudal outorgara-lhe o poder transitório de vida e morte sobre seus servos; deveria ter sido menos rígido e amenizado seus sofrimentos. Suas atitudes insanas, sua tirania, contribuíram para a infelicidade de tantas almas! Seus crimes seriam, agora, julgados no tribunal da Justiça Divina.

Todos foram convidados a orar para que o Espírito se desligasse do médium. Minutos depois, o médium, até então inconsciente, foi, aos poucos, voltando ao normal. A reunião foi encerrada com passes magnéticos aplicados na sra. Norobod.

Sácha, porém, continuava ali, auxiliando naquela travessia, onde o perdão constituía o mais importante sentimento para o êxito daquela difícil empreitada. Devia libertar a mãe da influência do Espírito de seu pai e levar o esclarecimento necessário, desfazendo o equívoco em dois corações jovens, sequiosos de união, liberando-os para decidirem o futuro. Mayra e Nicolau estavam livres.

Mayra via o Espírito de sua mãe ao lado da mulher, olhando-a ternamente. Aproximou-se da Sra. Norobod e estendeu-lhe a mãozinha, num gesto carinhoso, como se quisesse compensá-la de todo o sofrimento.

A avó segurou firmemente as mãos delicadas da neta, abraçou-a, sentindo que chegara ao fim de seu sofrimento.

65

ESTRANHA REVELAÇÃO

Nicolau, que viu naquela comunicação a mais estranha revelação, esperava o final da cena. Ele sentia-se feliz, porque aquela moça cuja formosura sempre o atraíra, não pertencia à sua família consanguínea, não era sua irmã. Não precisava se afastar dela e nem controlar seus sentimentos. Ele a amava e a admirava.

A sessão encerrou-se para o alívio de todos que, por um momento, pensaram acabar em tragédia, dado a inconsciência do médium que estava ali, como humilde e desconhecido servidor, auxiliando-os, sem interesse algum, com o precioso dom que Deus lhe dera, o de servir aos Espíritos em nome da caridade. Mayra e Nicolau, observando-o à luz clara, reconheceram naquele simpático médium, o ex-doutrinador da sessão de Madjeka que, a convite de Nabor, fazia parte de seu grupo de estudos experimentais. Nicolau, Mayra e a Sra. Norobod agradeceram ao médium sua preciosa intervenção.

– Desde aquele dia, esta sessão deveria ter sido realizada, aguardando o momento aprazado... temos confiança que tudo agora irá se normalizar – explicava humilde, o médium. – Nada acontece sem a permissão do Pai Celestial que sabe, exatamente, a hora certa em que tudo deve acontecer.

Essa criatura dera-lhes enorme lição de desprendimento. Graças à sua intervenção, foi evitado um longo caminho de sofrimentos para todos. O médium foi convidado para voltar outras vezes.

Depois que as visitas se retiraram, os demais estavam ansiosos por se assentarem frente a frente e comentar a grande revelação. De todos, Mayra e Nicolau eram os mais ansiosos, porque ainda não haviam entendido bem o que ali se passara há poucos minutos e que agora tomava uma proporção diferente, como se fosse um túnel aberto para uma nova vida. A partir daquele momento tudo mudava entre eles.

Enfim sós. Como uma família, podiam conversar livremente, todos irmanados na mesma indagação.

A Sra. Norobod foi a primeira a falar, parecia nunca ter adoecido, todas as suas complicações psicológicas haviam desaparecido. Estava bem, espiritualmente, apesar das dores nos ossos, que a mantinham deitada no confortável sofá de cetim. Os passes e a comunicação do Espírito do marido fizeram-lhe o efeito de um suave anestésico que, penetrando em suas veias, a deixava calma. Em sua idade, tinha muito pouco a perder! Tudo que chegasse, agora, era motivo de felicidade, consciente de que aquele segredo revelado, no seu íntimo, não existia, Norobod apenas havia quitado uma dívida com o Espírito de Sácha e proporcionado à neta a felicidade de sua verdadeira condição social. Orgulhosa, falou:

– Mayra, és minha neta. Desde o primeiro momento em que te vi, meu coração bateu de forma diferente, mas nunca pude expressar meus verdadeiros sentimentos de avó, porque teu pai, reservado, nervoso, parecia temer nossa aproximação. Receosa de que ele a pudesse levar para longe, durante todo o tempo, escondi de todos nossa ligação – disse, convincente, a Sra. Norobod, com o rosto banhado de felicidade. Lágrimas espontâneas caíam sobre seu vestido de veludo, manchando-o. – Sempre te vi como o retrato vivo de minha Sácha. Meu coração nunca me enganou.

– Eu... ainda não sei o que dizer sobre tudo isto, estou abalada – balbuciou Mayra olhando para os três. Seus olhos cristalinos pareciam mais claros e vivos. Olhou o irmão com um brilho terno, como se lhe pedisse ajuda. Sentia-se só e desolada entre seu pai verdadeiro pelo laço sanguíneo e sua avó materna. Naquele momento, ele parecia ser sua única família naquele lugar estranho. Sentia-se agora, uma pessoa à parte do grupo. Não tinha parentesco com Nicolau, mas, ali, ele representava toda a família. Todos estes pensamentos passavam pela sua linda cabecinha.

– Por que papai, não me disse a verdade? – perguntou Mayra, querendo que a ajudassem a entender o comportamento de Iulián Sumarokov. – Foi por isto que ele não quis o nosso casamento, tal ideia o horrorizava... Coitado de *papacha*, como deve ter sofrido, carregando tão grave segredo!

Mayra caiu num choro convulsivo, sentindo o mundo desabar sobre sua cabeça. Era uma crise natural, provocada pela emoção da revelação. Sentia-se muito confusa. Wladimir era seu pai pelos laços consanguíneos, e sentira, certa vez, a possibilidade de um matrimônio com ele. Esta simples lembrança causava-lhe uma repulsa tão grande na alma, que nem sequer o olhava nos olhos. Sua alma infantil pedia abrigo nos braços de Nicolau que, sem ser seu irmão, parecia, na verdade, ser a única pessoa, ali, capaz de compreendê-la.

Instintivamente, correu para ele, como se fosse uma criança medrosa e desamparada, procurando amparo.

– Nicolau, leva-me para casa, preciso ver *papacha*... – só pensava em voltar para sua humilde casa, estar com seu pai, com Catienka, desabafar com Kréstian. Queria seu lar, sua verdadeira família, esquecer tudo aquilo. Queria ouvir da boca de seu *papacha* que aquilo era uma grande mentira.

Kóstia, num canto, mal escondia sua emoção, fazendo-se de forte, entre o desejo de apertá-la nos braços e acalmá-la. Nada podia fazer, receoso de que sua atitude pudesse agravar a situação. Restava-lhe esperar, pacientemente, que a filha se acalmasse, na esperança de que acabariam se entendendo. Ela era muito jovem. Era natural que estivesse confusa. Quem poderia imaginar que tudo aquilo estivesse a acontecer embaixo de seu teto e da forma como o foi? Pensava, grato à abençoada mão de Deus que tardava, mas não faltava, jamais abandonava seus pobres e pecadores filhos.

Nicolau, também emocionado, abriu os braços e acolheu-a carinhoso, penalizado de sua situação. Era a primeira vez que se abraçavam daquela forma. Trêmula como uma avezinha ferida pelo destino, buscava abrigo em seus braços de irmão, de amigo, de companheiro. Essa atitude a alegrou. Nem tudo estava perdido. O enlace fraternal demorou poucos minutos. Mais calma... desvencilhou-se suavemente, mas ele era sua tábua de salvação. Ficou agarrada a seu braço, como se lhe pedisse: não me abandones. Seu rosto ficou impregnado pelo suave perfume que exalava de sua cabeleira sedosa e Nicolau sentiu-se o mais venturoso de seus irmãos.

Kóstia interveio, conselheiro:

– Descansemos. Estamos tensos e amanhã haveremos de raciocinar melhor sobre os acontecimentos desta noite – depois ajudou a Sra. Norobod a se levantar. Mayra conduziu-a ao quarto e as duas se recolheram, deixando-os no salão.

– Pobre criança! – exclamou Kóstia para Nicolau, depois que se viram a sós. – Leva-as embora, Nicolau. Teu pai precisa saber o que se passou, conversar com tua irmã e esclarecer o mal-entendido que sua mentira provocou.

66

FINAL DO LONGO MARTÍRIO

Nicolau estava tão surpreso quanto Mayra e, naquele momento, pensava na atitude de seu pai. Somente ele poderia explicar tudo, já que sua mãe estava morta.

– Desde a comunicação em casa de Madjeka, os Espíritos desejavam explicar o mal-entendido, mas nem sempre são ouvidos e aceitos. Nós não entendemos o Espírito da mãe de Mayra quando se comunicou, afirmando que era sua mãe, e nós não a conhecíamos – Nicolau passou a explicar a confusão provocada pela comunicação e muitos começaram a duvidar das sessões da viúva Madjeka.

Depois, Kóstia passou a narrar seu desespero. Mesmo correndo o risco de vida, quando voltou à cabana abandonada e não encontrou sua filhinha, ficando lá apenas o bilhete, que por descuido a pessoa não pegara, e ele, por sua vez, o largara ao abandono, por não ter mais nenhuma serventia. Kóstia contou quando e como o encontrou.

Nicolau, que desconhecia a existência do bilhete, pediu para vê-lo. O papel, amarelado pelo tempo, foi-lhe entregue, para sua surpresa. Somente agora compreendia a fuga do pai, o medo e o ciúme louco que sentia, receando o casamento dos dois, avaliando a sua responsabilidade e a gravidade de sua mentira.

– Fica a grande lição, Sr. Wladimir, jamais se deve mentir, em hipótese alguma; como diz o velho ditado, a mentira trás confusão e sempre tem pernas curtas... ou quando a verdade chega, a mentira vai embora.

– A Sra. Norobod também passou por maus momentos, vivendo com tal homem, causador de tanto infortúnio. Não sei como conseguiu manter-se viva! Admiro a sua têmpera, própria das mulheres russas. Felizmente, tudo passou e deixemos esta conversa deprimente – disse referindo-se a Norobod, de quem sentia verdadeira pena, decidido a esquecê-lo.

Os dois homens, felizes, se entendiam e continuaram a conversar noite a dentro e combinaram que Nicolau as levaria de volta à fazenda. A senhora Norobod estava curada e não tinha mais necessidade de permanecer ali. Alguém teria que enfrentar Sumarokov. Nicolau ficou encarregado de explicar ao pai aquele impasse, causado por sua mentira. Semanas depois, Kóstia iria até eles, dando-lhes prazo suficiente para que se ajustassem e refletissem melhor. Sua filha, por direito, lhe pertencia e não abriria mão dela.

67

A VERDADE

No caminho de volta, seguiam os três em confortável carruagem. A Sra. Norobod atrás, deitada e, na frente, os dois jovens admiravam os detalhes da paisagem. O horizonte plano e esmaecido da mãe Rússia anunciava a chegada do inverno. Haviam combinado que nada diriam a ninguém. No momento aprazado, Nicolau conversaria com o pai, missão que cumpriria com o maior prazer, pois estava muito curioso para ouvir suas explicações. O moço levava consigo o bilhete de Wladimir, como prova cabal se não lhe revelasse o ocorrido.

A pequena comitiva foi recebida com grande júbilo.

Todos se admiraram do aspecto da Sra. Norobod, que havia recuperado a saúde mental. Nicolau parecia muito animado e Mayra, pensativa, olhava sua família, embora nada se tivesse alterado. Sumarokov era o pai que conhecera, do mesmo modo que Catienka era sua segunda mãe. Nada mudava entre eles. Os Norobod, para ela, continuavam sendo os ricos senhores a quem devia obediência e respeito.

A Sra. Norobod contara, entre lágrimas, ao filho, a feliz descoberta, Mayra era sua neta e sobrinha dele, com todos os direitos de sua nobre posição. Sônia e Sácha sofreram um estremelique de raiva, mas se contiveram.

Nicolau, no entanto, já havia rodeado o pai diversas vezes, não conseguindo coragem suficiente para enfrentá-lo, na dura missão de que fora incumbido.

Somente a alegria de saber que Mayra não era sua irmã legítima, o incentivava e lhe dava coragem; uma tarde, em que o pai estava assentado do lado de fora da isbá, fumando seu charuto, sentiu ser o clima propício para lhe contar o que todos já sabiam.

– *Papacha,* tenho uma coisa muito importante para te devolver – disse-lhe, com a intenção de lhe entregar o bilhete.

Sumarokov voltou-se surpreso para o filho, olhando o

conhecido papel amarelado. Sentiu uma alfinetada no coração. Virou o rosto, empalidecendo.

– Que papel é este? – perguntou, disfarçando a curiosidade e a surpresa.

– O camarada Kóstia entregou-me, disse ele que te pertence.

– Nunca vi tal papel!... – resmungou, contrariado.

– *Papacha,* todos já sabemos que Mayra é a filha dele... – a voz de Nicolau era um sussurro, mas muito claro aos ouvidos de Sumarokov, que se levantou e olhou o horizonte.

Ninguém podia avaliar sua reação. Iulián Sumarokov tinha atitudes imprevisíveis, quando acuado. Catienka observava-os de longe.

Aflito, o forte mujique começou a andar, andar, andar, numa única direção, passou uma cerca e outra e foi caminhando em linha reta até desaparecer. Queria pensar, ficar só, não queria falar com ninguém.

Nicolau correu atrás. Catienka chamou-o:

– Deixa-o, Nicolau, ele quer pensar. Ele volta.

– Eu vou atrás dele! – disse Mayra, decidida.

– Se tu fores, irei também! – era Catienka, ansiosa por ajudá-lo naquele momento que ela sabia ser o mais doloroso para seu Iulián. – Teu pai está envergonhado... – disse para Mayra. – É melhor que eu fale com ele a sós; neste momento, Mayra, é de mim que ele precisa.

– Deixa-a ir atrás dele, Mayra. Fica! – rogou Nicolau.

A boa mulher desapareceu no meio do mato, atrás de seu homem. Só regressaram uma hora depois. Ele voltava de cabeça baixa, parecia carregar o mundo nas costas.

Não tinha coragem de enfrentar sua única filha e que agora julgava haver perdido.

Mayra, no entanto, veio a seu encontro, como se aquilo não tivesse importância.

– *Papacha,* meu *papacha,* nada vai mudar entre nós dois. Tu serás sempre o meu *papacha* – disse abraçando-o carinhosamente e cobrindo de beijos o seu rosto. – Jamais terás substituto no meu coração.

Sumarokov parecia que havia perdido a voz, ninguém o ouvia.

Assim passou a tarde e a noite. Os filhos respeitaram seu silêncio, sabendo que seu sofrimento era passageiro e depois ele lhes explicaria tudo. Sumarokov tinha um grande coração e precisava de um tempo, um longo tempo para se refazer.

Em casa da Sra. Norobod a alegria era muito grande, apenas Sônia e Sácha não compartilhavam dessa felicidade. A última, sempre preterida, enchia sua alma ignorante de ciúme, seus olhos verdes brilhavam de inveja e raiva de sua bela prima que, mesmo sem pertencer à família, já havia conquistado graças que ela não conhecia, e agora, pertencendo a ela por direito, como uma Norobod, todos cairiam a seus pés.

68

DECIDINDO O FUTURO

Em casa dos Sumarokov, nada havia mudado, somente Nicolau, um tanto mais alegre, se preparava para voltar a São Petersburgo com o novo patrão. Aguardava ansioso sua chegada, como haviam combinado, esperançoso de que Mayra voltaria com eles.

Sumarokov, amuado num canto, ainda não conseguira reunir forças para falar sobre o assunto. Mayra e os filhos aguardavam, pacientemente, e ninguém ousava fazer qualquer comentário a respeito do assunto. Chamavam a conhecida atitude do pai, a fase da hibernação. Iulián Sumarokov parecia ter-se enfurnado numa montanha glacial, aguardando a chegada da primavera.

Semanas depois, Kóstia chegou em rica carruagem cheia de presentes para a filha e os demais, causando enorme alegria a todos.

Alex Norobod ainda não havia desistido de sua intenção de unir o amigo à filha que, em idade de se casar, não tinha muita disposição ao estudo, mas poderia se tornar uma boa esposa. Mas Wladimir, em poucas palavras, deu a entender que não estava disposto em ter na sua companhia mulher alguma, descartando a hipótese de um casamento. Tudo o que queria era ter consigo sua filha e viver somente para ela. Por outro lado, o mujique Sumarokov tinha que aceitar sua decisão. Era o pai legítimo e estava disposto a lhe entregar vultosa soma, uma gleba para plantar e proporcionar-lhe, na velhice, a sonhada independência. Chegara com o firme propósito de levar consigo a filha querida. Por outro lado, precisava saber se a menina realmente gostaria de mudar sua vida.

– Sumarokov – chamou-o Kóstia – temos que decidir com quem irá ficar Mayra. Com este fim deixei meus negócios e estou disposto a levá-la comigo, dando-lhe a oportunidade de crescer numa sociedade em que terá o melhor que lhe poderei ofertar: boas escolas, excelentes professores, passeios, teatros, viagens, tudo o que as moças abastadas desfrutam em São Petersburgo.

O pobre homem sofria a cada palavra de Kóstia, observando a pobreza em que viviam, e a pouca melhoria alcançada, graças à bondade da Sra. Norobod. Teria ele o direito de impedir a felicidade de Mayra? A bela filha mal tinha tempo para ler um livro, trabalhando nos serviços domésticos, quando não dava duro na limpeza do quarto da Sra. Norobod, lavando lençóis e roupas brancas, diariamente. No entanto, a menina vivia feliz assim, nunca demonstrava que sua vida era difícil, pois tinha o seu carinho, de Catienka e dos irmãos. As humilhações que Sácha lhe inflara, obrigando-a, escondido da Sra. Norobod, a limpar o chão de seu quarto, a lavar sua roupa suja, não chegavam a lhe tirar a alegria. Por que levá-la para um lugar rico? Será que sua filha iria ser feliz, longe deles, vivendo como as moças da cidade, despreocupadas, sempre em alegres passeios, mas parecendo tão vazias?

– Não sei o que pensar de tudo isto, camarada Kóstia – finalmente disse humilde. – Mayra sempre teve o essencial para viver. Acho que o mais importante é o amor e este nunca lhe faltou – lágrimas caíam por suas faces amareladas, escorrendo até o bigode, que já tinha alguns fios brancos.

Kóstia, também, estava emocionado, e não queria pressionar o bondoso pai, que acolhera sua filha no momento de maior precisão, e lhe dera o aconchego de um lar humilde, mas honrado. Era-lhe tão grato, que seu coração também doía em separá-los. A cena patética fez com que ele fizesse um convite audacioso:

– Sumarokov, tentando resolver nossa vida e o destino de Mayra, convido-te para vires para São Petersburgo com toda a família.

Sumarokov arregalou os olhos, espantado! Ele, um pobre mujique, enfrentar a vida na cidade, estava totalmente fora de seus propósitos, nascera mujique e mujique pretendia morrer. Assim foram seus pais e seus avós. Aos filhos desejava uma vida melhor. Se seus meninos quisessem ir, estavam livres, mas ele ficaria.

A conversa difícil era acompanhada pelos filhos de Iulián Sumarokov, que esperavam a decisão do pai.

Ele precisava conversar separadamente com a mulher e, com esta intenção, levantou-se indo até ela. Catienka era ponderada, inteligente e bondosa, com certeza o ajudaria na difícil decisão. Sua contrariedade foi desaparecendo aos poucos com os argumentos de Kóstia, que tinha urgência em planejar a própria vida.

Às suas indagações, Catienka respondeu:

– O camarada Kóstia está nos ofertando uma grande chance, em que pesa o consentimento do Sr. Alex Norobod, mas se tu não queres ir, meu querido, não vás. Deixa que teus filhos decidam. São maduros e responsáveis, meu querido, não os impeças de melhorarem de vida. Vê Nicolau, como em poucos dias se transformou? Até Mayra, parece uma rica burguesa... Kréstian e Pável estão marcando passo nesta pequena escola. Na capital poderão desenvolver seus conhecimentos. Não os impeças de crescer!

Catienka falava como se estivesse inspirada. Suas palavras o convenciam de forma suave, e a cabeça dura do marido ia aos poucos amolecendo, até que a sensatez e os argumentos da mulher o venceram.

– Está bem! Catienka, chama nossos meninos, façamos uma reunião e ouçamos cada um. Depois falaremos com o camarada Kóstia, cujas intenções são sérias, e com o Sr. Alex decidirei depois. É preciso mudar alguma coisa. Dizem que a carruagem de ouro passa à nossa porta apenas uma vez. Quem sabe ela esteja passando por aqui!

Feliz com o que havia conseguido, Catienka chamou os jovens e dirigiu-se ao visitante:

– Sr. Wladimir, Iulián quer conversar com os filhos em particular, ouvir-lhes a opinião e depois voltará a te falar com a resposta. Alcançamos uma graça, hoje! – dizia feliz para Kóstia, sabendo que a decisão a tomar seria a melhor para todos, porque junto deles estava Deus.

* * *

Estavam reunidos na pequena sala de sua isbá, em torno da mesa onde tomavam sua parca refeição, Iulián Sumarokov e os filhos, exceto Iulián, o primogênito, que estava vivendo com os tios. O líder da família sentia-se mais calmo, com a oportunidade que os filhos tinham de sair do atoleiro da dura vida de mujiques e seu grande coração se desprendia do apego que lhes tinha. Mayra, a adorada filhinha a quem educara com tanto amor, já não lhe pertencia, os filhos logo se casariam e cada um tomaria seu rumo na vida. Acabariam ele e a mulher sozinhos, então, que tudo começasse a mudar agora, porque a dor da separação era inevitável.

– Bem, meus filhos, eu os reuni para lhes comunicar a proposta feita pelo camarada Kóstia. O rico amigo, que também foi um pobre mujique, nos convida para irmos morar com ele em São Petersburgo. Ofereceu-me ainda uma gleba de terra para a minha independência e uma importância que me garantisse nos primeiros tempos, para entregar-lhe a minha filha.

Os irmãos entreolharam-se, assustados. Iria o pai vender Mayra para o Sr. Wladimir?

Nicolau levantou o pescoço, parecia não ter entendido bem seu pai, mas antes que alguém dissesse alguma coisa, Sumarokov continuou.

– Nada disso farei. Não pretendo mudar-me para S. Petersburgo, morrerei mujique, é o meu destino, mas a vocês, meus filhos, desejo o melhor. Cada um decidirá o que quiser... – as lágrimas brilhavam nos olhos, mas firme, o pai continuou: – O Sr. Wladimir é uma boa pessoa...

Admirados com a conduta do pai, sempre imprevisível, Nicolau, que já estava se acostumando à cidade grande, incentivou os irmãos a segui-lo.

Assim ficou decidido que iria Kréstian. Pável continuaria cuidando da escola, pois seu coração estava preso a uma bela donzela das redondezas e não tinha intenção, por enquanto, de deixá-la e a seus alunos.

A amorosa filha nada disse, deixando que seu pai decidisse por ela. Ele se aproximou, fez-lhe um carinho no rosto e falou ternamente, fazendo enorme esforço para não chorar:

– Mayra, gostaria que ficasses para sempre neste lar, que é teu, porém, minha filha, não quero impedir que vivas uma vida mais digna. Sei que o camarada Kóstia poderá dar-te todos os bens e as alegrias que uma jovem como tu necessita, comigo terás apenas esta vida de sofrimento... – as palavras morreram-lhe na garganta e, não podendo mais se explicar, chorou abraçado a ela, que jamais havia pensado em deixá-lo.

– Não, *papacha,* eu nunca te deixarei. Não penses que

acompanharei o Sr. Wladimir, meu lugar é junto a ti. A Sra. Norobod precisa muito de alguém, ela já se acostumou comigo! – explicou, graciosamente e decidida.

– Como! Não vais com ele? – agora era o pai que se espantava com a notícia.

– Não, *papacha,* já decidi!...

– Mas, minha filha, irás perder esta chance, a carruagem de ouro a passar, acenando-te!? – exclamou sorridente, naquele largo sorriso que todos amavam.

– Ela voltará, *papacha,* um dia, tenho certeza, mas agora deixemo-la passar.

À noite, todos se reuniram para explicar a Kóstia e a Alex, suas decisões.

A decisão de Mayra perturbou Wladimir Antón, que nada pôde fazer, senão atendê-la e dar-lhe mais tempo.

– Gostaria, Mayra, que passasses algum tempo em minha casa, porque quero conhecer-te melhor, temos muito que conversar – convidou, inconformado. –Nicolau e Kréstian far-te-ão companhia, não ficarás tão só, como imaginas.

– Está bem, Sr. Wladimir, quando a Sra. Norobod estiver melhor eu irei – não queria contrariá-lo e era natural que a oportunidade que ele lhe oferecia, no fundo, a tentasse, mas não se sentia bem em deixar o pai e Catienka!

No dia seguinte partiram Kóstia, Nicolau e Kréstian que, entre lágrimas, beijos e abraços, se despediram da pobre vida.

A casa ficou vazia e seus corações sentiam o sabor amargo da despedida. Poderiam voltar, mas nunca mais seria como antes. A cidade grande substituiria aquela inocente vida campesina. Sabiam que, doravante, tudo mudaria com eles.

***

Meses se passaram. O estado de saúde da Sra. Norobod se agravou. Ela sofreu uma queda, fraturando a bacia, e não mais se levantou do leito. Mayra cuidava dela com o mesmo desvelo, surda aos rogos da avó, que mantinha criadas no quarto para o trabalho, dispensando-a do serviço.

Semanas depois da queda, os ossos fracos se quebravam, aumentando as dores, e a sofrida mulher faleceu nos braços da adorada neta, deixando-lhe considerável fortuna, fortuna particular que ela havia reservado caso um dia encontrasse a filhinha de sua desventurada filha.

Mayra, agora rica herdeira, era orientada pelo pai, que viera com os irmãos para as exéquias da viúva Norobod, incentivando-a a comprar uma chácara onde pretendia mudar-se com seu pai e Catienka.

Sácha mordia-se de inveja da fortuna que a avó deixara a Mayra. Embora contasse com a fortuna de seu pai, muito ambiciosa, queria mais. O pior, para ela, era o interesse que a prima despertava nos homens. Todos corriam para ela, enquanto dela ninguém se lembrava. Nicolau, desde que soubera que Mayra não era sua irmã verdadeira, derretia-se por ela, atendendo a todos os seus pedidos.

A triste criatura foi se envolvendo naquela teia de ciúmes e inveja e sua mente tornou-se um repasto de entidades de baixo teor vibratório, perseguidores cruéis de um passado longínquo e a pobre moça começou a tecer um plano para afastá-la de seu caminho, antes que seu pai também lhe desse parte de sua herança. A mãe partilhava de suas ideias, porque não simpatizava com Mayra, desejando ajudar a filha, infeliz no amor. Aliás, tão infeliz quanto ela, que do marido apenas tinha o nome, Alex Norobod não se incomodava com sua presença, nada que vinha dela o interessava. Mulher de mente fútil e desocupada, interessava-se em diminuir a moça. A Sra. Norobod, que não mais existia, era a única pessoa a quem elas demonstravam certo respeito.

Antes que Mayra se mudasse da fazenda com o pai, elas vingar-se-iam daquele belo rosto e de seus modos nobres, não perdiam por esperar.

Kóstia voltou com Nicolau para a cidade. Kréstian estava decidido a ficar, pois sentia muita falta de sua família, principalmente de Mayra.

– Que bom! Ainda bem que ficaste, Kréstian, tudo aqui ficou muito triste sem tua presença. Fala-me, agora que temos tempo para tudo!... – pedia-lhe a irmã, agarrando-o pelo braço e descendo uma pequena elevação até um canteiro de jasmins.

– Como nos velhos tempos?

– Sim, Kréstian, como nos velhos tempos!

– E as moças? Não me escondas nada, arranjaste namorada?

Kréstian passou a contar-lhe seus namoricos, os passeios de barco, as carruagens, os teatros, alguns clubes que frequentavam com Kóstia. Acompanhava-o às reuniões, cuja finalidade era extinguir a servidão que atrapalhava o progresso da pátria russa e extirpar o analfabetismo, o pior inimigo do espírito servil dos mujiques.

– E Nicolau? Está feliz com a nova vida? – quis saber, interessada.

– Nicolau confessou-me várias vezes as suas ambições, e lamenta porque não foste ficar com teu verdadeiro pai. No fundo, Nicolau acha que papai jamais deveria ter escondido tua verdadeira identidade. Mandou dizer-te que teu quarto está todo mobiliado, aguardando-te. Precisas ver que luxo... Móveis parisienses, cortinados e enfeites dignos de ti, do amor que teu outro pai, o Sr. Wladimir, te dedica.

A jovem ouvia-o atenta, incentivando-o a falar tudo sobre a suas vidas. Lembrava-se saudosa do outro irmão e, com curiosidade, perguntou:

– Nicolau já se interessou por alguém?

– Curioso, nosso irmão é muito estranho e nem se importa com as moças que sempre o visitam e o convidam para os saraus.

– É mesmo?

– Sim, Mayra. Outro dia, peguei-o a abraçar teu xale. Lembra-te daquele azul que a Sra. Norobod te deu?

– Está com Nicolau? Ah! é por isto que dei falta... pensei que o houvesse perdido, mas conta-me direito, o que é mesmo que ele estava fazendo com o meu xale?

– Conto-te, mas jamais lhe diga o que vou te contar... Estávamos sós, em casa. O Sr. Wladimir tinha saído para um jogo de pôquer em casa de amigos. Estava tudo silencioso. Creio que Nicolau pensou que eu também houvesse saído. A porta do quarto, entreaberta, dava para espioná-lo sem que ele me visse. Vi que ele tirava de uma caixa que fica embaixo de seu leito, algo azul. Não resistindo à curiosidade, querendo saber o que ele guardava na caixa, continuei olhando. Mayra, era o teu xale azul, reconheci-o logo. Quase interferi, quando o vi beijá-lo e abraçá-lo, como se tivesse abraçando uma pessoa. Nunca lhe contes isto. Ele jamais me perdoará.

Espantada com a revelação, Mayra ficou vermelha como uma cereja.

– Por que será que ele fez isto? – indagou, inocentemente.

– Talvez esteja apaixonado por ti – argumentou em tom de brincadeira. – Foi o que me passou pela cabeça, agora sabendo que não és nossa irmã verdadeira. Para mim, nada alterou, continuas sendo a mesma, amar-te-ei como minha irmã, para sempre.

– Para mim também, Kréstian, nada mudou, tanto é que nem me interessa deixar nossa vida simples, mesmo com esse dinheiro que Sra. Norobod deixou.

– Papai está disposto a mudar-se, então, para a tua chácara?

– O Sr. Wladimir levou a importância para negociar e *papacha* o aguarda. Talvez seja melhor sairmos daqui. *Papacha*, daqui uns tempos, Kréstian, não conseguirá fazer todo o serviço. Tenho vontade de me mudar, pois sinto um perigo nos rondando, tenho terríveis pesadelos – confessou Mayra, sentindo-se vulnerável às vibrações de Sônia e Sácha, que tudo faziam para magoá-la.

– Ninguém te fará nenhum mal, estarei sempre por perto para defender-te. Que mal poderiam fazer-te, Mayra?

– Não sei, Kréstian... sinto perigo de morte.... calafrios... O Espírito do Sr. Norobod foi afastado... porém, meus pesadelos continuam, deixam-me, no dia seguinte, com fortes dores no corpo. Não é apenas impressão...

– Vem comigo para S. Petersburgo, lá estarás fora de seus ataques maldosos.

– Esperemos para ver o que *papacha* decidiu. Catien-ka precisa de mim para ajudá-la no serviço doméstico, agora que temos algumas ovelhas e renas a mais. *Papacha* está muito feliz com os rublos que lhe dei para comprá-las.

Conforme o acordo entre Sumarokov e Kóstia quanto ao emprego da quantia que a Sra. Norobod legara à neta, foi adquirida uma chácara perto de São Petersburgo, porém, o ex-proprietário só iria desocupá-la no final do ano. Nesse ínterim, Sumarokov ia ajeitando suas coisas e se acostumando à ideia da mudança, que começava a alegrá-lo.

Finalmente, o mujique confessava-se interessado em sair da fazenda Norobod. A esposa ficara grávida e ele precisava pensar no futuro de sua família.

A gravidez de Catienka foi anunciada com a maior festa, e decidiram que deveriam se reunir para comemorarem a chegada do irmão.

As coisas se encaminhavam venturosas. Só Alex não estava muito feliz com aquelas notícias todas. Não queria perder o valioso empregado, mas se conformava, pensando em melhor futuro para ele e sua família, por quem tinha muita consideração. Pável decidira-se a ficar com ele. A escola progredia, atraindo mais pessoas para a redondeza e alguns comerciantes que buscavam a vila para explorar suas mercadorias. A pequena escola prometia abrir um vasto campo cultural, sendo imitada por outras fazendas e aldeolas. A presença de Pável era muito importante.

69

O ATENTADO

Sácha, no entanto, estava sombria com a sua falta de sorte e dava sequência ao infeliz plano para ferir a jovem prima, cuja beleza e carisma não suportava. Planejava desfigurar-lhe o rosto, para que ninguém mais a admirasse. Iria queimá-la, depois cortaria seu cabelo, prendendo-a longe da casa, no mato, e, assim, ela se vingaria de toda a humilhação que sua presença lhe causava.

Contratou um criado que simpatizava com ela, oferecendo-lhe alguns copeques para que a auxiliasse. Prometeu-lhe outros favores e conseguiu organizar seu plano. Queria que fosse antes do pai e do irmão chegarem de São Petersburgo, pegando-a de surpresa e indefesa.

Assim fez.

Mayra, diariamente, levantava-se cedo para tratar dos animais. O servo chamou-a, dizendo-lhe que uma de suas ovelhas havia pulado a cerca e se encontrava enroscada num cipoal, não muito longe dali. Explicou-lhe que tentara soltá-la, mas não havia conseguido sozinho e pedia-lhe ajuda. Inocentemente, a jovem acompanhou-o. Andaram alguns metros, alcançaram o pequeno mato, quando um vulto apareceu, inesperadamente, com a cabeça encoberta por um capuz. Era Sácha, que vinha cumprir sua promessa maldosa.

Ajudada pelo criado, jogou-a no chão e prendeu suas mãos com uma corda, cobrindo sua cabeça com um pano escuro. Mayra gritou, mas naquela hora ninguém a ouviria. Outros ruídos abafavam seus gritos. Sácha pegou um pedaço de pau e bateu-lhe na cabeça, desmaiando-a.

Com uma binga, acendeu uma tocha para desfigurar-lhe o rosto. O criado, penalizado da beleza da moça, não sabendo até que ponto chegara a maldade da patroa, pensando ser apenas uma brincadeirinha, tentou impedi-la daquele gesto terrível. Mayra, nesse ínterim, com o calor do fogo a sufocá-la, teve uma reação de desespero, recuperou-se da vertigem e conseguiu se levantar, mas tornou a cair no chão, afastando a perigosa chama com as duas mãos que, amarradas na frente, a protegeram de tão desastroso atentado, enquanto o pano que cobria seu rosto era destruído pela chama.

Ao se curvar sobre Mayra, no chão, Sácha perdeu o seu capuz. Furiosa por ter sido descoberta, avançou contra a prima com uma tesoura na mão. A moça parecia ter enlouquecido.

– Segura-a! – gritou para o criado, que conhecia Mayra, e não tinha intenção de machucá-la. – Vou cortar-te o cabelo, este capim amarelo!

O criado segurou Mayra e Sácha cortou-lhe os lindos cabelos louros. Depois disso, ele deixou-a ir. Muito contrariada com a atuação do criado, descarregou nele sua raiva com uns tabefes e voltou para casa, cuspindo fogo pelas ventas, como se fosse um pequeno dragão vermelho.

– Não consegui fazer tudo o que queria. Aquele tolo do Mítia há de me pagar! – comentava com a mãe, que se preocupava com o desfecho que sua fúria pudesse provocar. Orientou-a e pediu-lhe para refletir um pouco. Sônia era doidivanas, mas seu coração não era tão perverso.

– Talvez fosse melhor ter acontecido somente isto. Imagina se a tivesses queimado ou coisa pior lhe acontecido. Herdaste bem o gênio de teu avô. Nada adiantaram suas maldades. Norobod teve um fim triste e, segundo me contaram, voltou do túmulo para pedir desculpas depois de ter atormentado tanta gente. Ah! minha filha, começo a pensar que o mal por si só não vale a pena. Deixa de perseguir a tua prima, ela vai se mudar, logo deixará teu caminho livre...

– Eu queria que ela se fosse muito feia, muito feia, para que ninguém mais gostasse dela! – esperneou a infeliz criatura.

– Deixa disto, Sácha! – recriminou-a a mãe. – Se teu pai souber, poderá te punir, mandando-te para um convento!

Sácha temia o pai e a ameaça que lhe fizera diversas vezes por suas atitudes indelicadas. Seu ódio a transtornava. Conseguiu apenas cortar o cabelo da prima e machucar de leve o seu rosto. Disposta a não desistir, iria procurar alguém mais ativo que Mítia para ajudá-la a exercer sua vindita.

* * *

Quando Mayra conseguiu chegar em casa, todos ficaram

apavorados com seu aspecto e queriam saber o autor daquela façanha. Para não prejudicar a prima, embora ela não merecesse sua misericórdia, calou-se, dizendo que fora vítima de um bando de ciganos assaltantes.

Sumarokov e outros homens procuraram, em vão, os ciganos pilhadores. Não encontraram nenhuma pista, nem souberam notícias deles por perto. Como podia ter acontecido essa agressão à luz do dia?

Sácha esperava o pior, mas nada aconteceu, e sua vítima não a denunciou. Nem assim ela se emendou e continuou a provocá-la, agora mais discretamente. Mayra a evitava para não criar complicações.

Estas atitudes levaram-na a animar seu pai e Catienka a se mudarem o mais rápido possível, receosa de um novo atentado da prima infeliz e com isso magoar o Sr. Alex Norobod, seu tio, a quem tanto devia favores.

Tudo estava acertado entre Alex e Sumarokov, quando chegaram de viagem Kóstia, ansioso por ver a filha, e Nicolau, cheio de presentes, trazendo na alma grandes esperanças.

Sácha conseguira apenas arranhar o rosto de sua prima, deixando seus cabelos danificados com o estranho corte, feito à força, no entanto, nada serviu para diminuir sua beleza. Catienka, com uma tesoura, aproveitou o resto de seu cabelo e introduziu um novo corte, que a tornou ainda mais atraente, pois o novo modelo obrigava-a a usá-los soltos pelos ombros, penteado diferente dos modelos costumeiros das jovens russas. Seu aspecto chamou mais atenção do que antes, despertando olhares de admiração. Sempre havia alguém encantado a admirá-la, enquanto Sácha não conseguia disfarçar sua inveja.

Iulián Sumarokov finalmente decidira mudar-se para o pequeno sítio. Queria que seu filho nascesse na nova terra, feliz com o novo rumo de suas vidas. O mujique tomava nova alma e, para comemorar tão feliz decisão, convidou os vizinhos para uma festa no terreiro de sua isbá.

A alegre festa duraria um domingo inteiro. Mandou avisar os tios e Iulián, exigia que pelo menos seu filho mais velho estivesse presente, para se despedirem da antiga condição de servos.

Kóstia, jubiloso, congratulava-se com eles, vendo que mais uma família era libertada da antiga servidão. Aproveitou o ensejo para que ele e o camarada Iahgo reunissem os mujiques e os conscientizassem de seus direitos, modificando um pouco a velha mentalidade de seus irmãos camaradas.

70

NICOLAU E MAYRA

Nicolau trouxe um belo rapaz moreno, amigo da capital, para conhecer sua família e, para o seu sossego, Mikhail encantara-se com a amiga, Sácha. Logo os dois jovens estavam de namorico às escondidas. A fogosa menina, acostumada a namorar os tímidos jovens do lugar, alegrou-se com o ousado rapaz. Para ele, que frequentava altas rodas de São Petersburgo, aquela burguesinha não passava de uma tímida donzela. Nicolau afastou-se feliz porque estava livre para conversar com sua família e se aproximar da bela irmã, que não lhe saía da cabeça.

Mayra, por sua vez, desde que Kréstian lhe falara sobre as atitudes estranhas de Nicolau e o episódio do xale, começou a rememorar toda a sua vida, sua infância, seus irmãos e seu relacionamento com eles. O carinho que lhe tinham, considerando-a como uma irmã muito querida, não poderia ser de outra forma. Nicolau era diferente dos outros, sempre arredio, modo que a levou a pensar que ele a queria menos que os outros, por ser mulher. Ultimamente, sonhava com ele, recordava-se de seu modo ao olhá-la, envergonhando-se de seu carinho, afastando-se a qualquer demonstração de afeto que viesse por parte dela. Logo ela, que se sentia tão feliz com todos e fazia questão de distribuir com toda sua família, sem exceção, seus beijos, sua ternura e seu carinho.

Olhavam-se de longe, sem contudo se aproximarem. A festa começou cedo e só terminaria na madrugada. O mujique queria alegrar toda a vizinhança. O tempo estava frio e várias fogueiras foram acesas e colocados os samovares do lado de fora para aquecerem. Em rodas alegres, ao som das mazurcas, os dançarinos mostravam toda a sua técnica; cada um se esmerava mais na elegância e na folia. Os músicos deixavam que seus instrumentos vibrassem a música russa, extravasando sua saga e seu melancólico romantismo. Os convidados cantavam antigas canções em que a alma eslava parecia brotar do solo da Mãe Rússia, ora em lamentos, ora em ostensivas alegrias, até explodir na dança, o que mais amavam, batendo palmas num crescente de harmonia, onde os russos deixavam passar toda a sua alegre energia.

Nicolau convidou a irmã para dançarem, sem a antiga timidez, mas com o desejo enorme de ficarem juntos até o amanhecer.

Quem os visse juntos por todos os cantos, nem acreditava que eram dois irmãos e começaram a notar o interesse de Nicolau pela irmã, cuja presença, antigamente, ignorava. Apenas Sumarokov não via com bons olhos aquela súbita aproximação dos dois, começando a se preocupar. Recordava-se de que sua Anna havia comentado que seus filhos deveriam crescer, respeitando-a como verdadeira irmã. Este foi um dos principais motivos de Anna para aceitar a mentira do marido.

O par que ali dançava aos olhos de todos, não parecia de irmãos, mas um casal enamorado. Quando a música cessou e os dançarinos foram descansar, o pai interferiu, vendo-os em doce colóquio enquanto descansavam da movimentada polca.

– O que fazem tão afastados dos outros? Vem, Mayra, vem, Nicolau – Sumarokov, olhando em sua volta, rodou nos pés e perguntou a Nicolau: – Teu amigo, onde está?

– Refere-se a Mikhail?

– Onde está? – como quem diz, vai procurá-lo.

– Deve estar em algum canto com Sácha – brincou Nicolau com um ar malicioso.

– Tomara que Mikhail goste dela e queira namorá-la –Mayra respirou aliviada. Com esse namoro, a prima a esqueceria um pouco. – A propósito, o Sr. Alex estava falando em levá-la para um convento. Pobrezinha! Não lhe desejaria tal sorte!

– Seria ótimo para corrigir seus arroubos – e brincou Sumarokov: – Deveria mandar a mãe, também!

Ambos começaram a rir, porque a fama das duas não era das melhores, e Mayra corrigiu-os:

– Não façam troça. Devemos ajudá-las, no fundo, comportam-se assim para chamarem a atenção do tio Alex – era a primeira vez que Mayra se referia ao Sr. Alex como tio.

Um pensamento passou pela cabeça de Sumarokov, nunca ouvira a filha chamar Kóstia de pai e, com orgulho, pensou: – Ainda sou o verdadeiro pai, a quem ela sempre chamará *papacha*. Ofereceu-lhe o braço e conduziu-a ao meio da festa. Nicolau, desejoso de estar a sós com ela, contrariado os seguiu.

Kóstia conversava, animado, com um grupo de mujiques, não perdia tempo em reforçar suas ideias liberais, forçando-os a raciocinarem em termos de se transformarem em empregados assalariados, pois o próprio czar assim o queria. Era a nova mentalidade que o país tinha que assumir, começando pelos camponeses analfabetos e sem perspectivas. Os três aproximaram-se do grupo e ficaram por ali, participando daquela importante conversa, que para muitos só servia para aumentar a confusão na cabeça do povo. Mas, era assim que, paulatinamente, se conseguia modificar a mentalidade de mujiques como Iulián Sumarokov.

A festa serviu de prelúdio para algo muito importante que começava a acontecer na alma de Mayra; o desabrochar da mulher. Seu coração experimentava, ao lado de Nicolau, alegrias que ela mesma não sabia explicar. A cada momento perto dele, uma nova emoção. Queria comentar essa sensação com Kréstian, com Catienka, mas sentia-se envergonhada. Amava Nicolau, não como o amava antes, mas de uma forma totalmente diferente. Os sentimentos que sentia por ele, nunca seriam iguais aos que sentia por Kréstian, Pável e Iulián.

Aqueles dias foram, para ela, a constatação de que entre os dois havia algo forte, inusitado, capaz de arrebatá-los para uma alegria jamais experimentada. A timidez foi sendo substituída por uma maior aproximação, e toda a família percebeu que estavam enamorados. Suas atitudes carinhosas e polidas, o fato de estarem sempre juntos, olhos nos olhos o tempo inteiro, deixavam transparecer que um tímido romance havia surgido entre os dois.

Kóstia também notara o idílio e viu naquele relacionamento seu grande aliado para conseguir a companhia da filha. Se ela quisesse segui-lo, Sumarokov não poderia impedi-la. Wladimir incentivava o rapaz, animando-o a levá-la para S. Petersburgo, lá era o seu lugar, com ele, seu verdadeiro pai. Que Iulián o deixasse cuidar um pouco de sua filha! Afinal, ele tinha tantos filhos, e agora um novo filho a caminho. Quem sabe viria uma menina?

71

DESPEDINDO-SE DO PASSADO

Embalado por aquela esperança, no dia seguinte Kóstia quis rever o local onde depositara Mayra ao nascer. Era uma despedida pela qual seu coração ansiava, como se ali pudesse explicar à filha todo o amor que lhe ia na alma. Mayra ainda não se aproximara dele como uma filha, tratando-o com respeito, com certa reserva que o machucava, enquanto ele ansiava por tê-la aconchegada a seu peito, levá-la a passeios, proteger, enfim, seu único tesouro.

O pobre homem esperava pacientemente o momento oportuno. Já conseguira que Iulián se mudasse para perto de S. Petersburgo e seu coração pressentia que seu sofrimento estava chegando ao fim. Não censurava o discreto namoro dos dois irmãos. Nicolau e Kréstian haveriam de convencê-la. Sua consciência lhe ditava que não devia obrigá-la a acompanhá-lo, ou exigir-lhe o amor filial, que pertencia a Sumarokov.

Por coincidência, Kréstian e Mayra queriam visitar o mesmo local, apanhar as últimas azuis do bosque, antes que os camponeses viessem revirar a terra para uma nova plantação de trigo. Ficou combinado o passeio, a despedida dos belos campos, daquele horizonte que admiraram juntos tantas vezes, sonhando com o porvir.

Tudo mudava em seus destinos.

O Espírito que naquela existência atendia pelo nome de Sácha, acompanhava o grupo com o maior desvelo, auxi-liando seu amado, desejando sua felicidade. Foi encontrá-lo na despedida, naquele palco de dor, quando junto a ele seu ser também se debateu nas sombras da angústia e do desespero, até que a compreensão maior o fizera perceber que somente o tempo, o divino remédio que sana as dores do coração, poderia aliviá-los de tão cruel sorte.

Seu Espírito acompanhou-os nos prados floridos; Kóstia não se lembrava, em toda a sua vida, de sentir paz igual, nem mesmo quando descobrira a filha, tão parecida à sua amada e desejou-a para esposa. Sua alma ainda esteve opressa pela preocupação do futuro. Envergonhava-se pelo súbito interesse que ela lhe despertara, desejos do homem vulgar e solitário... Queria que sua filha o chamasse de pai, o tratasse tão carinhosamente como o fazia a Suma-rokov. Sentiu que o futuro lhe pertencia, junto ao ser que Sácha lhe deixara para alegrar sua vida laboriosa e solitária. Se não fora o ideal abraçado junto aos mujiques, talvez esti-vesse morto em sua grande solidão. Aquela menina, doce e meiga, inocente e bela, era sua filha e ele não tinha coragem de apertá-la nos braços, tocar seus cabelos e dizer-lhe: "– Filha querida, sou teu pai, aceita-me como tal." A sauda-de de sua Sácha acalmara-se assim que a encontrara, mesmo desconhecendo que ela era sua filhinha pobre abandonada. Ele não tinha culpa. Se conhecesse o passado, jamais a teria pedido em casamento. Sentiu junto de si a amada Sácha, como se ela estivesse ali presente, naquele passeio, ou talvez tivesse vindo também para se despedir. A saudade de tê-la perdido ainda doía no peito. Onde estaria sua alma querida? Estaria ali acompanhando seus passos? Ouvindo seus pensamentos? Guardava a certeza de que um dia se reencontrariam no Além, mas cabia a Deus, somente a Ele, o Criador, permitir-lhes um novo reencontro. A morte não destruía os laços do Espírito, mas perguntava-se atormentado: – Quando, Meu Deus, verei o meu amor? E o tempo se calava e a voz de Deus parecia zombar de seu sofrimento, como as tenras flores pareciam brincar com o vento.

A cabana em ruínas ainda estava lá, desafiando o tempo, como se esperasse o fim da história para depois desabar, desabando consigo a tormenta de que foi a muda e silenciosa testemunha. Suas paredes falavam mais alto que as mais eloquentes palavras.

Era a despedida.

72

TESOURO DE MINH'ALMA

Como se a cena se desenrolasse diante de si, ampliando sua visão de Espírito, Nicolau voltou seus olhos para aquele grabato, onde se emocionou, inexplicavelmente, muito mais que Kóstia ou a própria Mayra. Dominado por uma alegria forte, pediu, educado:

– Deixem-me aqui, um pouco. Foi neste exato lugar onde meu Espírito outrora veio encontrar o tesouro de minh' alma – disse sem se importar com o que pensassem dele.

Kóstia afastou-se, enquanto Kréstian foi apanhar as flores para a irmã. Mayra, levada pelo mesmo sentimento, irmanada no mesmo eflúvio, acompanhou de perto a emoção de Nicolau, emoção que também lhe pertencia, como um elo que os transformasse numa única pessoa.

Mayra parecia uma visão, tão bela e amada criatura, não era sua irmã, mas a alma de sua alma.

– Alma de minh' alma, como eu te busquei, sabendo-te tão perto de mim! Anjo adorado, nunca mais quero apartar-me de ti!

Tais palavras pareciam encontrar eco em seu coração, como se as tivesse ouvido certa vez numa madrugada fria de outono, a embalar sua alma. Todo seu ser pendia para Nicolau, como se entre ele e ela, a separação jamais existisse.

– Eu sempre te amei, mais que todos, Nicolau. Acompanhei-te sempre, e nunca me quiseste como irmã. Agora sei o que nos perturbava, querias-me para ti. Precisávamos sentir o amor fraternal, superar juntos as dificuldades, unir nossos sonhos e conquistar a felicidade que nos espera. Alma de minh' alma...

– Mayra, casa-te comigo?

– Sim. Agora nada nos impede.

Selaram o encontro com um doce beijo, unindo seus corações que já se encontravam prometidos e enlaçados pela eterna lei, a lei da atração celeste das almas.

– Se fôssemos irmãos pelos laços da matéria, o que farias, Nicolau?

– Ainda assim continuaria te amando como mulher, mas sempre te aceitando como minha irmã amada...

73

PAI...

Kóstia voltou à cabana, preocupado com a demora. Vendo-os enlaçados, raspou a garganta. Já havia compreendido os sentimentos do rapaz em relação a sua filha, apoiava aquela união como solução de seus propósitos. Feliz em ver concretizados os seus sonhos, felicitou-os:

– Minha filha, – era a primeira vez que ele a tratava assim – tudo farei para que tua felicidade se concretize. Farás tua escolha, tua casa em S. Petersburgo te espera.

Mayra, timidamente soltou-se de Nicolau, parecia que a terra inteira não comportava sua ventura e, longe do olhar severo de Sumarokov, ela pode expandir seu carinho e a ternura filial que ele despertava em seu coração, confundindo-a:

– Pai...

Àquele título, Wladimir estremeceu emocionado, desejando naquele momento abraçá-la, ainda assim aguardou que ela continuasse, mas o som ficava como uma nota harmoniosa a entoar em seus ouvidos.

– Pai, – repetiu para se acostumar ao próprio som – deixa-me primeiro preparar *papacha*, depois irei para S. Petersburgo. Esperemos que nasça o filho dele e de Catienka. Minha separação seria um golpe muito grande para ele. Nascendo a criança, ele se entreterá com ela e poderemos pensar em nós. Irei contigo, espontaneamente, pai, porque meu destino é junto a ti e Nicolau.

A felicidade de Kóstia era muito grande, sua filha compensava-o de todo seu sofrimento.

Repetia silenciosamente consigo mesmo: ela me chamou de pai! Recordou-se de uma frase de Fédor Dostoievski, o escritor russo, a que ele muito admirava e repetiu alto:

– Meu Deus! Um minuto inteiro de felicidade! Afinal, não basta isso para encher a vida inteira de um homem?...

Mãos entrelaçadas, os dois enamorados saíram da isbá como se estivessem saindo do túnel do tempo, com a alma repleta de promessas e juras de união. Por vários séculos tentaram se unir. Nesta encarnação, o destino os unira como irmãos. Mesmo assim, nada seria pior que viverem separados. Ambos tinham grande missão a cumprir e eram gratos ao destino que lhes proporcionou a ventura de serem mais que irmãos, almas entrelaçadas para o infinito.

Kréstian, vendo-os de mãos dadas, olhou surpreso para Mayra, seus irmãos tinham enlouquecido. Nicolau, muito esperto, ocupara o seu lugar no coração dela, mas logo recebeu a notícia de que eles iam se casar e a surpresa deixou-o calado e abafado como se não fizesse parte daquele enlevo. Com as mãos cheias de azuis do bosque, ofertou-as à irmã, muito sem graça. Como uma fada, Mayra quebrou o encanto do irmão:

– Serás sempre o meu mais terno amor, o meu adorado irmãozinho!

Mas Kréstian não queria brincadeira com ninguém e foi andando na frente, sem olhar para trás, enciumado daquele namoro.

Novo golpe abalou a alma de Sumarokov, que não concordava com aquela união, para ele incestuosa.

Decididamente, aquela união não tinha cabimento.

Foi preciso que todos falassem um pouco em sua cabeça. O Sr. Alex, Kóstia, Catienka e Pável, aprovavam o enlace. Somente ele se opunha à felicidade do casal.

Aos poucos, envolvido com a mudança, o mujique foi aceitando os fatos que não tinha forças para mudar.

Dois meses depois, Nicolau e Kóstia regressariam e acompanhariam sua mudança para a chácara, antes que a criança nascesse.

O sítio era uma joia, muito bem planejado, o solo enriquecido por um pequeno riacho. O mujique teria o resto de sua vida para plantar, colher, criar o gado vacum, renas e outros animais. Semanas depois de instalados, nasceu enfim, uma linda menina, pele clara, cabelos ruivos, olhos azuis como os seus e muito parecida com a mãe. Colocaram-lhe o nome de Anna em homenagem à falecida esposa. Dispensável é tecer a felicidade do casal e de todos que acompanharam a cena.

Meses depois, quando Catienka estava forte e a menina desenvolta, Mayra, elegantemente vestida, seguia com o pai, o noivo e Kréstian para S. Petersburgo, prometendo voltar brevemente. Seu pai e Catienka ficaram acenando a mão, olhando a rica carruagem desaparecer no horizonte.

– Tantos filhos criados e agora nos resta apenas uma – disse o pai fazendo carinhos e brincando com a pequenina boneca que esperneava no colo de Catienka. – *Annochka*, minha *Annochka, matuchka!*

Rochester

Ituiutaba, MG,

Primavera de 1998.

ALMA DE MINH'ALMA

Oh! alma da minha alma, quantas vezes eu te busquei! Como te procurei!

Por ti desci aos abismos infernais, vasculhei oceanos, campinas, prados, veredas, escalei montanhas imensas e viajei o cosmo inteiro. Movi céus e nuvens e, finalmente, te encontrei. Sim, encontrei-te, na madrugada gelada, numa choça perdida nos rincões do mundo a gemer num catre de dor, quando começavas a emitir os primeiros vagidos e a sentir o hálito da noite fria...

Oh! frágil flor dos meus sonhos, tu parecias esquecida da paternidade divina!

Mas bem perto de ti eu me encontrava, vitalizando-te com minhas vibrações.

Eras tu, minha pobre criança, nascendo para o mundo inóspito da maldade humana.

Ninguém a escutar teus clamores inocentes, mas eu te ouvi, alma de minha alma e aqui estou para te ofertar todo o meu amor.

Quem me fez encontrar-te?

Não sei, não mo perguntes, coração alado.

Foi a Providência Divina? Sim... que a ti me conduziu.

Séculos e séculos se passaram, desde a última vez que te avistei.

Por que te separaste de mim, adorável criatura, encerrando-me na cela da saudade e do tormento?

Querias punir-me?

Já não me bastava viver privado de tua presença?...

Que felicidade experimentei ao te ouvir liberando os primeiros vagidos e forçando teus minúsculos pulmões!

Não sabes de teu destino?

És criança, tenro rebento abandonado numa furna escura e escondida aos olhos do mundo, mas eu te encontrei, amor de minha vida, e agora, queira Deus eu não mais me aparte de ti.

Prometo-te, sim, prometo-te, mesmo que tais promessas te pareçam vãs, o importante agora é redimir-me e ofertar-te minha aliança.

Venho a ti, doce fada, ninho das minhas mais caras lembranças, esperança de meu viver e luz da minha redenção.

Perdoa-me, terno e adorável ser, pois, sem ti, tudo é desolação, dor e saudade.

Hei de redimir-me dos tristes ais que sofreste por mim!

Sou teu destino e o alento de tua vida, juro ser teu para sempre, meu anjo adorado!

Nicolau Nikolai Sumarokov (Espírito)